URSULA HAUCKE

»Papa, Charly hat gesagt...«

URSULA HAUCKE

»Papa, Charly hat gesagt...«

Gespräche
zwischen Vater
und Sohn

Die besten Geschichten

MELZER

Lizenzausgabe mit freundlicher Genehmigung der Rowohlt Verlag GmbH,
Reinbek bei Hamburg
Copyright © 1999 by Rowohlt Taschenbuch Verlag GmbH, Reinbek bei
Hamburg
© für diese Ausgabe: Melzer Verlag GmbH, 2007
Umschlaggestaltung: Atelier Seidel, 84576 Teising
Umschlagmotiv/-illustration: Andrea Dölling, 86159 Augsburg
Druck und Bindung: GGP Media GmbH, Pößneck
ISBN: 978-3-939062-04-2
Printed in Germany

Inhalt

7   Die Familie muß zusammenhalten

12   Was ist eine Sucht?

18   Der Ruhm am Halse

23   Der gewisse geistige Abstand

30   Ein klarer Kopf verpflichtet

36   Unternehmer «Staat»

41   Freiwillige vor!

47   Geschunden und beklatscht

53   Der Duft, mit dem man Kasse macht

59   Was heißt hier feige ...?

64   Ein Mann in den besten Jahren

70   Wie erkennt man schwarze Schafe?

75   Es wär so einfach

81   Das ganz alltägliche Gruseln

86   Echt peinlich!

92   Teure Gerechtigkeit

97   Vorsicht, Kind fühlt mit!

104   Doppelleben

110   Der richtige Trend

115   Natürlicher Kreislauf

121   Wann, warum und bei wem?

127   Prioritäten

133   Selten so gelacht ...

138   Hören oder Hinhören?

143   Wenn wir alle Helden wären

148   Wie gut dürfen Kinder sein?

153   Wer ist der Nächste?

159	Erlaubte Spiele
165	Alles Nervensache
170	Schwein oder Nichtschwein
176	Üb immer Treu und Redlichkeit
182	Sprachverwirrung
187	Die wichtigste Eigenschaft
193	Was uns zu teuer ist
198	Wer soll das bewohnen?
204	Lügen ohne Risiko
209	Verpuffte Energien
215	Das Gebot der Stunde
221	Ehrensachen
227	Spaß muß sein!
232	Betrifft: Betroffenheit
237	Eigentlich wär's ja ganz normal ...
242	Lob oder Tadel – das ist hier die Frage
248	Vor Gebrauch bitte nachdenken
254	Respekt auf Vorschuß?
260	Geh spielen!
265	Die verpaßte Chance
270	Was kostet die Liebe?
276	Verantwortungs-Los
281	Die Großzügigen und die anderen
287	Keine Zeit für Freundlichkeit
293	Ein trauriges Kapitel
300	Mamas Turnstunde
305	Dichtung und Wahrheit
310	Gesagt und nicht getan ...
316	Wenn Charlys Vater alt ist
322	Was wir uns leisten sollten
327	Wir und die anderen ...
332	Nachahmung nicht empfehlenswert

Die Familie muß zusammenhalten

SOHN: Papa? Charly hat gesagt, sein Vater hat gesagt, wem der Opa nicht paßt, der braucht ja nicht mehr zu kommen! ... Oh, guckst du Bilder? Zeig mal!

VATER: Ich versuche nur, hier ein bißchen Ordnung reinzubringen. Das liegt ja alles wie Kraut und Rüben durcheinander.

SOHN: Oh, Papa, bist du das??

VATER: Ja, das bin ich. Da war ich – na, vielleicht so alt, wie du jetzt bist.

SOHN: Und das ist Opa?

VATER: Ja, das ist mein Vater.

SOHN: Da sieht er aber lieb drauf aus.

VATER *zustimmend*: Hmm ...

SOHN: Und wir haben ihn so lange nicht besucht!

VATER: Da hast du recht. Nächsten Sonntag vielleicht ... nein, da haben wir Zimmermanns eingeladen; aber den Sonntag drauf ... erinnere mich mal dran.

SOHN: Ja. Charlys Opa wohnt jetzt bei Charly. Zuerst hat der Uwe ja gemeckert ...
Wer ist denn die Dicke da im Badeanzug? Mann!

VATER: Kennst du nicht. Wer ist denn Uwe?

SOHN: Na, der Freund von Charlys Schwester. Der hat erst gemeckert, weil Charlys Schwester jetzt im Wohnzimmer schläft, und da kann man die Tür nicht hinter sich zumachen, sagt Uwe.

VATER: Was brauchen diese Teenager auch die Tür hinter sich zuzumachen!

SOHN: Das hat Charlys Vater auch gesagt, und er hat gesagt, die Familie muß immer zusammenhalten, und das soll sich der Uwe hinter die Ohren schreiben.

VATER: Sehr richtig.

SOHN: Au, Papa, laß mal sehen, was hast du denn da?

VATER: Das ist ein kleiner Leiterwagen. Da konnte man allerlei drin transportieren; zur Not auch kleine Geschwister!

SOHN: Der ist ja toll!

VATER: Den hat mein Vater damals selbst gebaut.

SOHN: Klasse! Ob der Opa das immer noch kann?

VATER: Theoretisch sicher.

SOHN: Ob er mir auch so einen macht, wenn ich ihn bitte?

VATER: Das geht nicht. In dem Heim hat er keinen Platz für solche Basteleien.

SOHN: Das kann er doch bei uns machen?

VATER: Das geht auch nicht.

Ach, sieh mal an, da ist ja noch ein Bild mit Evelyn ...

SOHN: Ist die tot?

VATER: Nnein ... nicht direkt. Die ist nach dem Krieg mit einem russischen Soldaten weggelaufen ... Wir haben dann die Verbindung mit ihr abgebrochen.

SOHN: Unsere Familie hält nicht zusammen, wie?

VATER: Aber selbstverständlich tut sie das!

SOHN: Wobei denn?

VATER: Wobei denn! In allen Situationen natürlich, in denen man sich gegenseitig beistehen muß.

SOHN: Wem habt ihr denn schon mal beigestanden?

VATER: Na, zum Beispiel ... deinem Vetter Micha. Als der keine Lehrstelle finden konnte, da hab ich ihm schließlich eine Banklehre verschafft – weil ich den Direktor Winkler kenne.

SOHN *eifrig*: Ach ja, und wie die Marion im Kaufhaus die

Kette geklaut hat, da hat sich Onkel Eberhard gleich darum gekümmert, daß die sie nicht anzeigen!

VATER: Was weißt denn du von der Sache?

SOHN: Alles natürlich.

Ach, guck mal hier, bin ich das? Auf Opas Arm?

VATER: Ja, das bist du! Opa hat sich ja immer ganz verrückt gehabt mit dir.

SOHN: Warum wohnt denn Opa nicht auch bei uns?

VATER: Weil wir nicht genug Platz haben.

SOHN: Wir haben doch mehr Zimmer als Charly!

VATER: Das mag schon sein ... aber Charlys Familie macht es nicht soviel aus, ein bißchen zusammenzurücken.

SOHN: Denen hat das ganz schön was ausgemacht! Mann, war Charlys Schwester sauer! Aber jetzt sitzen sie abends immer beim Opa, weil's da so gemütlich ist. Und weil der 'ne ganz süße Katze hat.

Papa, wenn ich auf den Boden ziehe, dann könnte Opa doch mein Zimmer haben!

VATER: Das ist nett von dir, daß du Opa dein Zimmer geben willst, aber es geht trotzdem nicht.

SOHN: Warum denn nicht?

VATER: Weil ... Knick das Bild nicht so! ... Sieh mal, der Opa hat eine ganz andere Art zu leben als wir. Das gäb nur Schwierigkeiten.

SOHN: Meinst du, Opa hat kein Benehmen?

VATER: Aber nicht doch, das will ich nicht sagen. Nur ... sieh mal, der Opa ist ein guter, redlicher Mann, der in seinem Leben schwer gearbeitet hat. Mit vierzehn mußte er schon Geld verdienen, und ... nun, er hat nicht mehr viel Gelegenheit gehabt, etwas zu lernen.

SOHN: Aber wenn er doch so tolle Leiterwagen und so was machen kann?!

VATER: Das hat er natürlich gelernt. Aber ... er hat einfach seine Hände mehr gebraucht als seinen Kopf, verstehst du?

SOHN: Nein.

VATER: Mein Gott, ich meine, der Opa würde sich mit uns kaum über Dinge unterhalten können, über die wir uns unterhalten wollen.

SOHN: Über was für Dinge? Über Sex oder so was?

VATER: Nun red mal keinen Blödsinn!

SOHN: Oder über antiau-to-ritäre Erziehung?

VATER: Wirf doch bloß nicht dauernd mit Begriffen um dich, von denen du nichts verstehst! Das ist ja nicht auszuhalten.

SOHN: Ich frag ja bloß ... weil ihr über so was doch redet, wenn Besuch da ist.

VATER: Wenn wir Besuch haben, dann reden wir über sehr viele und sehr unterschiedliche Themen – wie du schon bemerkt haben müßtest –, über Kunst, Politik, Wirtschaftsfragen und dergleichen.

SOHN: Und da könnte Opa nicht mitreden?

VATER: Wenn wir Besuch hätten, wäre der Opa wohl kaum dabei. Oder kannst du dir vorstellen, daß er zu – na, sagen wir, Dr. Wieland und seiner Frau passen würde??

SOHN: Nee! Die wärn ihm bestimmt zu blöd!

VATER: Was ist das schon wieder für eine Unverschämtheit?

SOHN: Jaaa, schon gut ...
Papa, glaubst du, Opa ist gern im Heim?

VATER: Sicher. Da sind eine Menge netter alter Menschen, mit denen er sich beschäftigen kann.

SOHN: Charly sagt, sein Vater sagt, alte Leute wollen nicht immer bloß mit alten Leuten zusammensein.

Sie wollen viel lieber mit jungen Leuten und mit Kindern zusammenleben!

VATER: Kinder machen alte Leute nur nervös.

SOHN: Mach ich dich auch nervös?

VATER: Erlaube mal! Ich bin noch nicht alt!

SOHN: Aber wenn ich mal Kinder habe, machen die dich dann nervös?

VATER: Das weiß ich doch jetzt noch nicht!

SOHN: Papa? Papa, ich würde wirklich gern auf den Boden ziehen!

VATER: Jetzt hör aber damit auf! Und eins will ich dir mal sagen! Das Heim, in dem Opa wohnt, ist erst-klas-sig! Da muß man sich jahrelang vorher anmelden, wenn man einen Platz bekommen will!

SOHN: Jahrelang??

VATER: Jawohl!

SOHN: Papa? Hast du dich da auch schon angemeldet?

Was ist eine Sucht?

SOHN: Papa, Charly hat gesagt, sein Vater hat gesagt, irgendwie ... ja? *Betont und deutlich:* Irgendwie sind alle Menschen süchtig!

VATER, *ihn nicht ernst nehmend:* Sicher – alle Menschen sind Brüder, alle Menschen sind süchtig. Was denn noch? D a s ist nun wirklich totaler Unsinn. Das müßte Charlys Vater sich eigentlich selbst sagen.

SOHN: Du denkst wahrscheinlich nur an «drogensüchtig», wie?

VATER: Natürlich, ja. In erster Linie jedenfalls. Das beschäftigt unsere Gesellschaft derzeit ja auch am meisten, dieses Drogenproblem.

SOHN: Aber den meisten Leuten tun die gar nicht richtig leid. Die meisten denken, das lohnt gar nicht, für so 'n Fixer noch viel Geld auszugeben.

VATER: Das will ich nun nicht sagen, daß diese Leute einem nicht leid tun; aber andererseits ist es kaum zu leugnen, daß sie an ihrer Misere selbst schuld sind.

SOHN: Manchmal wissen die aber gar nicht richtig, was das für 'n Zeug ist. Da werden sie von irgend so 'nem miesen Dealer bequatscht, daß sie doch mal was probieren sollen – und dann können sie es nicht mehr lassen!

VATER: Na ja, das mag schon mal vorkommen. Aber erstens wird man heute schon in der Schule über Rauschgift aufgeklärt, und zweitens kann man mit der nötigen Willensstärke aus dieser Abhängigkeit auch wieder herauskommen.

SOHN: Das sagst du so. Das ist viel schwerer als beim Trinken oder Rauchen.

VATER: Das kannst du überhaupt nicht vergleichen! Trinken und Rauchen in Maßen ist etwas ganz Normales und dient unter anderem der menschlichen Kommunikation.

SOHN: Wie meinst du das?

VATER: Ich meine, das gehört zu den Dingen, die den Menschen helfen, lockerer miteinander umzugehen.

SOHN: Hast du denn Schwierigkeiten, Papa, mit jemandem locker umzugehen?

VATER: Ich rede nicht von mir!

SOHN: Ich mein ja bloß. Weil du doch so viel rauchst.

VATER: Ich rauche nicht «so viel», und wenn ich merken würde, daß es mir gesundheitlich schadet, dann würde ich aufhören.

SOHN: Mama sagt aber, du solltest ruhig zugeben, daß du nikotinsüchtig bist ...

VATER: Wie bitte?

SOHN: Ja, weil das die einzige Entschuldigung dafür ist, daß du so viel Geld ausgibst, um deine Lungen und ihre Gardinen zu ruinieren.

VATER: Fein, daß meine Lungen bei Mama denselben Stellenwert haben wie ihre Gardinen!

SOHN: Vielleicht hat sie das auch ein bißchen anders gesagt.

VATER: Das will ich hoffen. Und im übrigen möchte ich dich ganz ernsthaft und ein für allemal bitten, das Wort «Sucht» nicht mehr in Verbindung mit meinem Rauchen zu bringen, verstanden?? Das ist ja lächerlich!

SOHN: Meinetwegen. Es gibt sowieso noch tausend andere Süchte.

VATER *genervt*: Dann vergiß mal nicht, deine Sucht nach Gummibärchen auch dazuzurechnen.

SOHN: Nee, Papa, das zählt nicht! Die eß ich bloß gern, aber ich dreh doch nicht durch, wenn ich keine habe!

VATER: Das wär ja auch noch schöner.

SOHN: Aber bei 'ner richtigen Sucht, da ist das so!

VATER: Ja, und genau da setzt der eigene Wille ein. Wie ich schon sagte. Man muß wollen, verstehst du?

SOHN: Manchmal merken die Leute aber gar nicht, daß sie von was abhängig sind!

VATER *ungeduldig*: Na, dann kann's ja wohl auch nicht so schlimm sein mit der Sucht!

SOHN: Kommt drauf an. Ich meine, kommt drauf an, was es für eine Sucht ist. Charly sagt, sein Vater sagt, wenn einer zum Beispiel selbstsüchtig ist, dann merkt er überhaupt ...

VATER *unterbricht*: Lieber Himmel, jetzt können wir uns wieder auf was gefaßt machen: Charlys Vaters Sucht-Analyse! Hat er vielleicht auch die Mondsüchtigen auf der Liste?

SOHN: Nee, aber die Herrschsüchtigen zum Beispiel.

Der Vater stöhnt.

SOHN: Ja, er sagt, wenn man sich mit dieser Sucht mehr beschäftigt hätte, hätte es nicht so viel Unglück gegeben auf der Welt! Weil man die dann rechtzeitig in die Klinik gesteckt hätte, zur Entziehung oder so.

VATER: Blendende Idee; vor allem, weil Charlys Vater vermutlich alle Regierenden automatisch für herrschsüchtig hält!

SOHN: Du hast doch selbst neulich von irgend so einem Diktator gesagt, daß der in die Anstalt gehört!

VATER: Ja, aber da haben wir von Verbrechen geredet und nicht von Sucht.

Bist du jetzt fertig mit deiner Aufzählung?

SOHN: Nee, nun kommt noch was ganz Wichtiges! Weil das nämlich 'ne besonders schlimme Sucht ist, wo die Leute manchmal gar nicht mehr wissen, was sie tun. Da gibt's Mord und Totschlag, sagt Charly!

VATER *gelangweilt*: Du spannst mich auf die Folter ...

SOHN: Und Charlys Vater sagt, unter d e r Sucht leidet jeder!

VATER: Falls er unter dieser Sucht das unwiderstehliche Bedürfnis versteht, jemandem den Hals umzudrehen, der pausenlos dummes Zeug redet, könnte ich ihm glatt recht geben!

SOHN: Nee, weißt du, was er meint? Ei-fer-sucht!!

VATER, *gegen seinen Willen etwas verblüfft*: Ah ja.
Aber das ist natürlich auch keine Sucht im üblichen Sinne, sondern ein gewissermaßen übersteigertes Gefühl für einen anderen Menschen. Verbunden mit einem starken Besitzanspruch.

SOHN: Aber es stimmt doch, daß die Leute mit der Eifersucht ganz verrückt werden, wenn sie nicht bekommen, was sie haben wollen.

VATER: Das stimmt s o natürlich nicht. Unter Eifersucht kann ein Mensch vielleicht leiden, aber wenn er halbwegs zivilisiert ist, wird er sich deswegen nicht aufführen wie ein angeschossener Gorilla! Er wird sich eben beherrschen!

SOHN: Glaubst du, du könntest dich beherrschen, wenn du eifersüchtig wärst?

VATER: Allerdings glaube ich das. Und im übrigen werde ich in diese Lage wohl kaum kommen.

SOHN: Wieso denn nicht?

VATER: Weil dazu immer zwei gehören.
Können wir die Unterhaltung jetzt bitte beenden? Ich wollte mir noch etwas im Fernsehen ansehen.

SOHN: Ach ja, siehste – Charly hat gesagt, sein Vater hat gesagt, das ist überhaupt die neueste Sucht!

VATER: Was?

SOHN: Fernsehen. Er sagt, die haben mal ein Experiment gemacht und Leuten für einen Monat den Fernseher weggenommen. Da waren die völlig fertig!

VATER: Wahrscheinlich haben sie sich krankgeärgert, daß sie sich auf diesen Humbug überhaupt eingelassen haben! Da kann man jemandem ja auch sein Bett wegnehmen und kann ihn dann für süchtig erklären, wenn er mit allen Mitteln versucht, wieder eins zu kriegen!

SOHN: Das war aber wirklich ganz schlimm mit dem Fernsehen. Die hatten richtige Entzugserscheinungen und haben geheult und sich dauernd nur angeschrien und gezankt.

VATER: Also, ich habe von diesem Experiment nichts gehört und möchte mich dazu jetzt auch nicht weiter äußern. Gib mir mal das Feuerzeug rüber.

SOHN: Bitte.

Pause.
Der Vater zündet sich eine Zigarette an.

VATER, *langsam und mit bedrohlichem Unterton*: Was will Charlys Vater nun eigentlich beweisen? Welchen Zweck verfolgt er mit dieser abstrusen Theorie? Wie? *Plötzlich laut*: Also bitte, was soll das Ganze?

SOHN: Schrei doch nicht so. Er meint doch bloß, daß man sich nicht so erhaben fühlen soll über die mit den Drogen oder mit dem Alkohol. Und daß jeder aufpassen soll, daß er nicht auch abhängig wird ... von irgendwas ...

Der Vater schweigt hartnäckig, und der Junge redet trotzig weiter.

Weil man nämlich nicht mehr frei ist, wenn man abhängig ist, und weil ...

VATER: Und jetzt hörst du auf mit dem Gerede. Mir reicht's für heute. Wie spät ist es denn eigentlich? – Natürlich! Jetzt hast du es doch glücklich wieder geschafft!

SOHN: Was denn?

VATER: Daß ich den Anfang von dem Krimi versäumt habe!!

Der Ruhm am Halse

SOHN: Papa, Charly hat gesagt, sein Vater hat gesagt, er
würde zu gern mal 'n Orden kriegen!

VATER: Nanu, das ist ja ein ganz neuer Zug an Charlys Vater. Er ist doch sonst immer so dagegen, daß jemand etwas Besonderes ist oder bekommt ...

SOHN: Er will ihn ja auch nur kriegen, damit er ihn ablehnen kann!

VATER: Sehr originell. Und was verspricht er sich davon?

SOHN: Nichts Bestimmtes; aber er findet, man muß da
mal einen Denkanstoß geben.

VATER: Um anderen Leuten einen Denkanstoß zu geben,
muß man erst einmal selbst die Sache zu Ende gedacht
haben. Und da hapert es ja gewöhnlich etwas bei Charlys
Vater.

SOHN: Aber findest du nicht auch, daß es lächerlich ist,
wenn die Leute sich ihre Brust mit Orden bepflastern?
Das ist doch richtige Angeberei!

VATER: Nun mal vorsichtig, ja? Einen Orden, mit dem
man sich die Brust «bepflastern» könnte, den findet man
ja nicht auf der Straße! Und kaufen kann man ihn auch
nicht, also ...

SOHN: Doch, das kann man! Charly sagt, sein Vater sagt,
man kann jede Menge Orden kaufen. Für 'n Hunderter
ungefähr.

VATER: Mag sein, daß man den einen oder anderen Orden
aus einem Nachlaß kaufen kann, als Sammler. Deshalb
darf man ihn aber noch lange nicht tragen.

SOHN: Machen aber viele. Weil das sowieso nicht auffällt, wenn doch jedes Jahr viele tausend verschenkt werden.

VATER: Verliehen!

SOHN: Nee, verschenkt! Die braucht keiner zurückzugeben. Außer er macht was Kriminelles.

VATER *stöhnend*: «Verliehen» natürlich nicht im Sinne von borgen, sondern im Sinne von überreichen!

SOHN: Ach so –

VATER: Und natürlich kann man keinen Menschen daran hindern, etwas Verbotenes zu tun. Aber normalerweise muß man für einen Orden schon etwas geleistet haben.

SOHN: Leisten tun doch die meisten Leute was. Du leistest doch auch 'ne Menge, nicht?

VATER: Sicher.

SOHN: Siehste. Und kriegst du dafür vielleicht einen Orden?

VATER: Kaum. Aber auf meinem Arbeitsgebiet habe ich auch keine Gelegenheit, besonders aufsehenerregende Leistungen zu erbringen.

SOHN: Da kannst du doch nichts dafür! Du tust doch, was du kannst!

VATER *lacht*: Wie schön, daß du auf diese Weise auch mal meine Arbeit würdigst!

SOHN: Jedenfalls – Charly sagt, sein Vater sagt, wer sich mit Orden behängt, der kann sich auch gleich 'n Ring durch die Nase ziehen. Viel Unterschied ist da nicht!

VATER: Charlys Vater schießt mal wieder weit über das Ziel hinaus! Wie üblich! Warum beleidigt er Menschen, die sich um unser Land verdient gemacht haben?!

SOHN: Er beleidigt die ja gar nicht. Er sagt, wenn jemand irgendwas Tolles gemacht hat, dann soll man über ihn schreiben und sagen, daß er ein Vorbild ist und so. Und Geld kann man ihm ja auch geben.

19

VATER: Natürlich! Charlys Vater denkt immer nur ans Geld! Es gibt aber Gott sei Dank auch noch Menschen, die sich über eine Anerkennung und eine Ehrung freuen!

SOHN: Deswegen brauchen sie doch nicht so anzugeben mit ihren Orden! Mann! Hast du das mal im Fernsehen gesehen, wenn da jemand Hohes ankommt, wie die sich dann alle beklunkern?!

VATER: Jetzt hör aber auf mit diesen abwertenden Ausdrücken! Wenn das Staatsoberhaupt eines Landes dem Staatsoberhaupt eines anderen Landes einen Besuch abstattet, dann geht es eben so festlich und feierlich wie möglich zu. Das schreibt schon das Protokoll vor.

SOHN: Das was?

VATER: Das Protokoll. Das sind Vorschriften, die für solche Anlässe erarbeitet wurden und an die sich jeder zu halten hat.

SOHN: Aber Vorschriften kann man doch auch ändern, oder? Bei uns in der Schule ändern sie dauernd irgendwas.

VATER: Sicher. Aber da müßte man sich erst mit den Verantwortlichen der anderen Länder einigen.

SOHN: Vielleicht fänden die das alle viel besser, wenn sie nicht mehr überlegen müßten, wem sie noch 'n Orden geben müssen, damit er nicht beleidigt ist!

VATER: Beleidigt! Am besten, du sagst noch: damit er nicht weint! Das ist doch nicht wie auf einem Kindergeburtstag!

SOHN: Ich weiß nicht ... Jedenfalls muß man auch gleich 'n Orden verschenken, wenn man selbst einen gekriegt hat. Und dann müssen die sich immer mehr Orden anmachen.

VATER: Es liegt nun mal in der Natur des Menschen, daß jeder gern zeigt, wer er ist und was er hat.

SOHN: Aber sind die großen Politiker nicht 'n bißchen klüger als die normalen Menschen?

VATER: Natürlich sind sie klüger. Meistens jedenfalls. Aber deswegen bleiben sie doch auch Menschen.
Und außerdem freuen sich die Leute auch, wenn sie etwas Prunkvolles, Farbenprächtiges ansehen können.

SOHN: Na, wenn du aber irgendwo 'ne Frau siehst, die lauter Ketten und Ringe und Armbänder um hat, dann sagst du immer, die hat wohl Angst, daß ihr inzwischen zu Hause was geklaut wird!

VATER: Das ist auch etwas ganz anderes! Aus dem bereits erwähnten Grund, daß man für einen Orden etwas leisten muß. Außerdem bekommt ein normaler Sterblicher ja sowieso nur EINEN Orden. Wenn überhaupt.

SOHN: Charly sagt, sein Vater sagt, die meisten Orden kriegen die Beamten.

VATER: Die Beamten arbeiten ja auch mit besonderem Einsatz für ihren Staat.

SOHN: Nur die Männer?

VATER: Was soll denn das heißen?

SOHN: Na, Charly sagt, die Frauen kriegen viel weniger Orden als die Männer.

VATER: Das kommt eben daher, daß die meisten Frauen eine Arbeit haben, die zwar wichtig, aber nicht besonders auffällig ist.

SOHN: Wenn sie dasselbe machen wie ein Mann – ich meine dasselbe Besondere –, dann kriegt trotzdem der Mann den Orden.

VATER: Was willst du eigentlich?! Erst soll's gar keine Orden mehr geben, und dann beschwerst du dich, daß Frauen weniger Orden kriegen als Männer! Also wie hättest du's denn nun gern?! Beziehungsweise: wie hätte es Charlys Vater denn nun gern, na?!

SOHN: Er findet eben, man hätte gar nicht erst wieder anfangen sollen mit all den Orden. Und dann hat er noch gesagt: Mancher kriegt auch bloß schnell 'n Orden, damit er nicht mehr soviel herummeckert gegen den Staat!

VATER: Dann wäre es allerdings höchste Zeit, daß Charlys Vater einen bekäme!

SOHN: Der würde ihn ja ablehnen!

VATER *wütend*: Ja, ich hab's gehört, er würde ihn ablehnen! Aber dazu dürfte es ja gar nicht erst kommen!

SOHN: Wahrscheinlich nicht, nein. Aber 'ne Prämie hat er gerade gekriegt von seiner Firma. Weil er irgendeine Verbesserung gemacht hat.

VATER: Na, das freut einen denn ja auch.

SOHN: Papa?

VATER: Was ist denn nun noch?

SOHN: Wenn du die Wahl hättest zwischen einem Orden und 'n paar tausend Mark – was würdest du da nehmen?

VATER *unwirsch*: Weiß ich nicht.

SOHN: Sag doch mal! Bloß so.

VATER: Keine Ahnung. Wenn ich die paar tausend Mark gerade dringend brauchen würde – dann möglicherweise die ...

SOHN: Na siehste, Papa! Dann hat das ja direkt schon geklappt mit dem Denkanstoß von Charlys Vater!

Der gewisse geistige Abstand

Vater und Sohn bemühen sich, Ordnung in den offensichtlich verschlampten Haushalt zu bringen. Die Mutter, die eine Woche fort war, wird zurückerwartet. Der Sohn saugt.

SOHN *laut*: Papa?! Charly hat gesagt, sein Vater hat gesagt, es ist 'ne Affenschande, daß die Leute immer über …

VATER: Stell doch erst mal den Sauger ab, wenn du mit mir reden willst, man versteht ja kein Wort!

SOHN: Ich denke, ich soll saugen??

VATER: Das sollst du; aber dann mußt du auch deinen Mund halten! Eins geht nur.

SOHN: Dann mach ich lieber den Sauger aus.

Er tut das.

Das wird sowieso nicht sauber.

VATER: Was soll das heißen? Wieso wird das nicht sauber??

SOHN: Weil dein Besuch gestern die ganze nasse Erde aus dem Garten in den Teppich reingetrampelt hat!

VATER: Erstens haben die Herren nicht getrampelt, sondern sind schlicht und einfach ins Zimmer zurückgekommen; und zweitens kann kein Mensch etwas dafür, wenn plötzlich ein derartiger Wolkenbruch losgeht …!

SOHN: Ich sag ja gar nichts. Aber so wird das nicht sauber. Da müssen wir den Schaumklopfer ranmachen.

VATER: Ach, nun gib dir mal ein bißchen Mühe, dann brauchen wir nicht extra umzumontieren. Das hält ja so auf.

SOHN: Das hat Mama auch gleich gesagt, daß ihr das zu lästig ist mit diesem Ding und daß sie das gar nicht benutzen wird. Und da hast du sie gefragt, ob das die Grenzen der Emanzipation sind …

VATER: Was hab ich gefragt??

SOHN: Na das. Grenzen der Emanzipation. Weil Frauen eben keinen technischen Verstand haben, hast du gesagt.

VATER *ablenkend*: Nun red nicht schon wieder so schlau daher, sondern beeil dich ein bißchen! Wir müssen auch noch abwaschen.

SOHN: Du mußt abwaschen; ich sauge ja!

Er stellt den Staubsauger wieder an.

SOHN *laut*: Charlys Vater hat gesagt, es ist eine Affenschande, daß die Leute immer über Dinge reden, von denen sie nichts verstehn!

VATER: Das sagt Charlys Vater? Das zeugt ja von geradezu überwältigender Selbsterkenntnis!

SOHN: Was hast du gesagt?

VATER: Herrgott, stell das Ding ab, wenn du mit mir redest!

SOHN *sachlich*: So werden wir nie fertig.

VATER: Wie sieht denn die Tischdecke aus?

SOHN: Na, dreckig. Das ist auch von gestern abend. Können wir ja noch waschen. Die Küchenhandtücher müssen auch in die Wäsche, die stinken wie die Pest, da hast du das umgekippte Bier mit aufgewischt!

VATER: Danke, ich weiß, was ich gemacht habe. Dann schmeiß das alles schnell in die Waschmaschine.

SOHN: Da ist die aber noch nicht voll.

VATER: Dann sieh zu, ob du sonst noch was findest.

SOHN: Nee, da ist nichts, was dazu paßt.

VATER: Dann sind eben mal ein paar Stücke weniger drin.

SOHN: Können wir doch auch mit der Hand waschen – ich denke, wir müssen Energie sparen.

VATER: Müssen wir auch, aber heute müssen wir vor allem Zeit sparen. Tu, was ich dir sage!

SOHN: Bitte. Meinetwegen.

Die Waschmaschine wird angestellt.

VATER: Wie spät ist das eigentlich schon?

SOHN: Elf.

VATER: Du liebe Zeit – und um zwölf kann Mama schon hier sein.

SOHN: Ich wollt ja früher anfangen. Ich hab dich um sieben geweckt!

VATER: Ja, das ist mir nicht entgangen! Rücksichtslos war das! Wo ich gerade erst richtig eingeschlafen war.

SOHN: Ich hab aber gewußt, daß das nicht so schnell geht mit dem Saubermachen und allem …
Du mit deinem «Ärmelaufkrempeln und ran, dann sind wir in 'ner halben Stunde durch …»

VATER: Ich hab mich eben etwas verkalkuliert.

SOHN: Weil du nicht weißt, was Sache ist mit solchem Haushalt.

Er stellt den Sauger wieder an.

VATER: Aber du weißt das, wie? Bist du nicht bald fertig? So genau kommt's jetzt nicht drauf an!

SOHN: Sonst regst du dich doch über jeden Krümel auf!

Aber bitte! Mach ich eben Schluß. Wir wollten doch auch noch 'n Kuchen backen? Macht Mama doch auch immer, wenn du verreist warst.

VATER: Räum erst mal den Sauger aus dem Weg ... paß auf, die Schnur!

Ein Stuhl fällt um.

SOHN: Versteh ich nicht, wie die sich zweimal um das Stuhlbein gewickelt hat ...
Na, ist ja nichts passiert.

VATER: Und jetzt hilf mir mal beim Abwaschen ... ist ja fürchterlich, was hier alles rumsteht.

SOHN: Dabei haben wir gar nicht richtig gekocht. Die ganzen Tage immer bloß das Vorgekochte aufgewärmt. – Soll ich denn nun noch solche Backmischung anrühren? Braucht man bloß 'n Ei und Milch ranzumachen.

VATER: Hör auf! Hier ist doch wohl gerade genug Schweinerei! Da brauchen wir nicht noch mit Eiern und Milch herumzukleckern! Gib mir mal die Abwaschbürste rüber ...

SOHN: Soll i c h machen? Du kannst abtrocknen.

VATER: Nein, jetzt bin ich schon dabei ... Au! Verdammt noch mal! Kommt das immer so kochendheiß hier raus?! Brennt ja wie Feuer, die Hand ...

SOHN: Laß kaltes Wasser drüberlaufen, dann ist's gleich gut. – Du hast das auch zu heiß eingestellt, warte mal ...

VATER: Ist da ein Spülmittel?

SOHN: Klar doch, hier ...

VATER: Danke ... nun paß auf, der Teller rutscht da gleich runter ...

SOHN: Wenn du ihn auch so an die Ecke stellst. Hier! D a muß der hin, dann kann er auch besser ablaufen ...

Brubbel-Geräusch des Vaters. Der Sohn fängt an, die Melodie zu «Das bißchen Haushalt macht sich von allein, sagt mein Mann» zu pfeifen.

VATER: Hör auf mit diesem blöden Ohrwurm ...
SOHN: Sagst du doch auch immer, daß man so 'nen Haushalt mit der linken Hand machen kann.
VATER: Ja, aber nicht mit zwei linken Händen ... paß auf, die Tasse!

Die Tasse fällt runter.

Es ist doch nicht zu sagen!
SOHN: Du hast sie doch so auf die Kippe gestellt! – Aber ist nicht so schlimm, die ist noch von dem alten Kaffeegeschirr, da sind sowieso nur noch drei Tassen dagewesen.
VATER: Wieso waren da nur noch drei Tassen da? Wieso ist alles andere schon kaputt? Wird denn hier mit dem Geschirr herumgeworfen?
SOHN: Nee, aber es wird tausendmal in die Hand genommen. Hat dir Mama doch auch schon erklärt: wenn man nie was anfaßt, kann man auch nichts kaputtmachen. – Charlys Vater hat ganz recht!
VATER: Womit?
SOHN: Er sagt, die falschen Entscheidungen und der Streit und alles, das kommt bloß daher, daß die Leute immer über was reden, was sie selbst noch nicht ausprobiert haben ...
VATER *auflachend*: Wenn man nur über das reden dürfte, was man selbst ausprobiert hat, dann würde sich wohl ein lähmendes Schweigen über diese Welt senken! Und die Journalisten könnten ihren Beruf gleich an den Nagel hängen!

SOHN: Die Politiker aber auch ...

VATER: Die Politiker stehen in der Verantwortung und können sich unqualifizierte Beurteilungen gar nicht leisten ...

SOHN: Trotzdem haben sie keine Ahnung. Charly sagt, sein Vater sagt, wenn jeder Politiker schon mal am Fließband gestanden hätte, oder er hätte Zivildienst im Pflegeheim gemacht, oder hätte mal 'ne Weile parterre in 'ner Hauptstraße gewohnt, oder wär mal selbst im Knast gewesen ...

VATER: Was denn noch alles?! Vielleicht soll er auch noch tot gewesen sein, damit er sich über ... über Bestattungsauflagen äußern darf, wie??

SOHN: Jedenfalls sollten die alle wissen, wovon sie reden, sagt Charlys Vater, dann würde alles anders aussehen!

VATER: Ja, chaotisch würde dann alles aussehen! Jeder würde ständig seine Nase überall reinstecken, und niemand würde die klare Übersicht behalten. Es muß auch Menschen geben, die Theorien entwickeln! Und verantwortliches Handeln erfordert grundsätzlich einen gewissen geistigen Abstand.

Der Pfeifkessel ertönt.

VATER: Was ist denn das schon wieder?

SOHN: Na, das Kaffeewasser kocht.

VATER *nervös*: Weißt du denn, wo der Kaffee ist?

SOHN: Ja, aber der muß erst gemahlen werden.

VATER: Mein Gott, dieser Umstand ...

SOHN: Das hast du doch gesagt! Daß der Kaffee immer erst kurz vorm Aufgießen gemahlen werden soll.

VATER: Und wo ist die Mühle?

SOHN: Dahinten im Schrank, aber da muß ich erst den

Eimer und den Wäschekorb wegräumen ... Au weia, Papa! Hier ist ja 'ne Riesenpfütze! Mann, du hast den Waschmaschinenschlauch aus dem Becken rausgemacht! Der muß hier wieder ran ...

VATER: Warum sagst du denn das nicht gleich?! Gib her! Vorsicht!! Du machst mich ja ganz naß! Und nun ... schnell aufwischen, das läuft ja alles unter den Eisschrank! Und mach den Kessel aus – wir nehmen Pulverkaffee.

Der Kessel wird abgestellt. Der Sohn wischt auf.

SOHN: Ii, das ist ganz glitschiges Seifenwasser!

VATER: Wird die Küche wenigstens gleich sauber ... Geh mit dem nassen Lappen von meinen Füßen weg!! ... und stell die Marmelade in den Eisschrank ... ich weiß ja gar nicht, wo ich die Messer hinlegen soll ...

SOHN: Ja doch! – Also, weißt du, Papa ...

VATER: Was ist??

SOHN: Wenn ich mir das hier so ansehe ...

VATER: Halt dich nicht mit Ansehen auf, beeil dich lieber, sonst stehen wir morgen früh noch hier!

SOHN: Jedenfalls siehst du's jetzt ja selber ...

VATER: Was sehe ich selber?!

SOHN: Was dabei rauskommt ... bei so 'm geistigen Abstand!

Ein klarer Kopf verpflichtet

SOHN: Papa, Charly hat gesagt, seine Schwester hat gesagt, schuld sind immer die andern!

VATER: Schuld sind immer die andern? Also, ich muß schon sagen, auf einen kürzeren Nenner kann man die Lebenseinstellung der heutigen Jugend wirklich nicht bringen! Kompliment!

SOHN: Wieso denn der heutigen Jugend?

VATER: Weil das die derzeit liebste Beschäftigung unserer so wunderbar kritisch erzogenen Jugend ist: die Fehlersuche bei anderen!

SOHN: Also, Papa, du lenkst schon wieder mal total ab!

VATER: Na schön, dann frage ich jetzt ganz schlicht und geduldig: Wer sind denn überhaupt die andern?

SOHN: Die, die so tun, als ob sie das nichts angeht.

VATER *milde*: Ich frage noch mal anders, dann wird es vielleicht klarer: Warum sollen denn immer andere schuld sein?

SOHN: Weil die immer so tun, als ob sie das nichts angeht.

VATER: Sag mal, hast du die Absicht, für den Rest des Gesprächs mit einem einzigen Satz auszukommen?

SOHN: Wenn du immer dasselbe fragst, muß ich doch ...

VATER *dazwischen*: Ich habe nicht dasselbe gefragt. Hör lieber richtig zu. Also, ein letzter Versuch: Warum sind immer die andern – wer immer das sein mag – schuld?

SOHN: Weil die nicht drinstecken in den Problemen. Weil die einen kühlen Kopf haben, sagt Charlys Schwester, und sich kümmern können.

VATER: Und um welche Probleme, in denen sie nicht drinstecken, sollen sie sich kümmern?

SOHN: Was grade so los ist.

VATER: Ich geb's auf.

SOHN: Dann sag ich eben ein Beispiel.

VATER: Ach ja, bitte.

SOHN: Zum Beispiel all die Leute, die besoffen Auto fahren. Die machen doch vielleicht die wahnsinnigsten Unfälle – Geisterfahrer oder so was ...

VATER: Ja, und?

SOHN: Die müssen doch vorher irgendwo gewesen sein.

VATER: Du bist mal wieder der reinste Sherlock Holmes!

SOHN: Ich meine, die haben sich doch nicht im Auto volllaufen lassen! Die waren doch irgendwo mit andern Leuten zusammen.

VATER: Vielleicht waren sie auch allein in einer Kneipe und haben still vor sich hingesof ... getrunken.

SOHN: Da waren sie doch auch nicht allein. Und wenn da jemand raustorkelt – das sieht man doch!

VATER: Ja, man sieht es und nimmt an, derjenige geht um die Ecke nach Haus. Zu Fuß!

SOHN: Könnte man ja nachgucken, ob der wirklich zu Fuß geht.

VATER: Also hör mal! Wenn ich irgendwo in Ruhe ein Schnitzel essen will, dann werde ich doch nicht alle drei Minuten aufspringen und den mehr oder weniger alkoholisierten Gästen nachschleichen! Jeder erwachsene Mensch ist schließlich für sich selbst verantwortlich!

SOHN: Und wenn er nachher einen Fußgänger totfährt?

VATER: Dann muß er dafür geradestehen.

SOHN: Aber der Fußgänger kann bloß noch gerade liegen.

VATER: Was soll das? Will Charlys Schwester uns plötzlich alle zu Hilfspolizisten machen?

SOHN: Du sagst doch immer, die Polizei ist unser Freund und Helfer.

VATER: Ja, genau, die Polizei. Und nicht irgendwer.

SOHN: Das kann doch jeder sein. Freund und Helfer.

VATER: Wenn man nicht befugt ist, kaum.

SOHN: Zum Helfen muß man befugt sein?

VATER: Nein, aber zum Einmischen.

SOHN: Wenn das aber dasselbe ist?

VATER: Es ist eben nicht dasselbe. Helfen bedeutet, man ist darum gebeten worden. Und Einmischen heißt, daß einen niemand gebeten hat. Ist das so schwer zu begreifen?

SOHN: Nee. Aber dann muß man sich eben einmischen.

VATER: Eben nicht! Einmischen nicht! Helfen ja – sofern einen jemand darum bittet.

SOHN: Und wie soll jemand bitten, wenn er gar nicht sprechen kann?

VATER: Redest du jetzt plötzlich von Taubstummen?

SOHN: Nee, von Babies. Von Babies, die mißhandelt werden.

VATER: Jetzt mach aber einen Punkt! Eltern, die so etwas tun, sind Verbrecher! Soll man sich vielleicht auf eigene Faust mit Verbrechern herumschlagen?

SOHN: Charly sagt, seine Schwester sagt, wenn jemand ein Kind mißhandelt, dann ist der selber total kaputt und weiß nicht mehr, was er macht. Da muß unheimlich viel gelaufen sein bei solchen Typen, vorher!

VATER: Mag sein.

SOHN: So jemand ist dann total wirr im Kopf!

VATER: Vermutlich ist er das, ja.

SOHN: Aber alle andern, die sind klar im Kopf. Und die müssen was machen.

VATER: Aber die merken doch meistens gar nicht, wann und wo sich irgendeine Katastrophe anbahnt.

SOHN: Charlys Schwester sagt, hinterher merken sie schon, daß sie vorher was gemerkt haben.

VATER: Wie bitte?

SOHN: Ja! Hinterher fällt den meisten ein, daß sie was gemerkt haben. Sie hatten bloß keine Lust, richtig hinzugucken und hinzuhören.

VATER: Man guckt und horcht ja auch nicht in anderer Leute Angelegenheiten.

SOHN: Machst du doch immerzu ...

VATER: Was mache ich?

SOHN: Gucken und horchen. Aber bloß bei unwichtigen Sachen.

VATER: Das erklärst du mir jetzt bitte, ja?!

SOHN: Du guckst doch immer, wer bei Frau Wieland von gegenüber ins Haus geht.

VATER: Ich gucke nicht extra, denn es interessiert mich einen Schmarren! Aber ich kann nicht umhin, es zu sehen, wenn ich gerade rausgucke!

SOHN: Und dann horchst du immer, wann ihr Freund wieder geht.

VATER: Horchen? Daß ich nicht lache! Ich schrecke aus meinen tiefsten Träumen hoch, wenn das verdammte Motorrad drüben in Gang gesetzt wird!

SOHN: Is ja auch egal. Aber hast du auch mal gesehen, wie schlecht der Herr Friedemann aussieht?

VATER: Wer soll denn das sein?

SOHN: Na, der hier so schräg wohnt. In der Kellerwohnung.

VATER: Ach, der. Der immer nur so durch die Gegend schleicht. Hat anscheinend nie was zu tun, der Mann.

SOHN: Vielleicht ist er arbeitslos! Jedenfalls – der ist ganz dünn geworden, sagt Mama, und manchmal sieht er richtig verheult aus.

33

VATER: Dann hat er wahrscheinlich Kummer. Wollen wir hoffen, daß der bald wieder vergeht.

SOHN: Mama will ihn einfach mal anreden.

VATER: Das soll sie mal schön bleiben lassen.

SOHN: Sie sagt, sie will nicht, daß es ihr noch mal so geht wie mit der Frau Lohmann – oder wie die hieß ...

VATER: Was heißt denn «noch mal so geht»? Diese Frau war noch nicht mal eine direkte Nachbarin von uns, und offenbar hat sie ganz zurückgezogen gelebt. Das stand sogar in der Zeitung.

SOHN: Mama hat sie aber immer beim Einkaufen getroffen. Und da hat sie mal an der Kasse neben ihr gestanden.

VATER: Mein Gott, da stehen viele neben einem ...

SOHN: Aber sie hat Mama gefragt, ob sie ihr tragen helfen soll. Und Mama hat gesagt, sie hat ein Auto, und ist weitergegangen.

VATER: Was hätte sie auch sonst sagen sollen?

SOHN: Aber das war bloß zwei Tage später – da ist Frau Lohmann aus dem Fenster gesprungen.

VATER: Ja, ich weiß, und das ist sehr, sehr traurig. Wer so etwas tut, der muß wirklich gar keinen Ausweg mehr gewußt haben ...

SOHN: Aber jemand anders hätte vielleicht einen gewußt. Weil er nicht dringesteckt und einen klaren Kopf gehabt hätte.

VATER: Man hat doch nicht automatisch einen klaren Kopf, bloß weil man Außenstehender ist bei einem Problem.

Pause.

SOHN: Das stimmt.

VATER: Na also.

SOHN: Mama hat aber einen klaren Kopf.

VATER: Das ist mir bekannt. Und darum würde ich vorschlagen, daß du jetzt zu ihr gehst und ihr deine Schularbeiten zeigst. Ich hab nämlich zu tun!

SOHN: Mama ist nicht da.

VATER: Nicht da? Wo ist sie denn?

SOHN: Draußen.

VATER: Ja, daß sie nicht drinnen ist, sagtest du bereits. Und weswegen ist sie draußen?

SOHN: Wegen ihrem klaren Kopf.

VATER: Jetzt hör aber auf, so rumzuspinnen, und erklär mir bitte, was Mama draußen macht!

SOHN: Gar nichts weiter. Sie will bloß sehen, ob sie vielleicht den Herrn Friedemann trifft ...

Unternehmer «Staat»

SOHN: Papa, Charly hat gesagt, sein Vater hat gesagt, der Staat läßt sich dauernd was Neues einfallen – für die Arbeitslosigkeit!

VATER: Das wird er auch müssen. Die vielen Menschen können ja nicht ewig arbeitslos sein ...

SOHN: Ich hab doch gesagt, für die Arbeitslosigkeit läßt er sich was einfallen, nicht gegen!

VATER: Für? Der Staat fördert also die Arbeitslosigkeit? Das fängt ja schon wieder großartig an! Ist Charlys Vater vielleicht selbst arbeitslos geworden? Dann könnte man noch verstehen, daß ...

SOHN: ... Ne, is er nich. Aber den Bahnhof, von dem er morgens immer abfährt, den haben sie jetzt auch zum Geisterbahnhof gemacht!

VATER: Was soll ich mir denn darunter vorstellen?!

SOHN: Na, 'n Bahnhof, wo keiner mehr arbeitet!

VATER: Das gibt es gar nicht. Ein Zugabfertiger ist in jedem Fall auf dem Bahnhof.

SOHN: Den kann 'ne alte Oma aber nicht fragen, wo sie umsteigen muß.

VATER: Natürlich kann sie ihn fragen.

SOHN: Aber wenn sie dann einsteigen will, hat sie keine Fahrkarte.

VATER: Wieso hat sie denn keine Fahrkarte?

SOHN: Weil's keinen Fahrkartenschalter mehr gibt.

VATER: Dann muß sie ihre Fahrkarte eben aus dem Automaten ziehen.

Sohn: Aber den Automaten kann sie nicht fragen, wo sie umsteigen muß.

Vater: Das kann sie ja anschließend auf dem Bahnsteig fragen.

Sohn: Dann hat sie aber vielleicht schon 'ne falsche Fahrkarte gezogen, oder sie ist auf'n falschen Bahnsteig gegangen!

Vater: Ja, Pech! Du kannst Menschen nun mal nicht davor bewahren, Fehler zu machen.

Sohn: Wenn sie vorher hätte fragen können, hätte sie ja keinen Fehler gemacht!

Vater: Vielleicht hätte sie sich ja auch verhört und trotz richtiger Auskunft einen Fehler gemacht!

Sohn: Also Papa, jetzt wirst du aber unsachlich ...

Vater: Im Gegenteil, ich orientiere mich die ganze Zeit an der Sachlage, an Fakten!

Sohn: Dann sag mir doch mal, warum sie überall die Leute rausschmeißen und blöde Automaten aufstellen! Da versäumste ja deinen Zug, bevor du rausgekriegt hast, wo du wieviel Geld einschmeißen mußt!

Vater: Das lernt sich alles. Und die meisten Fahrgäste haben ohnehin Monatskarten oder Mehrfach-Fahrscheine, und ein Mensch im Fahrkartenhäuschen hätte kaum noch was zu tun.

Sohn: Ist doch gut, wenn der nich soviel zu tun hat. Dann kann er alten Leuten schön in Ruhe erklären, wie sie fahren müssen. Und den Touristen auch!

Vater: Die Touristen machen den Kohl auch nicht fett. Und wegen ein paar Leuten, die nicht Bescheid wissen, kann man eben keinen Beamten hinter den Schalter setzen.

Sohn: Wieso denn nich? Da war doch immer einer.

Vater: Aber nun gibt es eben einen Automaten!

SOHN: Der ist viel unpraktischer als der Fahrkartenmann.

VATER: Aber billiger!

SOHN: Charlys Vater sagt, wer denkt, daß das billiger ist, der hat Scheuklappen auf! Sonst würde er nämlich sehen, was hinterherkommt und daß das viel teurer ist!

VATER: Gar nichts ist teurer! Der Automat muß vielleicht mal repariert werden, aber dafür arbeitet er rund um die Uhr, kriegt keinen Urlaub und stellt keine Lohnforderungen!

SOHN: Aber dafür ist der Fahrkartenmann arbeitslos und kostet auch Geld. Und saufen tut er, weil er unglücklich ist, und dann haut er seine Frau, und die Kinder bleiben sitzen und die ganze Familie ist im Eimer!

VATER: Du hast die Oma vergessen! Die kriegt doch vielleicht einen kleinen Herzanfall ob des ganzen Unglücks, wie? Also wirklich! Wenn für jeden aufgestellten Automaten eine Familie «im Eimer» wäre, dann ... *Unterbricht sich*: Also, was lasse ich mich denn überhaupt auf deine Spinnereien ein!

SOHN: Aber wieso macht denn der Staat extra noch mehr Arbeitslose?

VATER: Der Staat macht das nicht «extra», aber er muß genauso wirtschaftlich arbeiten wie jeder Unternehmer. Sonst ist er nämlich bald pleite.

SOHN: Immer mehr Arbeitslose ist doch nicht «wirtschaftlich». Charlys Vater sagt, die können alle nicht rechnen.

VATER: Sie können! Verlaß dich drauf. Und der Finanzminister rechnet ganz besonders gut.

SOHN: Hat der das auch ausgerechnet mit dem Längerarbeiten?

VATER: Was?

SOHN: Na, daß vielleicht alle länger arbeiten sollen. Bis siebzig oder achtzig oder ...

VATER: ... jetzt bremse dich mal, ja?

SOHN: Aber is doch beknackt, daß die Alten länger arbeiten sollen und die Jungen gar nicht.

VATER: Das ist ein Rentenproblem. Man muß sehen, wie man von den gewaltigen Rentenzahlungen runterkommt ...

SOHN: Ach so. Die denken, wenn alle arbeiten bis zum Umfallen, dann brauchen sie keine Rente mehr.

VATER: Ich hör mir das jetzt nicht mehr länger an ...

SOHN: Du hast neulich selber gesagt, es wird Zeit, daß so 'ne alte Schraube in Pension geht!

VATER: Was?? So rede ich nie!

SOHN: Haste aber. Das war, als wir Tante Gusti im Krankenhaus besucht haben. Und da wolltest du 'ne Vase von den Oberschwestern, und da ...

VATER: ... Ach ja! Na ja, das war aber auch unglaublich, wie diese Frau sich aufgeführt hat. Als ob ich verlangt hätte, daß sie mir ein Bier aus der Kneipe holt!

SOHN: Mama sagt, sie kann verstehen, daß so 'ne Oberschwester alle ist mit den Nerven. Und die müßten viel früher in Rente gehen.

VATER: Was diese Person angeht, hat sie sicher recht.

SOHN: Aber wenn die nun a u c h noch länger arbeiten muß?

VATER: Das ist mir Wurscht, klar??

SOHN: Jedenfalls ... Charlys Vater sagt, wenn die so weitermachen, dann werden sie sich totzahlen für Kuren.

VATER: Für wessen Kuren denn nun schon wieder?
leise: Ich glaube, ich brauch auch bald eine ...

SOHN *unbeirrt*: Na, die, die arbeiten, brauchen Kuren wegen Streß, und die andern brauchen Kuren wegen Depressionen oder so was.
Der Vater schweigt ostentativ.

Und kennste den kleinen Blonden, der immer in unserm Park rumgeharkt hat? Der immer gepfiffen hat?

VATER: Ja, den kenne ich. Was ist mit dem?

SOHN: Entlassen.

VATER: Und warum? Hat er Blumen geklaut?

SOHN: Quatsch! Aber die haben jetzt noch so 'ne stinkende Diesel-Maschine angeschafft. Wo Mama immer ausrastet, wenn die Dinger losknattern. Und nun brauchen sie weniger Leute.

VATER: Tut mir leid, wirklich. Der Kleine war immer so vergnügt ... Na, vielleicht hat er schon was Besseres gefunden.

SOHN: Denkst du das wirklich?

VATER: Warum nicht? Die Chance hat jeder.

SOHN: Na, dann wissen wir's ja endlich, Papa!

VATER: Was wissen wir?

SOHN: Warum der Staat so viele Leute entläßt. Die sollen alle 'ne Chance haben, was Besseres zu finden!

Freiwillige vor!

SOHN: Papa, Charly hat gesagt, seine Schwester hat gesagt, wir müssen total umdenken, alle!

VATER: Dann soll sie mal ruhig schon anfangen, vielleicht wird dann noch was aus ihr ...

SOHN: Aus der wird sowieso was, da brauchst du dir keine Sorgen zu machen!

VATER: Das hatte ich, offengestanden, auch nicht vor ...

SOHN: Und angefangen hat sie schon längst – mit dem Umdenken!

VATER: Na, wie schön ...

SOHN: Ob du das schön findest, weiß ich gar nicht ...

VATER: Du mußt ja auch nicht alles wissen, nicht?

SOHN: Sie sagt, das wird gar nicht mehr lange dauern, und dann läuft das so – paß auf: kommt ein Mann zu Besuch und sagt zu der Hausfrau: «Entschuldigen Sie bitte, daß ich so ein weißes Hemd anhabe, und ...»

VATER *verbessernd*: ... daß ich k e i n weißes Hemd anhabe!

SOHN: Nein doch! Das ist es doch gerade. Also noch mal: kommt ein Mann zu Besuch und sagt zu der Hausfrau: «Entschuldigen Sie bitte, daß ich so ein weißes Hemd anhabe», und da antwortet die Hausfrau: «Machen Sie sich keine Gedanken, bei uns ist es auch viel zu warm!»

VATER: Aha. Und wo ist da der Witz? Das erklär mir bitte.

SOHN: Das ist gar kein Witz, das ist die Zukunft!

VATER: Dann erklär mir bitte die Zukunft; das ist ja eine einmalige Gelegenheit!

SOHN: Das ist einfach so: Wenn einer so 'n weißes Hemd anhat ... so eins, wie die das immer im Fernsehen zeigen, nich? ...

VATER: Danke für den Hinweis, aber ich habe keine Schwierigkeiten, mir ein weißes Hemd vorzustellen ...

SOHN: Jedenfalls weiß man dann gleich, daß der die Umwelt versaut!

VATER: Wie bitte? Mit einem weißen Hemd versaut man die Umwelt?

SOHN: Aber Papa, ist doch logo: Je weißer was wäscht, um so mehr Chemie ist drin, und das ist schlecht fürs Grundwasser!

VATER *auflachend*: Unser Grundwasser könnte sich glücklich preisen, wenn es weiter nichts schlucken müßte als das Wasser, mit dem Hausfrauen die Oberhemden ihrer Männer weiß gewaschen haben! Da gibt es ganz andere Belastungen ...

SOHN: Welche denn?

VATER: Das weißt du doch selbst. Die Abwässer der Industrie zum Beispiel.

SOHN: Ich denke, die müssen alle Filter einbauen?

VATER: Müssen sie ja auch. Sollen sie zumindest. Aber man weiß ja, daß das nicht jeder so genau nimmt, wie er müßte.

SOHN: Weil jeder denkt, auf seinen Dreck kommt's nicht drauf an.

VATER: So ist es.

SOHN: Deswegen muß jeder gerade bei sich anfangen. Sagst du doch sowieso immer.

VATER: Das sage ich nur da, wo es auch einen Sinn hat. Und es hat mit Sicherheit keinen Sinn, daß Mama meine Hemden wieder mit Schmierseife wäscht!

SOHN: Wenn das aber alle wieder machen?

VATER: Es werden nicht alle machen, verlaß dich drauf!

SOHN: Charly sagt, seine Schwester sagt, das geht natürlich nicht von heute auf morgen. Erst mal fangen ein paar vernünftige Leute damit an, und dann ...

VATER *fällt ihm ins Wort*: ... sag lieber: naive Leute. Und die erkennt man wenigstens gleich an ihren Hemden mit dem umweltfreundlichen Grauschleier!

SOHN: Die können ja auch bunte Hemden anziehen. Und dann natürlich immer dicke Pullover!

VATER: Und warum das?

SOHN: Damit man nicht so viel zu heizen braucht. Charlys Schwester sagt, das wird bald ganz «in» sein, daß man im Winter dicke Pullover anzieht, wenn man zu Besuch geht.

VATER: Ah ja, so ist das ... Langsam erhellt sich mir der Sinn dieses Witzes, den du zum besten gegeben hast! «Entschuldigen Sie», sagt der Gast, «daß ich ein weißes Hemd anhabe ...»

SOHN *verbessert ihn*: So ein weißes Hemd. So ganz leuchtend weiß nämlich.

VATER: Richtig, ja: «Entschuldigen Sie, daß ich ein so unerhört leuchtend weißes Hemd anhabe!»

SOHN: «Macht nichts», sagt da die Hausfrau, «bei uns ist es auch viel zu warm!» – Gut, nich? Weil die nämlich zuviel geheizt haben, und da waren sie alle beide nicht umweltfreundlich!

VATER *nicht ohne Humor*: Also, ich würde sagen, daß ich sehr freundlich gegenüber meiner Umwelt bin, wenn ich mich in einem schönen weißen Hemd zeige und meine Gäste in einer mollig warmen Wohnung empfange!

SOHN: Dreh doch nicht alles um! *Angriffslustig*: Du wirst es dann schon merken, wie du angemotzt wirst, wenn du an der Kreuzung mit 'nem großen Heuler abzischst!

VATER: Wenn ich was mache?

SOHN: Na, deinen Kavalierstart!

VATER: Jetzt reicht's aber wirklich! Vielleicht mischt sich Charlys Schwester noch in meine Fahrweise ein, wie?

SOHN: Sie sagt doch nur, das ist auch bald nicht mehr «in», daß man so losdonnert und Krach macht und Benzin verschwendet. Wegen dem Umdenken.

VATER: Da kann ich ihr einen viel besseren Tip geben fürs Umdenken: nicht mehr so vorlaut sein, sich nicht in alles einmischen und immer schön vor der eigenen Tür kehren!

SOHN: Was soll'n das heißen?

VATER: Daß sich jeder um seinen eigenen Dreck kümmern soll, und zwar nur um seinen eigenen!

SOHN: Das sagt sie doch gerade! Daß sich jeder um seinen Dreck kümmern soll und daß er eben möglichst wenig Dreck macht!

VATER: Kein Mensch macht mehr Dreck, als es sich durch seine Lebensumstände ergibt.

SOHN: Lebensumstände ... komisches Wort, nich? Heißt das so, weil die meisten Menschen so viel Umstände machen mit ihrem Leben?

VATER: Natürlich nicht. Lebensumstände hat jeder; ganz egal, ob er sich viel oder wenig Umstände macht ...

SOHN: Aber wenig Umstände machen ist besser, nich?

VATER: Es kommt immer drauf an, worum es sich handelt.

SOHN: Na, zum Beispiel ... mit deinen Zigaretten könntest du weniger Umstände machen!

VATER: Was soll das heißen?

SOHN: Weil du immer mit dem Auto um zwei Ecken rum zum Automaten fährst. Könntest du doch laufen ...

VATER: Das würde länger dauern und – so gesehen – viel mehr Umstände machen.

SOHN: Für deine Beine vielleicht. Aber so verfährst du Benzin und machst Krach!

VATER: Ich mache Krach?

SOHN: Klar machst du Krach. Mit der Autotür. Davon bin ich auch schon aufgewacht.

VATER: Dann wird es aber höchste Zeit, daß du dich abhärtest gegen solche harmlosen Geräusche!

SOHN: Harmlose Geräusche ... so denkt jeder, und deswegen ist überall soviel Krach. Das gehört auch zum Umdenken, sagt Charlys Schwester, daß man mehr Rücksicht nimmt!

VATER: Dann nimm du jetzt bitte erst mal Rücksicht auf meine Nerven und meine Laune und höre mit dem blödsinnigen Gerede auf!

SOHN: Mama findet das gar nicht so blödsinnig.

VATER: Was mischt sich denn ... was hat Mama denn damit zu tun? Sie will doch auch bei jeder Gelegenheit das Auto haben!

SOHN: Sie hat ja auch nicht von Autofahren geredet.

VATER: Sondern?

SOHN: Von den Freßorgien!

VATER: Wovon bitte?

SOHN: Von den Freßorgien, die sie immer machen muß, wenn Besuch kommt. Sie sagt, die meisten Leute sind sowieso zu dick, und da braucht man sie nicht noch mit Delikatessen vollzustopfen.

VATER: Sehr interessant, was ich da höre, wirklich. Will Mama vielleicht die ... primitivsten Gesetze der Gastfreundschaft außer Kraft setzen?!

SOHN: Sie will den Besuch ja nicht hungern lassen. Bloß nicht soviel Theater und so teure Sachen. Charlys Schwester sagt auch, wenn anderswo Kinder verhungern, will sie nicht so teure Sachen herunterschlingen!

VATER: Es zwingt sie ja auch keiner! Zumal sie die teuren Sachen sowieso nicht bezahlen kann!

SOHN: Würde sie auch nicht, wenn sie könnte. Wegen dem Umdenken ...

VATER: Also jetzt ist endgültig Schluß, ja? Vielleicht lasse ich mir von Charlys Schwester noch vorschreiben, was ich meinen Gästen vorsetzen darf!

Pause.

SOHN: Du willst also nicht umdenken, wie?

VATER: Natürlich nicht! Nicht in dieser albernen Was-bin-ich-doch-alternativ-Manier! Wenn es mal nötig werden sollte, aus dem einen oder anderen Grund auf das eine oder andere zu verzichten, dann wird uns das die Regierung schon wissen lassen!

SOHN: Die redet doch schon dauernd von Sparen und Bescheidensein und so was.

VATER: Das sind alles gelegentliche, vage Empfehlungen, aber keine Anordnungen!

SOHN: Is doch weiter kein Unterschied ...

VATER: Das ist allerdings ein Unterschied, und zwar ein großer: in dem einen Fall wird man gebeten und im anderen gezwungen!

Kleine Pause.

SOHN: Na, da staun ich aber ...

VATER *gereizt*: Worüber bitte?!

SOHN: Ich soll immer alles freiwillig machen, und du willst abwarten, bis man dich zwingt!

Geschunden und beklatscht

SOHN: Papa, Charly hat gesagt, sein Vater hat gesagt, es ist eine Schande, daß die Leute auch noch klatschen, wenn sie mißhandelte Kinder sehen!

VATER: Was soll ich mir denn jetzt schon wieder anhören ... In welchen finsteren Winkel der Welt ist der Mann denn nun schon wieder gekrochen, um mit solchen Ungeheuerlichkeiten aufwarten zu können?!

SOHN: In gar keinen finsteren Winkel, überhaupt nicht!

VATER: Also, wo immer er seine Informationen her hat, in diese Unterhaltung steige ich nicht ein, wirklich nicht!

SOHN: Aber du siehst dir diese Kinder auch immer mächtig gern an!

VATER: Was?!

SOHN: Klar, wenn das in der Sportschau kommt, bist du immer ganz weg – wie toll die am Stufenbarren turnen und wie sie Überschläge auf dem Balken machen und so was alles!

VATER: So! Dann hat Charlys Vater also die Stirn, junge Sportlerinnen mit armen mißhandelten Kindern in einen Topf zu werfen, ja?!

SOHN: Also, Papa, wenn du wüßtest, was da so läuft beim Training, da würdest du die auch in einen Topf werfen.

VATER: Das würde ich natürlich nicht! Ich bin immer noch in der Lage, zu differenzieren und Unterschiede zu erkennen.

SOHN: 'n paar Unterschiede sind da natürlich noch, klar.

VATER: Na also.

SOHN: Aber weißt du vielleicht, daß die kleinen Mädchen fünf bis sechs Stunden am Tag trainieren müssen? Fünf bis sechs Stunden?

VATER: Ja, und kann man ein Kind vielleicht z w i n g e n, sich fünf bis sechs Stunden anzustrengen? Wenn es das nicht selbst will?

SOHN: Die werden doch gar nicht gefragt, ob sie das wollen.

VATER: Aber sie könnten sich doch jederzeit weigern! Sie brauchten ja nur zu sagen, daß ihnen schlecht ist oder daß ihnen was weh tut ... meine Güte, was denken sich Kinder alles aus, bloß um nicht fünf bis sechs Stunden auf der S c h u l b a n k sitzen zu müssen! Und nimm doch nur mal dich selbst: Was hab ich dich gebeten und beschworen, wenigstens zweimal in der Woche eine halbe Stunde kräftig zu schwimmen! Weil du dann rundum gesünder und nicht mehr so oft erkältet wärst. Aber hast du's vielleicht durchgehalten??

SOHN: Mich hat ja auch keiner schon im Kindergarten eingefangen.

VATER: Im Kindergarten!

SOHN: Ja, genau. Da suchen sie sich schon unter den Daumenlutschern die aus, von denen sie denken, die können sie hinkriegen! Weil man ganz früh anfangen muß mit dem Hinbiegen von den Sehnen und Gelenken und so – ich weiß auch nicht genau, was da alles gebogen werden muß.

VATER: Vor allem scheinst du nicht zu wissen, was in einem Kindergarten los ist!

SOHN *ehrlich erstaunt*: Du etwa?

VATER: Ja, zufällig. Zufällig hab ich neulich aus Gefälligkeit die kleine Tochter eines erkrankten Kollegen vom Kindergarten abgeholt. Dieses Kind hat schon gebrüllt wie am Spieß, als ich ihm vorsichtig die Arme angebeugt habe, um sie ins Mäntelchen zu stecken!

SOHN *kichert*: Das hätt ich mal sehen wollen ...

VATER: Das war überhaupt nicht komisch. Noch auf der Straße hat sich das Kind so angestellt, daß die Leute mich angeguckt haben wie einen Kindesentführer! Nein, mein Lieber, mit Zwang läuft da gar nichts, das kannst du mir glauben.

SOHN: Aber, Papa, am Anfang sind die bestimmt ganz lieb zu den Kindern – und so 'n bißchen Turnen, das machen kleine Kinder ja auch gern.

VATER: Und wenn sie's nicht mehr gern machen, hören sie auf. Ich sag's dir.

SOHN: Aber wenn die Eltern ganz gierig darauf sind, daß ihr Kind bei der Olympiade mitmacht oder ins Fernsehen kommt!?

VATER: Auch der Einfluß der Eltern hat bekanntlich seine Grenzen ...

SOHN: Ja, wenn sie vernünftig sind und das Kind nicht vollquatschen oder vielleicht bestrafen. Ihr würdet natürlich nicht erlauben, daß man mich so durch die Mangel dreht!

VATER: Ich nehme an, das soll ein Kompliment sein ... Danke sehr. Aber vielleicht sind die Eltern von diesen Turnkindern ...

SOHN: Turnb a b i e s nennen sie die!

VATER: ... vielleicht sind deren Eltern auch nicht so schlecht, wie ihr sie machen wollt. Vielleicht wollen sie ihren Kindern nur die Chance geben, etwas Besonderes zu werden. Und die meisten Menschen wären ja wohl gern etwas Besonderes.

SOHN: Aber du sagst doch immer, es ist so wichtig, daß man eine gute Kindheit hat!

VATER: Sicher. Aber Kindheit kann auf sehr verschiedene Weise «gut» sein.

SOHN: Aber doch nicht, wenn du dich jeden Tag rumquälen und verrenken mußt – und überhaupt nicht mehr spielen kannst! Und die dürfen noch nicht mal wachsen!

VATER: Das Wachsen bestimmt wohl noch immer der liebe Gott!

SOHN: Wenn ihm keiner dazwischenmurkst, ja. Aber Charlys Vater sagt, die kleinen Mädchen müssen alle Pillen schlucken, damit sie nicht etwa schon 'n Busen kriegen.

VATER: Also, das ist garantiert verboten!

SOHN: Ja und? Klauen und Morden ist auch verboten ... Und die dürfen auch nicht mehr als 80 Pfund wiegen.

VATER: Das ist ja nun wieder eine Diätfrage. Und wenn da jemand mitten im Training nur noch Sahnetorte essen und aufgehen würde wie ein Hefekloß, dann könnte er natürlich nicht mehr zierlich über den Schwebebalken laufen! Und würde sich beim Überschlag noch verletzen.

SOHN: Die verletzen sich sowieso.

VATER: Nun rede keinen Unfug, mit Verletzungen könnten sie nun wirklich nicht weitermachen.

SOHN: Ich meine ja, die ruinieren sich für später! Wenn die keiner mehr braucht und sie endlich doch erwachsen werden dürfen – dann haben sie kaputte Wirbel und können vielleicht keine Kinder kriegen. Und alles bloß für irgend 'ne blöde Medaille oder Urkunde oder so 'n Scheiß!

VATER: Na, na! – Es geht doch nicht allein um Medaillen!

SOHN: Doch. Und wenn sie keine kriegen, dann weinen sie, weil sie versagt haben und die ganze Schinderei umsonst war. Und vielleicht haben sie bloß den großen Zeh nicht richtig angelegt oder so was!

VATER: Und dennoch geht es nicht nur um Medaillen – sondern um die Herausforderung, seinem Körper das Äußerste abzuverlangen – um die Idee des Sports!

SOHN: Können die Erwachsenen ja ihren Körper herausfordern – und die kleinen Kinder in Ruhe lassen!

VATER: Als Erwachsener kann man nicht erst anfangen, das hast du schon selbst gesagt. Dann ist es leider zu spät.

SOHN: Für die Idee des Sports?

VATER: Für die Höchstleistungen natürlich!

SOHN: Für wen müssen diese Höchstleistungen denn sein? Für die Zuschauer?

VATER: Nein, natürlich nicht für die Zuschauer. Nicht nur für die Zuschauer jedenfalls, sondern für ...

SOHN: ... die Idee des Sports.

VATER: Auch nicht nur für die Idee des Sports! Höchstleistungen haben auch immer etwas mit der – heutzutage so viel und falsch zitierten – Selbstverwirklichung zu tun.

SOHN: Wer verwirklicht sich denn selbst? Der Trainer oder die Eltern? *Vater stöhnt nur.* Jedenfalls – Charlys Vater sagt, das sind die reinsten Wegwerfkinder! Wenn man sie nicht mehr braucht, dann ...

VATER: ... also, paß mal auf, jetzt einigen wir uns vielleicht mal darauf: Diese Turnkinder – vielleicht wird da wirklich zuviel gemacht mit ihnen, ich kann das nicht beurteilen – aber letztlich wird es für sie auch ein ganz großartiges Gefühl sein, daß sie dastehen als Vorbild für alle andern!

SOHN: Wofür denn Vorbild? Fürs Gehorchen?

VATER: Als Vorbild für Ausdauer und Zielstrebigkeit. Ein Vorbild für alle, die nicht durchhalten, was sie sich vorgenommen haben!

SOHN *Pause*: Also weißt du, Papa – ausgerechnet du sagst so was ...

VATER: Was heißt «ausgerechnet» ich?
SOHN: Glaubst du vielleicht, ich hab das nicht gemerkt?
VATER: Was??
SOHN: Daß du morgens immer bloß noch laut bis zwanzig
    zählst – und gar keine Kniebeugen mehr machst?!

Der Duft, mit dem man Kasse macht

SOHN: Papa, Charly hat gesagt, seine Schwester hat gesagt, ihr stinkt es, daß sie nicht so riechen soll, wie sie riecht!

VATER: Und mir stinkt es, daß ich nicht lesen soll, was ich gerade lese! Können wir das Gespräch über die Geruchsprobleme von Charlys Schwester vielleicht noch etwas aufschieben ...

SOHN: Das sind ja gar nicht die Probleme von Charlys Schwester.

VATER: Wessen Probleme denn?

SOHN: Von allen. Wird doch allen dauernd eingeredet, daß sie sich von oben bis unten besprühen und beschäumen und beschmieren müssen, damit ...

VATER *dazwischen*: Beschmieren vor allen Dingen!

SOHN: Meinetwegen auch eincremen; jedenfalls soll keiner mehr so riechen, wie er von selber riecht. Bloß nicht!

VATER: Mein Gott, bleibt mir denn nichts erspart? – Mit den Kosmetika kann doch wirklich jeder ...

SOHN *unterbricht*: Mit den was?

VATER: Kosmetika. Darunter versteht man alle Mittel, die ein Mensch benutzt, um sich sauber zu erhalten.

SOHN: Da wird man doch nicht sauber von, wenn man sich Parfum hinters Ohr tupft ...

VATER: Zu den Kosmetika zählt man auch Seife und Zahnpasta – unter anderem.

SOHN: Von Waschen und Zähneputzen red ich doch nicht. Das ist doch normal.

VATER: Schön, das von dir zu hören. Heute morgen war deine Zahnbürste nämlich wieder mal knochentrocken!

SOHN: Gar nich …

VATER: Lüg mir nichts vor, ich hab sie angefaßt!

SOHN: Aber nachts eß ich doch gar nichts. Da reicht es doch, wenn ich morgens den Mund spüle!

VATER: Das reicht eben nicht! Nachts bilden sich Bakterien an den Zähnen, und die müssen mit der Zahnbürste vernichtet werden.

SOHN: Wenn du mit deinen Fingern an meiner Zahnbürste rumfummelst, kommt erst recht 'n Haufen Bakterien dran!

VATER: Also bitte, ja?! Du putzt dir auch morgens die Zähne und basta. Und wo war ich nun stehengeblieben!

SOHN: Bei den Kos-me-ti-ka.

VATER: Richtig. Ich wollte sagen: mit denen kann das jeder halten, wie er will. Wer sich pflegen will, der pflegt sich, und wer das nicht will, der läßt es eben. Wenn seine Mitmenschen dann einen Bogen um ihn machen, wird er's schon merken …

Der Sohn lacht auf.

SOHN: Na bitte! Da sieht man's ja!

VATER: Was sieht man?

SOHN: Daß du voll auf die Werbung abgefahren bist! Aber total!

VATER: Auf welche Werbung?

SOHN: Also, das ist wirklich stark! Jetzt glaubst du auch schon, daß alle Leute einen Bogen um dich machen, wenn du nicht das Superhaarwasser gekauft hast und das Spray gegen Mundgeruch und das Unterm-Arm-Spray und das Intimspray und …

VATER: Jetzt halt aber mal den Rand! Bist du völlig über-
geschnappt?

SOHN: ... und vielleicht auch noch den Fußpuder!

VATER: Vielleicht behauptest du auch noch, daß ich in
Eselsmilch bade, was?

SOHN: Eselsmilch hab ich bei uns noch nicht gesehen.
Aber alles andere steht im Badezimmerschränkchen.

VATER: Was hast du denn überall herumzuschnüffeln! Da
werden wir den Spiegelschrank mal abschließen in Zukunft!

SOHN: Ist das vielleicht ein Geheimnis, was ihr da drin
habt?

VATER: Es ist kein Geheimnis, aber es geht dich auch
nichts an! Schon gar nicht, wenn du dir anmaßt, uns vorzuschreiben, womit wir uns pflegen dürfen! Sei froh, daß
wir es in puncto Hygiene so weit gebracht haben!

SOHN: Man kann aber alles übertreiben ...

VATER: Wer übertreibt denn mal wieder?

SOHN: Ich finde nämlich, ihr riecht von alleine sehr gut,
Mama und du.

VATER: Herzlichen Dank. Das beruhigt mich sehr. Aber
genau das ist eben die Folge von ... von einer bewußten
Körperpflege.

SOHN: Find ich gar nicht. Am besten riecht ihr, wenn wir
verreist sind, und ihr habt nicht soviel Zeug mit. Und wir
sind am Strand oder so ...

VATER: Ja nun – wir können nicht gut an jedem Tag im
Jahr nach Meerwasser und Sonne duften.

SOHN: Deswegen braucht ihr euch noch lange nicht von
oben bis unten vollzusprühen.

VATER: Willst du das gütigst uns überlassen?!

SOHN: Soll ich dir mal was sagen? Mama riecht seit ihrem
Geburtstag wie Frau Kulicke!

VATER: Hast du einen Stockschnupfen, oder was ist mit dir los?! Du wirst doch deine Mutter nicht mit dieser ... dieser Schreckschraube vergleichen!

SOHN: Mach ich ja gar nicht. Aber das Parfum, das du Mama zum Geburtstag geschenkt hast, ist das Parfum von Frau Kulicke. Und deswegen riecht sie jetzt genauso.

VATER: Das halte ich für absolut ausgeschlossen, daß Frau Kulicke sich ein so ... so exklusives Parfum leisten kann!

SOHN: Was heißt denn exklusiv?

VATER: Besonders ... außergewöhnlich ... unüblich ...

SOHN: Na hör mal! Dafür machen sie doch dauernd Reklame im Fernsehen! Da werden noch tausend andere Leute so riechen, nicht nur Frau Kulicke!

VATER: Kaum. Dafür ist es zu teuer.

SOHN: Charly sagt, seine Schwester sagt, die meisten Leute geben ein Irrsinnsgeld aus, weil man ihnen dauernd angst macht.

VATER: Wovor denn Angst?

SOHN: Eben davor, daß sie vielleicht nicht gut riechen. Das machen die Firmen nämlich extra; und dann verdienen sie sich dumm und dämlich. Weil alle Leute verunsichert sind.

VATER: Ich bin nicht verunsichert, zum Donnerwetter! Es ist mein eigener Wille, mich so zu pflegen, daß ich mich wohl fühle!

SOHN: Charlys Schwester sagt, das denkt man bloß, daß man das selber will, in Wirklichkeit wird einem das eingeredet!

VATER: Der einzige, der sich wieder mal was einreden läßt, bist du! Vielleicht wirst du mal Charlys Schwester gegenüber etwas kritischer!

SOHN: Heute früh bin ich fast erstickt, als ich ins Badezimmer gekommen bin! Hast du mich nicht husten hören?

VATER: Nein.

SOHN: Ich hab gar keine Luft gekriegt; weil du wieder wie verrückt mit diesem Fichtennadelduft rumgesprüht hast!

VATER: Stell dich nicht so an – du wirst es überleben ...

SOHN: Ich schon. Ich nehm ja auch sonst nichts von dem ganzen Zeug. Das Haarwasser nehm ich auch nicht mehr.

VATER: Das ist aber sehr gut für den Haarboden.

SOHN: Mein Haarboden ist doch in Ordnung. Und ich will nicht nach irgendwas Künstlichem riechen.

VATER: Dann steck dir doch am besten eine Knoblauchzehe zwischen die Zähne oder ein Stück Harzer Käse, dann riechst du nach was Natürlichem!

SOHN: Ich hab nicht gesagt, daß ich stinken will! Ich will nur einfach nach mir selber riechen.

VATER: Ach, mach doch, was du willst ...

SOHN: Mach ich ja. Weil das ja auch schädlich ist.

VATER: Was ist schädlich?! Mein Rasierwasser vielleicht?

SOHN: Das vielleicht nicht.

VATER: Was dann?

SOHN *vorsichtig*: Ich weiß ja nicht, ob es da für Männer auch was gibt ... aber was die Frauen so nehmen ... also der Arzt von Charlys Schwester hat gesagt, wenn sie noch mal so 'n Spray nimmt, dann schmeißt er sie raus! Er hat keine Lust, Leute zu behandeln, die sich mit Absicht krank machen!

VATER: Jetzt ist aber endgültig Schluß. Du wirst dich bitte nicht mehr darum kümmern, womit und wohin irgendwer was sprayt, hast du mich verstanden!

SOHN: Ja doch, ich will ja bloß ...

VATER: Ja, du schon, aber ich will jetzt nicht mehr!

SOHN: Ich will dir bloß noch was sagen ... damit du nachher nicht enttäuscht bist ...

VATER: Worüber soll ich enttäuscht sein?

SOHN: Daß Mama sich nicht freut. Ich hab nämlich gehört, wie sie zu Tante Karin gesagt hat, sie will kein Parfum oder so was mehr geschenkt kriegen.

VATER: Ist gut, danke. Wahrscheinlich hat sie noch genug Vorräte für die nächste Zeit.

SOHN: Vielleicht will sie auch mal gar nichts nehmen ...

VATER: Ach was ...

SOHN: Vielleicht will sie mal rauskriegen, ob du sie überhaupt noch riechen kannst?

Was heißt hier feige ...?

Vater und Sohn im Auto.

SOHN: Papa, Charly hat gesagt, sein Vater hat gesagt, wer sich nicht einmischt, ist ein Feigling!

VATER *zerstreut*: Was ist schon wieder? Wart mal einen Augenblick, ich muß mich hier mal konzentrieren.

Geräusch eines hochgezogenen Motors.

So! Nun kann die Dame weiterschlafen am Steuer!
Und wer ist nun angeblich ein Feigling?

SOHN: Wer sich nicht einmischt! Charly sagt, sein Vater sagt, hauen ist keine Privatsache.

VATER: Hauen?

SOHN: Ja, hauen. Ich meine, prügeln, verdreschen, vermöbeln, zusammenschlagen, fertigmachen, in 'n Hintern treten ...

VATER *unterbricht*: Ja doch, ich hab's begriffen! Mein Gott, ich wünschte, dein Sprachschatz wäre auf allen Gebieten so atemberaubend.

SOHN: Das geht gar nicht. Weil's nämlich bloß für hauen so viele Worte gibt. Charly und ich haben mal in so einem Buch nachgeguckt. Da warn 76 Wörter für hauen und schlagen und so was. Und für «lieben» gab's bloß ... ich glaub 17!

VATER: Na, das reicht ja wohl auch.
Wolltest du nicht über ganz was anderes reden?

59

SOHN: Na ja, eben, daß Charlys Vater sagt, das geht jeden an, wenn geprügelt wird, und daß man sich da einmischen muß.

VATER: Da spielt Charlys Vater ja wieder mal den großen Helden! Einmischen! In Prügeleien! Soll ich mich vielleicht dazwischenschmeißen, wenn sich zwei besoffene Ganoven in irgendeinem miesen Schuppen eins in die Schnauze hauen, wie?!

SOHN *verblüfft*: Aber Papa, wie redest du denn??

VATER *leicht verlegen*: Ich bediene mich der Sprache derer, die sich prügeln und in deren Auseinandersetzungen ich mich bestimmt nicht einmischen werde.

SOHN: So was meint Charlys Vater doch gar nicht! Er meint doch Kinder und Frauen! Paß auf, da kommt 'ne Wegverengung.

VATER: Längst gesehen ...

SOHN: Charly sagt, sein Vater sagt, man muß sich einmischen, wenn Kinder oder Frauen geschlagen werden. Weil sie die Schwächeren sind.

VATER: Nicht: «weil» sie die Schwächeren sind, sondern: «sofern» sie die Schwächeren sind! Nicht alle Frauen sind die Schwächeren. Ich hab schon Männer erlebt, die sich nicht nach Hause trauten, weil ihre liebe Frau Gemahlin ... na, lassen wir das.

SOHN: Aber Männer haben mehr Muskeln.
He du, das war aber schon beinahe rot!

VATER: Das war nicht «schon beinahe rot», sondern noch reichlich gelb.

SOHN: Aber die Kinder, die sind immer die Schwächeren!

VATER: Körperlich sicher. Natürlich. Dafür sind sie den Erwachsenen in anderer Hinsicht überlegen.

SOHN: In welcher denn?

VATER: Das müßtest du doch am besten wissen: Kinder

können zwölf Stunden hintereinander Musik hören, sie können von früh bis spät durch die Wohnung rennen und Türen schmeißen, sie können ... sie könnten monatelang ohne Seife, Zahnpasta und Bürste auskommen, sie können jede Menge Unordnung und ...

SOHN: Aber das nützt ihnen doch alles gar nichts, wenn sie geprügelt werden!

VATER: Nein – aber andererseits führen diese besonderen Talente der Kinder gerade zu jenen Auseinandersetzungen, bei denen es dann schon mal eine Ohrfeige setzt.

SOHN: Ohrfeige ... davon redet doch keiner. Es geht doch um richtige Prügel! Manche Kinder werden dauernd geprügelt! Wegen jedem bißchen. Halbtot geschlagen werden die! Und da muß sich eben jeder drum kümmern!

VATER: Ja, natürlich – da hast du recht.

SOHN: Aber die Leute machen das eben nicht! Sie haben Angst, daß sie Ärger kriegen. Die sind eben feige!

VATER: Was heißt hier feige ... mit großer Wahrscheinlichkeit werden sie ja auch Ärger kriegen. Mit den Nachbarn, mit den Ämtern, mit der Polizei ...

SOHN: Na und? Wenn's doch wichtig ist?

VATER: Ja doch, du hast ja recht.

SOHN: Charly sagt, sein Vater sagt, wenn Menschen Sachen wären, dann wär das alles anders!

VATER: Was?!

SOHN: Ja, weil das dann Sachbeschädigung wäre, wenn jemand 'ne Frau oder 'n Kind kaputtmacht! Und dann müßte der vielleicht blechen, Mann!

VATER: Blechen! Wie redest du denn schon wieder! Und überhaupt, was ist das alles für ein Unfug.

SOHN: Gar nicht! Sachbeschädigung ist 'ne klare Sache. Und so 'ne Frau zum Beispiel, wenn die auch noch arbeitet, die ist doch was wert!

VATER: Also, du erwartest wohl nicht, daß ich ernsthaft auf diese Hirngespinste eingehe.

Der Vater hupt.

Nun sieh dir das an! Schon wieder so ein Kind auf dem Fahrrad ohne jede Beleuchtung!! Das ist doch der reine Selbstmord bei diesem Dämmerlicht! Wer soll denn so einen Schatten auf der Straße erkennen?!

SOHN: Dann halt doch an und rede mit dem Kind!

VATER: Um mir 'ne dämliche Antwort anzuhören?!

SOHN: Du sollst ja reden – nicht meckern!

VATER: Also, laß mich in Frieden. Ich kann nicht alle fünf Minuten anhalten, um ein Kind liebevoll davon zu überzeugen, daß es Licht an seinem Fahrrad braucht!

SOHN: Wenn's doch um Leben und Tod geht?

VATER: Das sollen sich dann mal die eigenen Eltern überlegen! Ist ja schließlich und endlich nicht mein Kind.

SOHN *leise und enttäuscht*: ... nicht dein Kind ... Du redest genau wie der Hartmann mit den Autos.

VATER: Was soll das heißen?

SOHN: Na, der hat auch gesagt: Sind ja nicht meine Autos. Ich meine neulich, als auf unserem Parkplatz die Antennen und Scheibenwischer und all das abgeknackt worden ...

VATER *dazwischen*: Was denn?! Willst du damit sagen, daß der Hartmann gesehen hat, wie unsere Wagen demoliert wurden??

SOHN: Ja doch, der hat gerade aus dem Fenster geguckt.

VATER: Das ist ja unglaublich! Das hält man ja nicht für möglich! Schön, vielleicht hat er Angst gehabt, sich mit dem Kerl anzulegen; aber dann hätte er doch wenigstens die Polizei verständigen können.

SOHN: Das war ja gar kein Kerl. Bloß so 'n ganz mickriger kleiner Typ, hat der Hartmann gesagt.

VATER: Das ist ja nicht zu fassen. Und da hat er nicht mal runtergerufen?

SOHN: War'n ja nicht seine Autos.

Der hat ja nicht mal 'n Auto!

VATER: Na und?? Autos sind ja letztlich dem allgemeinen Volksvermögen zuzurechnen. Egal, wem sie gehören! Da hat doch jeder Mensch eine gewisse Mitverantwortung! Das kostet doch alles einen Haufen Geld!

SOHN: Ja doch ...

VATER: Was heißt «ja doch»? Verdien du erst mal einen Pfennig! Dann reden wir weiter.

SOHN: Papa? Papa, ich glaub, es wär wirklich besser, wenn Menschen Sachen wären ...

Ein Mann in den besten Jahren

SOHN: Papa? Charly hat gesagt, sein Vater hat gesagt ... eine Gesellschaft, in der man nicht alt werden darf, die ist ganz schön kaputt!

VATER: Was ist nun schon wieder? Wer um Himmels willen verbietet Charlys Vater, alt zu werden?

SOHN: Die Gesellschaft eben.

VATER *höhnisch*: Die Gesellschaft!! Es scheint heute wirklich kein einziges privates Problem mehr zu geben, für das nicht die Gesellschaft verantwortlich gemacht wird! Und dabei hat es noch nie eine Zeit gegeben, in der man so beruhigt alt werden konnte wie heute! Noch niemals sind so sichere und anständige Renten gezahlt worden!

SOHN: Von Geld hat Charlys Vater ja gar nicht geredet.

VATER: Wieso denn auf einmal nicht? Er redet doch sonst ständig von Geld.

SOHN: Charly sagt, sein Vater sagt, je älter man wird, desto weniger ist man wert. Bei uns.

VATER *überlegen*: Na, da scheint er ja in einer ganz handfesten Persönlichkeitskrise zu stecken, dieser Mann. Wieso bildet er sich denn ein, plötzlich weniger wert zu sein! Wie alt ist Charlys Vater denn überhaupt?

SOHN: Genauso alt wie du.

VATER: Bist du sicher? Ich hätte ihn eigentlich für älter gehalten ...

SOHN: Ist er aber nicht. Wir haben euch neulich mal verglichen, Charly und ich. Seine Mutter ist ein bißchen äl-

ter als Mama, aber Charlys Vater und du, ihr seid gleich
alt.

VATER: So. Dann hätte sein ganzes Gerede vom Altwerden
ja wohl noch ein bißchen Zeit. Schließlich ist er noch ein
Mann in den besten Jahren.

SOHN: Ja, ja; aber er sagt, es steht schon vor der Tür. Das
Alter, meint er.

VATER: Vor seiner vielleicht. Vor meiner hab ich noch
nichts bemerkt. Und da das Thema für dich noch nicht
sehr aktuell ist, könnten wir es vielleicht beenden.

SOHN: Aber ich wollt dich doch noch was dazu fragen,
Papa!

VATER: Hoffentlich bist du damit fertig, bevor ich wirklich alt bin ... Also?

SOHN: Na ja – ich wollt zum Beispiel mal wissen, ob du
auch manchmal Hemmungen hast – weil du denkst, du
bist nicht mehr jung genug.

VATER: Wobei soll ich denn Hemmungen haben?

SOHN: Na, wenn du zum Beispiel mal gern einen flottmachen würdest.

VATER: Wie bitte?

SOHN: Na, mal so richtig 'ne Nacht durchtanzen oder
so ...

VATER: Das muß ja wohl nicht gleich die ganze Nacht
durch sein, oder? Und gegen Tanzen habe ich durchaus
nichts. Wenn der richtige Rahmen da ist, warum nicht?

SOHN: Was denn für 'n Rahmen?

VATER: Irgendeine nette Gesellschaft eben. Mit Leuten,
die man kennt und mit denen man sich versteht.

SOHN: Das ist doch nicht «flottmachen», Papa! Das ist
doch bloß irgend so 'ne langweilige Feier!

VATER: Ob das langweilig ist, kannst du wohl kaum beurteilen.

SOHN: Aber Charly sagt, sein Vater sagt, er würd gern mal abends einfach losgehen – so wie früher –, irgendwohin, wo Musik ist, und sich so richtig austoben! Aber da hat er Hemmungen.

VATER: Mit Recht hat er da Hemmungen! Will er sich vielleicht in irgend so einer Diskothek unter die Zwanzigjährigen mischen und sich einen Trommelfellschaden holen?? Da macht er sich doch lächerlich!

SOHN: Das ist es ja gerade! Charlys Vater sagt, alles, was ein bißchen ulkig ist, ist bei uns bloß für die jungen Leute da. Wenn man schon älter ist, fällt man gleich auf.

VATER: Man fällt immer auf, wenn man Dinge tut, die vom Alter her nicht mehr zu einem passen.

SOHN: Aber wenn man doch Lust dazu hat??

VATER *resigniert, abfällig*: Lust ...

SOHN: Charly sagt, sein Vater sagt, in andern Ländern ist viel weniger Unterschied zwischen jungen und alten Leuten. Er sagt, wo sie in Urlaub waren, in Bulgarien, glaub ich, da tanzen noch die alten Opas, wenn es ihnen Spaß macht.

VATER: Das können sie hier auch haben. Es gibt doch alle naselang irgendwelche Seniorenbälle oder dergleichen.

SOHN: Aber das ist doch dann n u r für die alten Leute, und das findet Charlys Vater ja gerade so blöd! Er sagt, die tun alle so, als ob die älteren Leute 'ne ganz andere Rasse sind!

VATER *stöhnt, es ist ihm lästig*: Ich glaube nicht, daß irgend jemand Charlys Vater schon mal für einen Chinesen gehalten hat.

SOHN: Laß doch mal den Quatsch, Papa. Charlys Vater meint einfach, daß die jungen Leute immer denken, daß die Alten ganz andere Gefühle haben. Und er findet, das stimmt überhaupt nicht.

VATER: Ja nun, sicher haben alle Menschen dieser Welt –
ob alt oder jung – ähnliche Gefühle. Das Entscheidende
ist doch aber, wie man mit diesen Gefühlen umgeht.

SOHN: Wie meinst du das?

VATER: Ja, wie soll ich dir das erklären. Wenn man älter
ist, dann hat man zum Beispiel gelernt, seine Gefühle
besser und richtiger einzuordnen. Man kann sich besser
beherrschen, man kann auch leichter auf irgend etwas
verzichten. Und wenn man genau weiß, daß man einen
Haufen Ärger kriegen wird, wenn man seinen Gefühlen
folgt, dann läßt man es eben.

SOHN: Kriegen ältere Leute denn immer Ärger, wenn sie
ihren Gefühlen folgen?

VATER: Wenn man nur seinem Gefühl folgt und seinen
Verstand nicht auch benutzt, kann man als junger
Mensch genausoviel Ärger bekommen.

SOHN: Aber wenn man jung ist, darf man mehr machen,
oder?

VATER: «Darf», was heißt «darf»? Man macht es eben.
Man muß ja auch seine Erfahrungen machen.

SOHN: Und wenn man die gemacht hat, dann braucht
man gar nichts mehr weiter zu machen?

VATER: Jedenfalls braucht man die alten Erfahrungen
nicht zu wiederholen.

SOHN: Und die neuen? Ich meine, es gibt doch immer wieder was Neues?

VATER: So neu sind die ja meistens auch nicht.

SOHN: Papa?

VATER: Ja?

SOHN: Papa, hast du gar keine Lust, dich mal wieder so
richtig zu verknallen?

VATER: Also, jetzt reicht's aber wirklich! Hat Charlys
Vater das vielleicht von sich behauptet?

SOHN: Ich weiß nicht. Vielleicht hat Charly gesagt, daß er denkt, daß sein Vater das gern möchte.

VATER: Ich frage mich wirklich, was ihr alles zusammenredet, wenn ihr allein seid! Hast du vielleicht auch gesagt, daß du glaubst, daß dein Vater ähnliche Bedürfnisse hat??

SOHN: Nein, deswegen frage ich dich ja.

VATER: Also, frag mich was anderes, ja?

SOHN: Bitte, wenn du mit mir über so was nicht reden willst ...

VATER: Weißt du, mein Lieber, ich bin schlicht und einfach der Meinung, daß es auch noch ein paar Dinge gibt, die dich nichts angehen, klar?

SOHN: Okay, frag ich was anderes. Findest du, daß man bei uns irgendwelche Vorteile hat, wenn man älter ist? Charlys Vater sagt nämlich, bei uns hat man beim Älterwerden nur Nachteile.

VATER: Natürlich gibt es auch Vorteile beim Älterwerden. Man fühlt sich sicherer, man hat mehr Wissen erworben und mehr Kenntnisse in seinem Beruf.

SOHN: Charlys Vater sagt, gerade im Beruf ist das auch so schwierig. Wenn man über fünfzig ist, kriegt man kaum noch 'n neuen Job. Die suchen überall nur Junge und ... na, wie heißt das Wort? So ähnlich wie das, womit sie immer sprengen.

VATER: Meinst du dynamisch?

SOHN: Genau. Ja. Jung und dynamisch. Das suchen sie überall.

VATER: Na ja, das kommt drauf an, in welchem Beruf man arbeitet. Überall können sie gar keine «dynamischen» Leute gebrauchen. Das wär ja nicht auszuhalten.

SOHN: Also dir macht es jedenfalls nichts aus, älter zu sein, nein?

VATER: Nein, mir macht das nichts aus.

SOHN: Hm. *Pause*. Aber zu Onkel Herbert hast du neulich gesagt, dir tut es leid, daß du dir vor zehn Jahren keinen Bart angeschafft hast.

VATER: Was hast du denn da schon wieder aufgeschnappt?! Du kannst so einen einzelnen Satz doch nicht aus dem Zusammenhang herausnehmen.

SOHN: Ich weiß ja noch den Zusammenhang.

VATER: Da weißt du wieder mal mehr als ich.

SOHN: Ja. Du hast gesagt – wenn man immer einen Bart hatte und nimmt sich den dann eines Tages ab, dann sieht man gleich zehn Jahre jünger aus!

Wie erkennt man schwarze Schafe?

SOHN: Papa, Charly hat gesagt, sein Vater hat gesagt, das ist ein total schlechtes Bild, das mit den schwarzen Schafen!

VATER: So. Ist er jetzt zu allem Überfluß auch noch unter die Kunstkritiker gegangen ...

SOHN: Nee, wieso?

VATER: Wenn er sich Urteile über Bilder anmaßt?

SOHN: Doch nich so ein Bild. Das ist doch nur, was man sich so vorstellt, wenn man sagt «schwarzes Schaf».

VATER: Ach so, er meint diese Redewendung.

SOHN: Ja, genau.

VATER: Und was hat er daran auszusetzen? Das ist doch in der Tat sehr bildhaft, wenn man von schwarzen Schafen spricht, die plötzlich in einer weißen Herde auftauchen.

SOHN: Nee, das ist ein ganz schlechtes Bild; weil – so 'n schwarzes Schaf, das hat doch bloß 'ne andre Farbe.

VATER: Ja eben, und damit fällt es aus dem Rahmen.

SOHN: Jetzt tust du ja auch schon so, als wenn das 'n richtiges Bild wär!

VATER: Wie?

SOHN: Du hast «Rahmen» gesagt. Wie von einem Bild.

VATER: Ach so – na ja, «aus dem Rahmen fallen», das ist eben auch eine bildhafte Redensart.

SOHN: Jedenfalls – so 'n schwarzes Schaf, das macht doch überhaupt nichts. In so 'ner Herde. Das ist doch genau wie alle andern.

VATER: Was die Farbe angeht, eben nicht!

SOHN: Aber es ist doch nicht schlechter! So persönlich, mein ich.

VATER *lacht*: Ich nehme an, der Schäfer ist weniger an der Persönlichkeit der Schafe als an ihrer Wolle interessiert. Und vermutlich ist schwarze Wolle schlechter zu verkaufen, weil sie sich nicht so gut einfärben läßt.

SOHN: Kann man sie doch schwarz lassen. Schwarze Wolle braucht man doch auch!

VATER: Ja doch, aber wenn jemand weiße Wolle haben will, will er eben weiße Wolle haben, und dann werden die schwarzen Schafe eben aus der Herde genommen. – Was lasse ich mich mit dir überhaupt auf solche Schafsgespräche ein?? Bin ich ein Hirte?

SOHN: Du sollst ja nur mal 'n bißchen nachdenken, das ist nämlich echt interessant!

VATER: Bisher fand ich's nicht sonderlich interessant, «echt».

SOHN: Weil du vielleicht denkst, es geht immer weiter mit richtigen Schafen, nich?

VATER: Womit geht's denn weiter?

SOHN: Mit Menschen. Weil die Leute auch immer denken, die schwarzen Schafe, das sind die, die anders aussehen!

VATER: Wie anders?

SOHN: Na, eben anders. Wie die Punks oder die Penner oder die Ausländer oder so Alternative mit langen Bärten oder ...

VATER: ... danke, danke, es reicht fürs erste. Zumal all diese farblich abweichenden Schafe mittendrin in unserer gesellschaftlichen Herde leben und emsig ihr Gras zupfen. Was soll's also?

SOHN: Die meisten Leute würden die aber am liebsten raus haben aus der Hammelherde, sagt Charlys Vater.

VATER: Danach geht's ja aber nicht. Auch die sogenannten

Randgruppen oder Minderheiten genießen den vollen Schutz unserer Gesetze.

SOHN: Aber wenn man immer bloß auf die guckt, die anders aussehen, sagt Charlys Vater, dann findet man die echten schwarzen Schafe gar nicht mehr raus.

VATER: Die echten, aha. Und wer soll das sein?

SOHN: Die, die so aussehen wie alle andern und lauter miese Sachen machen!

VATER: Erschöpfende Definition.

SOHN: Und auf die fallen alle rein, weil sie immer extra gute Manieren haben und so was.

VATER: Ja sicher, jeder, der krumme Dinger vorhat, wird sich möglichst unauffällig und unverdächtig verhalten. Von dieser Tatsache leben sämtliche Krimis. Was soll man dagegen tun?

SOHN: Mehr nach innen gucken als nach außen.

VATER: Also, das ist natürlich ein saudummes Gerede, entschuldige schon! Genau das ist doch das Problem, daß man keinem Menschen in den Kopf gucken kann oder ins Herz oder wo sonst auch immer nach «innen»!

SOHN: Aber manchmal kann man sich's schon denken, daß einer nich so anständig is, wie er aussieht. Wegen seinem Beruf. Und weil er soviel Geld hat.

VATER: Natürlich, wer es zu Geld gebracht hat und einen anständigen Anzug mit Krawatte trägt, der ist Charlys Vater von vornherein verdächtig! Und so was nennt er «nach innen» gucken, ja?

SOHN: Er meint doch so Leute, die mit Waffen schieben oder Steuerbetrug machen oder so was.

VATER: Wer verbotene Dinge macht, der wird auch bestraft – früher oder später.

SOHN: Aber erst mal sind alle ganz nett zu ihm, weil man's ihm nicht ansieht.

VATER: Solange jemand noch nicht überführt ist, geht man natürlich anständig mit ihm um, das ist ja wohl klar, oder?

SOHN: Bei manchen weiß man aber genau, was sie gemacht haben, und trotzdem werden sie gut behandelt, sagt Charlys Vater. Weil sie aussehen wie 'n ganz normaler Bürger.

VATER: Ach, nun hör doch schon auf, das ist ja schrecklich ...

SOHN: So alte Nazis, sagt Charlys Vater, die die wahnsinnigsten Sachen gemacht haben, die ...

VATER: ... wer von solchen Leuten unbestraft geblieben ist, gegen den gibt es keine gesetzliche Handhabe. Aber das kann ich dir jetzt nicht erklären.

SOHN: Und was ist mit diesen Wirtschaftsgangstern? Die sind auch viel schlimmer als einer, der mit 'ner Pudelmütze und 'ner alten Kutte gegen Raketen demonstriert. Aber der kriegt Ärger!

VATER: Nicht wegen des Demonstrierens bekommt einer Ärger und schon gar nicht wegen seines Aussehens, sondern allenfalls wegen verbotener Aktionen.

SOHN: Aber der ist doch trotzdem viel besser als so 'n eleganter Mafia-Boss, oder?

VATER: Also: Erstens weiß ich nicht, ob ein Mafia-Boss elegant ist – ich habe noch keinen gesehen. Und die Polizei hat ihn zumeist auch noch nicht gesehen. Und im übrigen – das ist ja nun wirklich ein ganz alter Hut: «Kleider machen Leute!» Und wer auf ordentliches Aussehen verzichtet, setzt sich immer der Gefahr aus, falsch beurteilt zu werden.

Kleine Pause.

SOHN: Ganz schön blöd ist das, wie?

VATER: Nicht «blöd», sondern eher menschlich. Und im übrigen: vernünftige Menschen, auf die es letztlich ankommt, die lassen sich durch Äußerlichkeiten schon nicht irritieren. Die akzeptieren jeden erst mal so, wie er ist. Egal, wie er aussieht.

SOHN: Glaubst du das wirklich?

VATER: Ja, natürlich.

SOHN: Kann ich mir nicht denken.

VATER: Wieso kannst du dir das nicht denken?

SOHN: Wegen voriger Woche ...

VATER: Was war denn in der vorigen Woche?

SOHN *wütend*: Da hast du meine ganzen Lieblingsklamotten in die Lumpensammlung gegeben!

Es wär so einfach

SOHN: Papa, Charly hat gesagt, sein Vater hat gesagt, man kann nicht immer glücklich sein ...

VATER: Ja, Donnerwetter! Endlich ist einer mal dahintergekommen!

SOHN: Wart doch ab, das geht ja noch weiter!

VATER: Hat er womöglich noch rausgefunden, daß man auch nicht immer unglücklich sein kann, wie?

SOHN: Nee, ganz anders. Er hat gesagt, man kann nicht immer glücklich sein, aber man kann immer irgendwas machen, daß man gute Laune hat.

VATER *lacht*: Klar! Wenn die Ansprüche entsprechend bescheiden sind ...

SOHN: Was denn für Ansprüche?

VATER: Die Ansprüche eben, die jemand stellt, um in gute Laune zu geraten. Es soll ja Menschen geben, die sind schon ganz beglückt, wenn sie sich zu irgendeinem Köter runterbücken, und der wedelt dann mit dem Schwanz!

SOHN: Also weißte, was du dir so ausdenkst ...

VATER: Und ein anderer gerät vielleicht schon in Hochstimmung, wenn er wider Erwarten noch ein kaltes Bier im Kühlschrank findet.

SOHN: Du hast dich neulich aber auch gefreut, als du gedacht hast, das Bier ist aus, und dann war doch noch eins da!

VATER: Na und? Aber es war doch kein Grund für tagelange strahlende Laune – wie Charlys Vater sich das vielleicht vorstellt.

SOHN: Charlys Vater hat überhaupt nichts von Bier gesagt. Du hast doch mit dem Bier angefangen!

VATER: Na schön. Und wie will Charlys Vater nun seine
Laune aufbessern?

SOHN: Durch Nettsein.

VATER: Durch Nettsein! Das ist wirklich nicht ohne Witz!
Ausgerechnet Charlys Vater, der sich ständig mit jedem
anlegt, der anderer Meinung ist als er!

SOHN: Das hat doch nichts mit anderer Meinung zu tun!
Charlys Vater hat bloß rausgefunden, daß die meisten
Menschen sich nicht trauen, nett zu sein!

VATER: Nicht trauen! Warum sollten sie sich denn nicht
trauen? Sie trauen sich ja auch, nicht nett zu sein! Sie
trauen sich, unfreundlich, unhöflich und unverschämt zu
sein!

SOHN: Das ist ja gerade das Komische.

VATER: So komisch ist das nun auch wieder nicht. Um nett
zu sein, muß man sich ja irgendwas einfallen lassen; aber
Rummuffeln kann jeder.

SOHN: Nett sein kann aber auch jeder.

VATER: Sicher. Aber dazu muß man ja erst mal einen
Grund haben, nicht?

SOHN: Wieso denn?

VATER: Wieso denn ... Weil man nicht den ganzen Tag
grundlos mit einem festgefrorenen Lächeln herumlaufen
kann, deshalb!

SOHN: Wieso soll man denn so 'n gefrorenes Lächeln haben, wenn man bloß nett ist?

VATER *stöhnt*: Also, hast du jetzt noch was zu erzählen
oder nicht?

SOHN: Klar! Charlys Vater hat nämlich so ein Beispiel erlebt: Er war im Auto und wollte einen Brief einstecken.
Und es hat ganz irre geregnet. Richtig geschüttet!

VATER: Aha. Und weiter?

SOHN: Und er konnte nicht da halten, wo der Briefkasten ist. Aber da stand jemand und der hatte einen Schirm.

VATER: Und der war so nett und hat Charlys Vater den Schirm ins Auto gereicht, damit er trocken aus dem Wagen kommt; und er selber ist naßgeregnet und war guter Laune.

SOHN: Nee, viel schlauer! Der ist einfach ans Auto gekommen, weil er den Brief gesehen hat, und er hat gesagt, Charlys Vater kann drin sitzen bleiben, er steckt ihm den Brief ein.

VATER: Na, toll. Und nachdem der Brief im Kasten war, lebten beide herrlich und in Freuden bis an ihr seliges Ende …

SOHN: Nee, aber gute Laune haben sie gehabt!

VATER: Soll mir recht sein. Ich hätte meinen Brief jedenfalls nicht aus der Hand gegeben.

SOHN: Wieso denn nicht?

VATER: Weil ich ja gar nicht wissen kann, ob dieser nette Mensch meinen Brief auch wirklich einsteckt …

SOHN: Also, weißt du …

VATER: … und womöglich hat er auch gerade Pommes frites mit den Fingern gegessen und macht lauter Fettflecke drauf!

SOHN *nach einer Denkpause*: Hast du vielleicht auch gedacht, die Frau Meyer hat gerade Pommes frites gegessen und macht dir die Autositze fettig?

VATER: Was ist denn jetzt mit Frau Meyer? Die hab ich ewig und drei Tage nicht gesehen!

SOHN: Hättest du aber sehen können – gestern. Weil sie mit einem ganz schweren Paket zur Post gelaufen ist. Und sie konnte es fast nicht tragen, und du bist dick an ihr vorbeigefahren!

VATER: Also, erst mal fahre ich nicht «dick» an ihr vorbei, und zweitens, wer hat das denn erzählt?

SOHN: Na, Frau Meyer. Wie sie von der Post zurückkam, hat sie Mama getroffen und hat gesagt, sie hat schon gedacht, du würdest anhalten, weil du gerade gebremst hast. Und sie hätte sich sooo gefreut!

VATER: Tut mir leid, ich hab sie nicht gesehen.

SOHN: Aber wenn du sie gesehen und sie mitgenommen hättest – dann hätte sich Frau Meyer ganz mächtig bedankt. Und da hättest du auch gleich gute Laune gehabt.

VATER: Ich hab sie aber nicht gesehen, Herrgott!

SOHN: Glaub ich ja. Aber Charlys Vater sagt, wenn man wirklich nett sein will, dann sieht man so was alles!

VATER: Na klar! Dann sieht man überall bloß noch Leute, die man mit seiner Nettigkeit überschütten könnte! Den einen läßt man von seiner Schokolade abbeißen, dem nächsten trägt man den alten Dackel über den Damm, und dann erspäht man natürlich auch sofort, wenn einer sich Zigaretten ziehen will und sein Geld nicht reicht. Dann hat man zwar bald weder Zeit noch Geld mehr – aber immer gute Laune!

SOHN: Kostet ja gar nicht immer Zeit oder Geld, das Nettsein ...

VATER: Von nichts kommt nichts.

SOHN: Nichts hab ich ja auch nicht gesagt.

VATER: Na also.

SOHN: Aber als du neulich einkaufen warst, da hast du hinterher gesagt, die Frau an der Kasse, die imponiert dir.

VATER: Hab ich das?

SOHN: Ja. Weil sie den ganzen Tag dasitzt und Zahlen tippt, und weil sie immer noch ganz freundlich lächelt und jeden anguckt! Hast du gesagt.

VATER: Ja, richtig, das war mir schon öfter aufgefallen. Und?

SOHN: Hättest du ihr doch sagen können, daß du das so toll findest.

VATER: Nun mach aber mal 'n Punkt. Bin ich der Charmeur vom Dienst?

SOHN: Die hätte sich aber bestimmt gefreut, und sie hätte auch was Nettes gesagt, und du hättest auch gleich gute Laune ...

VATER *dazwischen*: Also, nun krieg dich mal wieder ein, ja? Gesetzt den Fall, ich würde mich wirklich so benehmen und würde die Nettigkeit nach allen Seiten versprühen wie ... wie ein Wasserwerfer ...

SOHN *dazwischen*: Das ist aber ein blödes Beispiel, echt!

VATER: Laß mich zu Ende reden! ... dann würde man mich bald für einen totalen Spinner halten!

SOHN: Charlys Vater sagt aber, wenn das Nettsein mal so richtig um sich greifen würde, dann wäre das ganz normal. Und die gute Laune wäre auch normal!

VATER: Dann kann Charlys Sippe das Experiment ja mal anlaufen lassen. Mal sehen, ob es Schule macht. Wenn dann eines Tages mein Chef ins Zimmer kommt und mir sagt, daß er es toll findet, wie wunderschön und klaglos ich meine Arbeit mache –

SOHN: ... und wie du jeden anlächelst ...

VATER: ... red nicht dauernd dazwischen ... dann werde ich mich der Theorie von Charlys Vater freudig anschließen!

SOHN: Und warum willst du nicht vorher schon ein bißchen üben?

VATER *laut*: Weil ich in der Übung bin! Ich bin nämlich ein netter Mensch, Donnerwetter noch mal!

SOHN: Weiß ich ja!

VATER: Na also.

SOHN: Aber Charlys Vater sagt, mit dem Nettsein ist es wie mit dem Geld!

VATER: Sehr richtig: man muß sparsam damit umgehen ...

SOHN: Nee, genau umgekehrt: Man hat erst was davon, wenn man was damit macht!

Das ganz alltägliche Gruseln

SOHN: Papa, Charly hat gesagt, seine Schwester hat gesagt, sie möchte mal wissen, warum die wollen, daß man sich gruselt!

VATER: Wenn sie das wissen möchte, dann soll sie doch die fragen, die angeblich wollen, daß man sich gruselt ... Du scheinst übrigens auch zu wollen, daß man sich gruselt!

SOHN: Wieso 'n das?

VATER: Guck dir mal deine Fingernägel an, schwarz! Alle zehn!

SOHN: Maaann ... das ist bloß ein bißchen Erde. Ich hab Mama geholfen, den Gummibaum umzutopfen. Bürst ich nachher gleich weg.

VATER: Na schön. Und wovor gruselt sich nun Charlys Schwester?

SOHN: Sie gruselt sich ja gar nicht. Weil sie sich so was nicht anguckt. Sie will bloß wissen, warum die überhaupt so was machen.

VATER: Wer macht was??

SOHN: Die Fernsehleute machen was. Die stopfen einen Grusel nach dem andern ins Programm: Mörder-Spinnen und Killer-Haie und ... «Frankensteins Höllenbrut» ... und «Poseidons Inferno ...» All so was!

VATER: Braucht ja keiner anzusehen.

SOHN: Aber die machen das doch nich für teures Geld, damit keiner es ansieht!

VATER: Natürlich nicht. Es wird ja auch angesehen.

SOHN: Und warum?

VATER: Warum. – Weil ... das ist schon immer so gewesen, daß Menschen sich gern gruseln. Du willst ja auch immer Geisterbahn fahren.

SOHN: Da will ich bloß ausprobieren, ob ich wirklich kreischen muß oder nicht. Da wetten wir immer, Charly und ich.

VATER: Ihr wollt ausprobieren, ob's gruselig ist – eben!

SOHN: Aber in den Filmen ist das ganz anders.

VATER: Ja sicher. Ein bißchen Geisterbahn-Effekt ist wohl kaum abendfüllend ...

SOHN: Ich meine, in den Filmen muß man zugucken, wie anderen Leuten was passiert! Wie die von Spinnen aufgefressen werden, oder wie ihnen ein Hai ein Bein abbeißt, oder so was Gräßliches!

VATER: Man muß überhaupt nicht, ich hab's schon mal gesagt!

SOHN: Aber warum zeigen die einem überhaupt so was Brutales?

VATER: Weil offenbar kein Mensch mehr die Konzentration besitzt, sich auf einen zum Nachdenken anregenden, logisch ablaufenden, ruhigen Film einzulassen! Muß ja immer mehr «Äktschen» sein!

SOHN: «Äktschen» muß doch nich so eklig sein!

VATER: Nein. Da hast du schon recht. «Äktschen» heißt ja nichts anderes, als daß eine Menge Bewegung, Spannung und Aufregung im Spiel ist.

SOHN: Und warum machen sie dann «Inferno» und «Höllenbrut»?

VATER: Jetzt frag doch nicht dauernd dasselbe! Ich weiß es auch nicht.

SOHN: Charlys Schwester weiß es.

VATER: So! Und warum fragst du dann mich?

SOHN: Weil ich wissen wollte, ob du denkst, daß sie recht hat ...

VATER: Immerhin scheinst du es ja für möglich zu halten, daß sie nicht recht hat. Welch Fortschritt! Und was denkt sie nun?

SOHN: Sie denkt, das machen die zum Abhärten. Damit man sich an den anderen Horror gewöhnt.

VATER: An welchen anderen Horror??

SOHN: An den, den die Politiker machen.

VATER: Na bitte! Wie gehabt. Unverschämt und frech! Unsere Politiker machen Horror, ja?!

SOHN: «Unsere» hat sie nich gesagt. Das war mehr so allgemein.

VATER: Ist ja auch einfacher, wenn man nur «so allgemein» rumlabert!

SOHN: Aber wenn was gruselig ist, dann läuft einem doch 'ne Gänsehaut über den Rücken, oder?

VATER: Man sagt es; und was soll das?

SOHN: Mama hat gesagt, ihr läuft 'ne richtige Gänsehaut über den Rücken, wenn sie den ganzen Spuk sieht.

VATER: In den Gruselfilmen?

SOHN: Nee. Wenn die im Fernsehen mit ihren Waffen spazierenfahren und sich wichtig machen!

VATER: Würdest du das bitte etwas genauer erklären??

SOHN: Hast du doch selber schon gesehen: Wenn sie Parade machen und stundenlang ihre Panzer vorführen und Raketen und was sie alles haben! Mama sagt, das ist ...

VATER: Na, was ist das? Das möchte ich sehr gern wissen!

SOHN: ... warte mal ... daß ich nichts Falsches sage ... das ist ein ... *Jetzt fließend:* Ein anachronistisches Imponiergehabe!

VATER: Das ist es mit Sicherheit nicht ...

SOHN: Was denn sonst? Da können sie ja auch gleich 'ne

Parade mit Folterwerkzeugen machen. Gruseln sich die Leute vielleicht auch!

VATER: Da soll sich keiner gruseln – solche Paraden sollen den Bürgern vermitteln, daß der Staat seine Sicherheitspflichten ernst nimmt!

SOHN: Und wenn sie mit ihren Manövern die ganzen Äkker umwühlen, ist das auch Sicherheitspflicht?

VATER: Ja. Denn wenn man die Waffen, die man hat, nicht beherrscht, dann nützen sie auch nichts.

SOHN: Wann sollen die denn was nützen?

VATER: Wenn ... Wenn man sie – rein theoretisch – brauchen würde.

SOHN: Siehste. Und vor diesem Theoretischen gruselt sich Mama eben.

VATER: Also, nun ist Schluß. Mama soll mit ihren schlechten Nerven nicht andere Leute verrückt machen. Und dich schon gar nicht.

SOHN: Mama hat gar keine schlechten Nerven. Die schreit mich nie an, wenn sie mit mir Schularbeiten macht!

VATER: Dann wirst du dich wohl bei Mama weniger bokkig anstellen! Interessant zu hören!

SOHN: Gar nicht. Mama hat bloß mehr Geduld als du. Aber bei Horror flippt sie aus! Weil sie sich an den nicht gewöhnen will!

VATER: Kein Mensch will oder soll oder kann sich an Horror gewöhnen!

SOHN: Aber wenn man sich nicht gewöhnen will, dann muß man sich aufregen – sagt Charlys Schwester.

VATER *lacht*: Dann weißt du ja nun, warum ich mich immer so aufrege, wenn mir die dummen Reden von Charlys Schwester zu Ohren kommen: ich will mich nicht an sie gewöhnen!

SOHN: Jetzt lenkst du aber ab, Papa.

VATER: Ja, das mache ich. Weil ich von deinem Gruselthema jetzt die Nase voll habe! – Reich mal die Fernsehzeitung rüber, ich will mal sehen, was es heute gibt ...

SOHN: Ich hab schon nachgeguckt. Heute gibt's «Sturmgeschwader Komet» und «Der Killer». Und noch «Tod im Dschungel» oder so was. Alles zum Gruseln.

VATER: Ich grusle mich nicht.

SOHN: Ja, ich weiß. – Hab ich neulich gemerkt ...

VATER: Wieso? Was war denn neulich?

SOHN: Mama und ich haben Fernsehen geguckt – und dann bist du ins Zimmer gekommen und hast gesagt: «Was seht ihr euch denn für einen scheußlichen Film an??»

VATER: Ja, und?

SOHN: Und da hat Mama dir gesagt, was gerade läuft – und du warst überhaupt nicht erschrocken.

VATER: Warum sollte ich denn auch erschrocken sein??

SOHN *sehr ruhig*: Es war die Tagesschau, Papa ...

Echt peinlich!

SOHN: Papa, Charly hat gesagt, sein Vater hat gesagt, wenn die später mal forschen, was das heute für Menschen sind – also, hoffentlich finden die dann keine Werbesachen!

VATER: Das hört sich ja schon wieder entsetzlich verworren an! Wer soll «später mal» wonach forschen, bitte?

SOHN: Irgendwelche Forscher eben. Die forschen doch immer so rum, was früher war und wie die Leute waren und so.

VATER: Ja und, nun?

SOHN: Charlys Vater sagt, wenn die vielleicht mal nach uns forschen, in tausend Jahren oder so ...

VATER *unterbricht*: Sag mal, genügt es Charlys Vater nicht, ständig in der Gegenwart rumzuwühlen? Muß er sich jetzt auch noch den Kopf von Forschern aus dem Jahre 3000 zerbrechen?

SOHN: Er wühlt ja trotzdem in der Gegenwart rum.

VATER: Aus einer Entfernung von tausend Jahren! – Na ja, er ist eben ein Tausendsassa – daß ich das immer wieder vergesse ...

SOHN: Jedenfalls sagt er, die werden dann denken, daß wir alle einen ganz schlechten Charakter haben – wenn sie diese Prospekte finden. Und das wär echt peinlich!

VATER: Von welchen «Prospekten» redest du denn??

SOHN: Na, die man immer geschickt kriegt. So Werbung. Wo sie einem einreden, was man alles kaufen muß. – Über die hast du dich doch auch schon geärgert, Papa!

VATER: Ja, hab ich. Vor allem dann, wenn du dich drauf-
gestürzt hast und unbedingt etwas bestellen wolltest!

SOHN: Ich wollte bloß mal Kugelschreiber mit meinem
Namen drauf haben. Weil die in der Schule immer ver-
schwinden. Die waren auch ganz billig.

VATER: Es ist immer noch billiger, wenn du auf deine
Sachen aufpaßt und nicht so damit herumschlampst.

SOHN: Weiß ich ja. Aber daß ich die haben wollte – das
war jedenfalls nicht wegen meinem schlechten Charakter.

VATER: Wer sagt das denn auch?! Was ist das überhaupt
alles für ein Gequassel?

SOHN: Ich mein ja nur, weil Charlys Vater sagt, die speku-
tieren alle.

VATER *dazwischen*: Speku-l-ieren ...

SOHN: Die spekulieren alle auf den schlechten Charakter.

VATER: Auf wessen schlechten Charakter?

SOHN: Auf den von den Leuten, die das kaufen sollen.

VATER: Ich versteh kein Wort.

SOHN: Das ist doch so, Papa: die meisten Sachen, die da so
sind, die braucht man doch gar nicht.

VATER: Sehr wahr, ja.

SOHN: Und deswegen müssen die einem einreden, daß
man sie doch braucht.

VATER: Sie müssen «Bedürfnisse wecken», wie man sagt;
den Wunsch, etwas zu besitzen, was man bisher noch gar
nicht vermißt hat.

SOHN: Und wie machen sie das?

VATER: Dafür haben die Firmen ihre Psychologen, Werbe-
psychologen, und die versuchen herauszufinden, auf
welche Werbung der Käufer am besten reagiert.

SOHN: Ja siehst du, und was sie da rausfinden – das ist
eben der schlechte Charakter.

VATER: Also, das könnte mich wirklich aufregen! Das ist schon wieder alles so «wichtig». Und unlogisch außerdem! Überleg doch mal: wenn sich Werbung nur an Menschen mit schlechtem Charakter wenden würde – das würde ja die Verkaufsmöglichkeiten unheimlich einschränken! Schließlich wird selbst Charlys Vater nicht behaupten wollen, daß alle Menschen in unserem Land einen schlechten Charakter haben, oder?!

SOHN: Hat er ja auch nicht gesagt. – Aber er sagt, man muß das denken, wenn man diese Prospekte liest. Und wenn die in tausend Jahren ...

VATER: ... in tausend Jahren werden hoffentlich ein paar andere Sachen übriggeblieben sein als ausgerechnet Werbeprospekte!

SOHN: Is ja auch bloß so ausgedacht.

VATER: Denkt euch gefälligst was Gescheiteres aus, endlich mal ...

SOHN: Aber wenn da doch solche Texte sind in den Prospekten?

VATER: Was denn für Texte??

SOHN: Na, daß man was kaufen soll, bloß, damit andre Leute sich ärgern.

VATER: Hab ich noch nicht gelesen, so etwas.

SOHN: Ist dir eben nicht aufgefallen.

VATER: Vielleicht, weil ich einen so guten Charakter habe, wie?

SOHN: Kann ja sein.

VATER: Danke! Freut mich sehr, daß du das für möglich hältst.

SOHN: Du mußt das wirklich mal genau lesen, Papa! Da steht zum Beispiel, daß man was kaufen soll, damit die Pflanzen auf dem Balkon ganz groß werden und irre blühen und absolut toll aussehen!

VATER *ungeduldig*: Ja und?

SOHN: Und dann steht da, daß dann alle Nachbarn platzen werden vor Neid!

VATER: Platzen werden vor Neid?

SOHN: Ja!

VATER: Nun ja – dahinter steckt eben so eine Art Ansporn zum Wettbewerb ...

SOHN: Wieso denn Wettbewerb?

VATER: Ja, wieso – es macht den Menschen eben Spaß, auf irgendeinem Gebiet besser zu sein als andere.

SOHN: Wieso ist man denn besser, wenn man größere Blumen auf dem Balkon hat?

VATER: Man selbst ist deswegen natürlich nicht besser, aber man ist zumindest der bessere Gärtner.

SOHN: Bloß weil man irgendso 'n Zeug ins Wasser geschüttet hat?

VATER: Man hat sich dann immerhin Gedanken gemacht um die Blumen und Geld dafür ausgegeben!

SOHN: Hm. – Und wie findest du einen Aschenbecher, der wie 'ne Hand aussieht? Daß man denkt, man drückt die Zigarette jemandem auf der Hand aus?

VATER: Geschmacklos finde ich das!

SOHN: Aber da steht, daß alle Gäste das ganz toll finden werden und daß sie sauer sind, daß s i e nicht so 'n Aschenbecher haben!

VATER: Das sind doch alles nur dumme Sprüche, damit jemand diese – diese unsäglichen Aschenbecher auch kauft. Vielleicht sitzt die Firma schon seit Jahren auf Stapeln von diesen Dingern und wird sie nicht los!

SOHN: Glaubst du, die bleiben auch auf ihren goldenen Wasserhähnen fürs Badezimmer sitzen? Und auf goldenen Löffeln und Gabeln und so was?

VATER: Ich ahne es nicht.

SOHN: Ich mein ja bloß; weil da steht, die soll man kaufen, damit alle sagen, man hat das tollste Klo und ...

VATER: Bad!

SOHN: Und den am schicksten gedeckten Tisch, und alle werden ganz neidisch sein ...

VATER: Ja doch! Das ist doch immer wieder dieselbe Masche, nun hör schon auf damit.

SOHN *kleine Pause*: Und weißt du, was die bei Parfum und Perlenketten und so was schreiben?

VATER: Nein.

SOHN: Da schreiben sie, wenn eine Frau das kauft, dann kann sie sich jede Menge Männer an Land ziehen, und ...

VATER: So stand das auf gar keinen Fall da! Das ist wieder mal echter Charly-Jargon!

SOHN: Dann stand da eben, die Männer kriechen ihr vor den Füßen rum oder so was ...

VATER: Allenfalls stand da, daß die Männer ihr «zu Füßen» liegen werden ...

SOHN: Ist doch genauso blöd, oder?

VATER: Allerdings, ja! Das wäre ja traurig, wenn Männer auf Duft- oder Farbreize so primitiv reagieren würden wie Insekten!

SOHN *Pause*: Papa? Wollen Männer eigentlich immer die Größten sein überall?

VATER: Hast du noch mehr so dämliche Fragen auf Lager?

SOHN: Kann i c h doch nichts dafür! Steht doch a u c h in diesen Prospekten!

VATER: Was steht da?

SOHN: Daß die Männer sich ein Buch mit Witzen kaufen sollen. Und dann sollen sie die Witze auswendig lernen. Und dann sind sie die Größten auf der Party und alle Frauen sind ganz scharf auf sie ...

VATER: Na!

SOHN: ... und die andern Männer stehen bloß noch so in den Ecken rum, und ...

VATER: ... Und sind grün vor Neid und überlegen, ob sie sich nicht wenigstens goldene Wasserhähne kaufen sollen! Also wirklich ...

SOHN: Aber warum schreiben die denn so was, Papa? Charly sagt, sein Vater sagt, die müssen doch denken, daß sie ganz viel verkaufen, wenn sie so was schreiben; ... was guckst du denn dauernd aus dem Fenster, is da was?

VATER: Nein, gar nichts. – Weißt du, was das für ein Auto ist? Vor der Tür von Lehmanns?

SOHN: Ein Maserati. Toller Schlitten, was??

VATER: Ich meine doch nicht die Automarke, sondern wem der Wagen gehört. Haben sich Lehmanns den zugelegt?

SOHN: Nee, da ist irgendein Verwandter zu Besuch.

VATER: Ach so. Das wär ja auch ein Witz ...

SOHN: Was?

VATER: Wenn der Herr Briefträger ein größeres Auto fahren würde als ich!!

Teure Gerechtigkeit

SOHN: Papa, Charly hat gesagt, sein Vater hat gesagt, bei Geld hört die Gerechtigkeit auf!

VATER: Dieser Satz ist erstens unverständlich und zweitens falsch.

SOHN: Du verstehst den Satz nicht?

VATER: Nein.

SOHN: Und woher weißt du dann, daß er falsch ist?

VATER: Weil ich mir – ungeachtet der unverständlichen Formulierung – schon denken kann, welches Klagelied Charlys Vater anstimmen will!

SOHN: Und wie geht das Klagelied?

VATER: Das geht etwa so: «O Welt, o schlimme, ungerechte Welt, in der es Arme gibt und Reiche!»

SOHN: Reimt sich ja gar nicht.

VATER: Was denn nun noch? Reimt sich nicht ... Aber den Sinn hab ich ja wohl getroffen.

SOHN: Nee, glaub ich nich. Weil Charlys Vater gesagt hat, daß alle Menschen gleich sein sollen. Bei uns.

VATER: Vor dem Gesetz, ja! Vor dem Gesetz sind alle Menschen gleich; aber doch nicht im Hinblick auf den Inhalt ihres Portemonnaies!

SOHN: Meint er ja, vor dem Gesetz. Aber das haut ja grade nich hin.

VATER: Wo haut es – angeblich – nicht hin?

SOHN: Zum Beispiel, wenn einer was gemacht hat, wo er vielleicht ins Gefängnis muß.

VATER: Was heißt «vielleicht»? Entweder er muß oder er

muß nicht, und das stellt sich im Prozeß heraus. Und zwar ohne Ansehen der Person!

SOHN: Manchmal muß man aber schon vor dem Prozeß ins Gefängnis, sagt Charlys Vater. Wenn die denken, man hat 'n dickes Ding gedreht.

VATER: Bei vermuteten schweren Straftaten wird Untersuchungshaft angeordnet, sehr richtig. Damit die Verdächtigen nicht noch vor dem Prozeß das Weite suchen.

SOHN: Aber die reichen Leute brauchen da nich rein, in diese Haft, sagt Charlys Vater. Die zahlen einfach 'ne Million oder so – und dann können sie in ihrer Villa bleiben.

VATER: Dann spielt Charlys Vater wohl auf die Möglichkeit einer Kautionsstellung an.

SOHN: Ja, spielt er.

VATER: Nun ja – das mag auf den ersten Blick vielleicht etwas ungerecht aussehen; aber eine hohe Geldsumme ist eben eine Garantie dafür, daß der Verdächtige nicht weglaufen wird. Und dann braucht man ihn auch nicht einzusperren – zumal er ja auch unschuldig sein kann.

SOHN: Aber wenn einer kein Geld hat, kann er doch auch unschuldig sein.

VATER: Ja doch. Theoretisch ist jeder so lange unschuldig, bis er verurteilt ist. Aber wenn jemand in Untersuchungshaft genommen wird, geht man wohl eher davon aus, daß er nicht unschuldig ist.

SOHN: Und von den Reichen nimmt man das nicht an?

VATER: Von ihnen nimmt man an, daß ... sie nicht so hohe Kautionen stellen würden, wenn sie sich nicht unschuldig fühlen würden! Im übrigen wird auch nicht jede Kaution angenommen. Und einen Prozeß gibt's schließlich auf jeden Fall!

SOHN: Aber bis der Prozeß losgeht, haben sie es ganz gemütlich zu Hause. Wegen dem vielen Geld.

VATER: So gemütlich werden sie es auch nicht haben – angesichts einer Verhandlung, die vielleicht in allen Zeitungen Schlagzeilen macht.

SOHN: Aber die wissen wenigstens, daß sie 'nen ganz berühmten, teuren Anwalt haben werden, die Reichen ...

VATER: Ja doch! Es bestreitet ja auch kein Mensch, daß mit Geld manches leichter ist im Leben!

SOHN: Leichter kann's ja ruhig sein. Bloß nicht ungerecht.

VATER: Es ist nicht ungerecht, jemanden gegen Kaution auf freiem Fuß zu lassen, sondern – auch für den Staat – günstiger. Wollen wir jetzt alles noch mal wiederholen?

SOHN: Nee, dann kommen wir ja gar nicht zu den andern Sachen.

VATER: Andere Sachen auch noch ... na schön. Also?

SOHN: Charlys Vater sagt, mit dem Studieren geht das jetzt auch viel besser, wenn man 'ne Menge Geld hat.

VATER: Bei der Vergabe von Studienplätzen wird ja wohl das Einkommen der Eltern nicht berücksichtigt – was soll das also?

SOHN: Aber jetzt gibt's doch Privat-Unis. Und da können die Reichen dann studieren. Kostet ein Vermögen jedes Semester. Sagt Charlys Vater.

VATER: Na und? Das müßte er doch gerade gerecht finden, daß die Reichen nicht auch noch umsonst studieren! Sieh es doch mal von der Seite!

SOHN: Für die Studenten ist es aber doch ungerecht, weil, die armen Studenten haben nachher 'n Haufen Schulden, wenn sie fertig sind, weil sie das Studieren bloß gepumpt kriegen!

VATER: Sie bekommen ein Darlehen, das sie nach und nach zurückzahlen müssen. Na und? Dann sind sie wenigstens motiviert, in ihrem Beruf auch was zu leisten und Geld zu verdienen!

SOHN: Du meinst, die sind nachher besser in ihrem Beruf? Als die von der teuren Uni?

VATER: Ich habe nicht gesagt «besser», sondern «motivierter». Sie nehmen ihren Beruf vielleicht besonders ernst, weil sie Opfer für ihn gebracht haben.

SOHN: Ach so. Verstehe. – Dann müßte man eigentlich immer erst fragen – wenn da ein neuer Arzt ist, ob der reich oder arm studiert hat, wie? Damit man weiß, ob er alles richtig ernst nimmt ...

VATER: Das kann ja jeder halten, wie er will ...

SOHN: Weil die Reichen vielleicht ihre Arbeiten auch gar nicht selber geschrieben haben, nich?

VATER: Was ist das nun wieder?

SOHN: Weil doch immer Anzeigen in den Zeitungen stehen, daß man sich seine Examensarbeiten schreiben lassen kann, für Geld!

VATER: Solche Anzeigen hab ich noch nicht gelesen. Wer weiß, in welch dubiosen Zeitungen Charlys Vater sie gefunden hat ...

SOHN: Die stehen immer in der «Welt am Sonntag». Hat er mir gezeigt. Und das geht ganz diskret und vertraulich – steht da – mit den Arbeiten.

VATER: Läßt sich denken ...

SOHN: Weil's verboten ist?

VATER: Natürlich ist das verboten, sich von anderen seine Examens- oder Doktorarbeiten schreiben zu lassen!

SOHN: Und warum gibt's dann solche Anzeigen?

VATER: Weil ein Verleger nicht auch noch jede Anzeige lesen kann. Der Verleger – wie er selbst einmal gesagt hat – ist zwar durchaus bemüht, «bei all seinen äußeren Erfolgen keinen Schaden an seiner Seele zu nehmen», aber er kann andererseits auch das freiheitliche Prinzip nicht verletzen!

SOHN: Das ist freiheitliches Prinzip, wenn man was Verbotenes macht?

VATER: Der Verleger macht ja nichts Verbotenes. Er stellt es – sozusagen – jedem frei, das Richtige oder das Falsche zu tun. Und wer dann etwas Falsches tut, der macht das auf eigene Verantwortung und auf eigenes Risiko!

SOHN: Ach, so ist das …

VATER: Ja, so ist das. Niemand kann einen erwachsenen Menschen daran hindern, gegen Vorschriften oder Gesetze zu verstoßen. Das kann nicht einmal der Staat, wie man weiß …

SOHN: Aber der Staat kann die Leute dann bestrafen.

VATER: Das kann er, und das tut er auch. Denn vor dem Gesetz sind alle gleich.

SOHN: Aber hinter dem Gesetz wird ganz schön rumgeschoben, wie?!

Vorsicht, Kind fühlt mit!

SOHN: Papa? Charly hat gesagt, sein Vater hat gesagt, Kinder merken sowieso alles, und man soll ihnen ruhig ...

VATER *unterbricht*: Kinder merken sowieso alles? Du merkst ja noch nicht mal, daß ich mich gerade anziehe, um wegzugehen, und daß ich keine Zeit für lange Gespräche habe!

SOHN: Bis du fertig bist, können wir doch noch reden. Wo gehst du überhaupt hin?

VATER *kurz angebunden*: Zu einem Kollegen.

SOHN: Und da mußt du so lange überlegen, welche Krawatte du nimmst?

VATER: Ich muß überhaupt nicht lange überlegen ... ich habe an ganz andere Dinge gedacht. Nun geh mal von dem Spiegel weg, ich seh ja gar nichts ...

SOHN: Mann, das ist vielleicht 'n Heuler, dieser Schlips! Sollen das Orchideen sein oder was ist da drauf?

VATER: Das weiß ich nicht. Bin ich ein Gärtner? – Sie hat mir gefallen und da hab ich sie mir eben gekauft.

SOHN *entgegenkommend*: Gefällt mir ja auch. – Hoffentlich hat dein Kollege nicht irgendeinen alten Pullover an und sitzt in Hausschuhen rum. Das wär ja peinlich, nich? Wenn du so fein ankommst ...

VATER: Also erstens bin ich nicht sonderlich «fein» – und zweitens sitzt der Kollege garantiert nicht «in Hausschuhen rum»; schließlich sind ja noch mehr Gäste eingeladen.

SOHN: Ach so, das ist 'ne richtige Party?

VATER: Das ist keine «Party», sondern – ja, was soll man sagen, ein geselliges Beisammensein eben.

SOHN: Aber getanzt wird da auch ...

VATER: Wie kommst du denn darauf?

SOHN: Weil du die Schuhe mit den glatten Ledersohlen anziehst. Das machst du nur, wenn irgendwo getanzt wird; weil sie dir sonst zu rutschig sind ...

VATER *fühlt sich ertappt*: Steck deine Nase gefälligst nicht in meine Schuhe!

SOHN: Ich werd mich beherrschen ...

VATER *zunehmend nervös*: Und du stehst auch schon wieder im Weg – nun laß mich doch wenigstens mal ... verdammter Mist! Natürlich, immer wenn man's eilig hat, reißt einem der Schnürsenkel!

SOHN: Soll ich Mama fragen, ob sie einen neuen hat?

VATER: Nein, bleib hier! Behellige Mama nicht damit ... ich krieg das schon zusammengeknüppert.

SOHN: Du meinst, weil Mama sowieso schon sauer ist, daß du da heute hingehst?

VATER: Was sind denn das für dumme Reden? Mama ist überhaupt nicht sauer, warum sollte sie auch?

SOHN: Na, weil sie nicht mitkann, natürlich.

VATER: Gehe ich vielleicht mit, wenn sie sich mit ihren Gymnastikfreundinnen trifft?

SOHN: Das ist doch bloß so 'n Kaffeeklatsch. Aber wenn das heute abend 'ne richtige Party ist, mit Tanzen und allem ...

VATER: Ich habe dir schon mal gesagt, es ist keine «richtige Party» – und es sind alles nur Kollegen und Kolleg... und Mitarbeiter! Alles Leute, die Mama überhaupt nicht kennt.

SOHN: Könnte sie ja kennenlernen ...

VATER: Würdest du jetzt bitte aufhören, dich in unsere Angelegenheiten zu mischen, ja?!

SOHN: Eure Angelegenheiten! Das sind genauso meine Angelegenheiten! Oder denkst du, das ist besonders gemütlich bei uns, wenn ihr Krach habt!?

VATER *laut*: Wir haben keinen Krach! Hör gefälligst mit diesem albernen Gerede auf!

SOHN: Schön, habt ihr keinen Krach. – Dann habt ihr eben Probleme.

VATER *scharf*: Wir haben auch keine Probleme …

SOHN: Charly sagt, sein Vater sagt, d a s ist eben falsch, daß Eltern immer versuchen, ihren Kindern was vorzumachen … Da kriegen die Kinder bloß Angst!

VATER *unsicher*: Was willst du damit sagen?

SOHN: Man kriegt doch immer Angst, wenn man denkt, daß irgendwas nicht in Ordnung ist, und keiner sagt einem richtig was …

VATER *ablenkend*: Da können doch die Eltern nichts dafür, wenn Kinder mit ihrer ausufernden Phantasie sich irgendwelche falschen Vorstellungen machen. Und sich einbilden, irgend etwas wäre «nicht in Ordnung».

SOHN: Die bilden sich ja meistens gar nichts ein – bloß sie wissen nicht richtig, was die Eltern vorhaben; *Heftiger*: und das ist eben echt gemein, daß ihnen nie einer was sagt!

VATER: Wo es nichts zu sagen g i b t, kann man auch nichts sagen …

SOHN: Also, in unserer Klasse, der Micha, ja? – Der war plötzlich ganz schlecht in der Schule und hat keine Hausaufgaben mehr gemacht und alle Arbeiten verhauen, und geschwänzt hat er auch dauernd.

VATER: Ja und?

SOHN: Und dann hat Frau Kellermann mit ihm geredet, so

ganz nett, nich? – Die ist nämlich echt dufte, und da hat Micha angefangen zu heulen und hat gesagt, seine Eltern lassen sich scheiden und er kommt ins Heim!

VATER: Der arme Junge ... so etwas ist ja auch schrecklich ...

SOHN: Ja! Das hat aber gar nicht gestimmt! Das hat er sich alles nur eingebildet!

VATER: Wie kann denn ein Kind so spinnen! Und die Lehrerin da auch noch mit reinzuziehen!

SOHN: Das war ja gerade gut, daß er das der Kellermann erzählt hat. Die ist gleich zu den Eltern gegangen – und die haben sich dann ganz schön Vorwürfe gemacht!

VATER: Wieso denn das nun wieder?! Ich denke, der Junge hat sich das alles nur zusammengesponnen?

SOHN: Aber doch nur, weil sie ihm nie was gesagt haben! Die hatten nämlich ganz schöne Probleme; und zuerst ist der Vater allein verreist, und dann ist die Mutter allein verreist, und dann waren alle beide weg und die Oma mußte kommen, und ...

VATER *ungeduldig*: Also was denn nun? Wollten sie sich nun scheiden lassen oder nicht!?

SOHN: Nein, wollten sie nicht. Nicht so richtig jedenfalls. Charly sagt, seine Schwester sagt, die brauchten einfach mal ein bißchen Abstand.

VATER: Na, wenn Charlys Schwester das sagt, mit ihren jahrzehntelangen Erfahrungen ...

SOHN: Jedenfalls ... das läuft jetzt wieder ganz gut bei denen.

VATER: Dann bin ich ja beruhigt. – Gib mir doch mal das Taschentuch rüber, das da liegt. Danke. Und nun laß mich bitte noch mal an den Schrank.

SOHN: Mann! Jetzt riechst du ja wie 'n ganzer Harem! Ist das Mamas Parfüm??

VATER: Es ist weder Parfüm, noch gehört es Mama! Es ist ein Herren-Eau-de-Cologne, und wenn es dir nicht gefällt, dann geh bitte aus dem Zimmer.

SOHN *lenkt ein*: Riecht ja gar nicht schlecht. Nee, ehrlich, toller Duft! – Hast vielleicht bloß ein bißchen zuviel gesprüht ...

VATER: Das verfliegt doch wieder ...

SOHN: Jedenfalls: der Micha ist dann sitzengeblieben.

VATER: Du machst mich langsam schwach mit diesem Jungen! Ich denke, seine ganzen Sorgen waren völlig unbegründet! Und es ist alles wieder in Ordnung!

SOHN: Aber das hat ihn alles so fertiggemacht ... und er hatte so viel versäumt – das konnte er nicht mehr aufholen.

VATER: Na, nun weiß er für die Zukunft jedenfalls Bescheid, und Sitzenbleiben ist ja keine Katastrophe. Reichst du mir die Zigaretten mal her – ich muß mich jetzt beeilen.

SOHN: Da, bitte ...

VATER: Was siehst du mich denn so an? Wirklich, du guckst wie ... wie eine Mischung zwischen einem Kriminalkommissar und einem sterbenden Reh ...

SOHN: Wußt ich gar nicht, daß ich so was kann ...

VATER: Jetzt hör mal zu, mein Junge: Falls du glaubst, dieses Beispiel von dem Micha – das könntest du in irgendeiner Weise auf uns anwenden ... da bist du völlig im Irrtum! Mama und ich sind vielleicht etwas nervös in letzter Zeit ... es ist auch alles sehr anstrengend und schwierig, du weißt ja, mit Opas Krankheit ... aber ...

SOHN *kurz dazwischen*: Der ist doch längst wieder gesund ...

VATER: ... aber es gibt überhaupt keine Schwierigkeiten zwischen uns. Wir haben keinerlei Probleme, verstehst du? Und niemals – das will ich dir überflüssigerweise sagen, weil du mir diese Geschichte von dem Micha aufgetischt hast – niemals im Leben würden wir auf die Idee kommen, uns scheiden zu lassen. Du brauchst dir also niemals irgendwelche Sorgen zu machen. Ist das jetzt klar?

SOHN *zögernd*: Ja, okay – ist klar. Ich dachte ja auch nur, weil Mama heute abend nicht mit sollte, und weil sie …

VATER *schließend*: Vielleicht brauche ich ja auch «einfach mal ein bißchen Abstand» … vom Alltag …

Eine Tür schlägt zu

Was war denn das?

SOHN: Die Haustür hat geklappt.

VATER: Das habe ich gehört! Ich meine, wer ist denn da gegangen?

SOHN: Wer soll schon gegangen sein! Ist doch kein Besuch da. Und wir sind ja hier.

VATER: Gib gefälligst nicht so freche Antworten!! Wo geht denn Mama noch hin, so spät …?

SOHN: Weiß ich doch nicht. Mir sagt ja keiner was.

VATER: Wahrscheinlich wird sie nur noch zum Briefkasten gegangen sein.

SOHN: Glaub ich nicht.

VATER: Wieso glaubst du das nicht?

SOHN: Weil ich gehört habe, wie sie telefoniert hat.

VATER: Mit wem denn?

SOHN: Mit irgend jemand, den sie von früher kennt, glaub ich …

VATER: Na, das ist doch …! Und du meinst, mit dem hat sie sich heute abend verabredet?

SOHN: Weiß ich nicht. Aber vielleicht denkt sie auch, sie braucht «ein bißchen Abstand» …

VATER: Halte deinen unverschämten Mund! Ist denn die ganze Familie verrückt geworden?? Was denkt sich deine Mutter dabei, bei Nacht und Nebel aus dem Haus zu rennen, ohne einem ein Wort zu sagen …!

SOHN: Da kannst du mal sehen, wie das ist …

VATER: Rede nicht dauernd dazwischen … es hat dich kein Mensch um deine Meinung gebeten … wo ist denn mein Schal, zum Donnerwetter … ich bin schon viel zu spät dran … also, wenn Mama zurückkommt, dann bestelle ihr bitte, sie braucht nicht auf mich zu warten, heute … nein, bestelle ihr gar nichts. Das wird sie schon merken … *Vor sich hin:* Das ist doch wirklich unglaublich …

SOHN: Was regst du dich denn auf, Papa!? Ich denke, ihr habt überhaupt keine Probleme …?

Doppelleben

SOHN: Papa? Charly hat gesagt, sein Vater hat gesagt, die meisten Menschen sind doppelt!

VATER *geistesabwesend*: Muß ich mir jetzt noch anhören, was Charlys Vater im Zustand der Volltrunkenheit von sich gibt, oder was?

SOHN: Der ist doch nicht volltrunken!

VATER: Und warum sieht er dann alles doppelt?

SOHN: Das sieht er nicht, das merkt er! Weil die meisten Menschen eben doppelt sind!

Der Vater stöhnt.

SOHN: Ich seh schon, ich muß dir das genauer erklären ...

VATER: Wenn du darauf bestehst ...

SOHN: Also: Denk zum Beispiel mal an Frau Kulicke!

VATER: Muß das sein?? Ich bin froh, wenn ich die Frau mal für eine Weile vergesse!

SOHN: Ja klar, weil die nämlich auch doppelt ist!

VATER: Das kommt mir allerdings auch manchmal so vor ... Die hört man im Haus und sieht sie gleichzeitig im Garten ...

SOHN: Nun hör doch mal zu! Ich will dir das doch richtig erklären!

VATER: Kannst du das nicht an einem andern Beispiel machen?

SOHN: Erst mal an Frau Kulicke, weil du doch gesagt hast, daß sie unsere Kirschen geklaut hat.

104

VATER: Hat sie ja auch. Oder warum sollten sonst genau an den Zweigen alle Kirschen weg gewesen sein, die sie zu sich rüberziehen kann?

SOHN: Ich glaub's ja auch.

VATER: Na also. Und wo bleibt das Doppelte an der Frau?

SOHN: Wirst du gleich merken. Die Mama hat nämlich mal zufällig mit einer Kollegin von Frau Kulicke gesprochen ... die arbeitet doch bei der Post, nicht?

VATER: Ich weiß. Da sollte man der Post mal einen Wink geben, wie sie ihr Defizit um ein Monatsgehalt verringern könnte ...

SOHN *versteht nicht recht*: Jedenfalls, die hat gesagt, Frau Kulicke ist sehr beliebt auf der Post!

VATER: Beliebt??

SOHN: Oder «geschätzt». Ja, ich glaub, die hat gesagt «geschätzt». Weil sie so korrekt ist, hat die Kollegin gesagt, und weil bei ihr immer alles stimmt. Und weil ihr keine Arbeit zuviel ist.

VATER: Ist ja hochinteressant: keine Arbeit zuviel! Und hier zu Haus ist sie zu faul, um ihr ausgerupftes Unkraut wegzuschaffen. Das schmeißt sie uns lieber über den Zaun!

SOHN: Das sagt Charlys Vater ja gerade. Er sagt, wenn die Menschen nicht alle 'ne doppelte Moral hätten, dann ...

VATER: Na, das Stichwort hättest du auch gleich liefern können! Doppelte Moral. Und du redest die ganze Zeit von «doppelten Leuten».

SOHN: Das ist mir eben erst wieder eingefallen, das Wort.

VATER: Weil du ja auch noch nichts damit anfangen kannst. Die sogenannte «doppelte Moral» ist ein sehr vielschichtiger Begriff, mit dem du dich wahrhaftig noch nicht zu beschäftigen brauchst.

SOHN: Find ich aber interessant. Weil ... wenn's nur eine

Moral gäbe, dann wär alles besser, sagt Charlys Vater. Vor allen Dingen bei den Politikern wär das wichtig!

VATER: Und warum gerade bei denen?

SOHN: Weil die am meisten zu bestimmen haben. Und wenn die nicht so schizo wären, dann ...

VATER: Nun mäßige dich mal, ja?

SOHN: Ist doch aber wahr. Guck mal: mit ihren eigenen Kindern, da haben sich die Politiker immer wer weiß wie. Für die machen sie alles ...

VATER: Ja, sollen sie vielleicht ihre Kinder vernachlässigen oder was?

SOHN: Nee, aber sie sollen alle Kinder so wichtig nehmen.

VATER: Mein Lieber, du scheinst die Anstrengung etwas zu unterschätzen, die es erfordert, auch nur ein Kind wichtig zu nehmen! Ein Politiker ist schließlich nicht der liebe Gott ...

SOHN: Er soll ja auch nicht allen Kindern was vorlesen – oder mit ihnen spazierengehen ...

VATER *beiläufig*: Das macht der liebe Gott meines Wissens auch nicht ...

SOHN: Also Papa! Du weißt genau, was ich meine. Wenn so ein Politiker sein eigenes Kind mit lauter guten Sachen vollstopft – und dann macht er was mit seiner Wirtschaft, daß ...

VATER: O Gott ... du solltest wirklich nicht ständig von Dingen reden, die du nicht verstehst ...

SOHN: Ich versteh das schon, du verstehst bloß nicht! Charly sagt, sein Vater sagt, die Politiker dürften eben nicht solche Verträge machen, daß es andern Ländern schlechtgeht und daß die Kinder da verhungern.

VATER: Meine Güte ... die Verträge werden doch nicht abgeschlossen, damit Kinder verhungern.

SOHN: Aber das kommt dann oft so. Weil die für ihre

Sachen zuwenig Geld kriegen, und dann haben die Kinder nicht genug zu essen.

VATER: Also, jetzt laß mal die Politik sein und komm wieder auf den Teppich, ja? Mit Frau Kulicke fängst du an und bei den Weltwirtschaftsproblemen hörst du auf – das ist ja fürchterlich!

SOHN: Na schön, dann sag ich's eben ganz einfach: Wenn man seine eigene Mutter nicht erschießt, dann darf man auch andere Mütter nicht erschießen!

VATER: Ja, wer macht denn das auch, um Himmels willen ...

SOHN: Das machen doch alle, die irgendwo Krieg machen! Die schießen irgendein Dorf zusammen, und dann sind die Mütter auch tot.

VATER: Das i s t ja auch sehr traurig; aber Krieg ist eben immer sehr traurig; und deshalb tun w i r ja auch alles. um Kriege zu verhindern.

SOHN: Charly sagt aber, sein Vater sagt, das hängt alles irgendwie zusammen. – Irgendwer verdient doch immer an einem Krieg, nicht? Und die reichen Staaten verkaufen dann Waffen, damit sie noch reicher werden. Und der Typ, der die Waffen herstellt, der kauft seiner Familie ein schönes Haus – und die Häuser von den andern, wo dann Krieg ist, die werden kaputtgemacht!

VATER: Ja doch, ja. Auch das ist traurig.

SOHN: Und das kommt eben alles von der doppelten Moral.

VATER: Nun wüßte ich langsam gern, was Charlys Vater in diesem Fall für Rezepte anzubieten hat, na?!

SOHN: Ach, das hat er irgendwie ziemlich schwierig gesagt ...

VATER: Das kann ich mir denken!

SOHN: Aber ich krieg das vielleicht noch zusammen: er

sagt, die offene ... nee, die öffentliche – gibt's 'ne öffentliche Moral?

VATER: Aber selbstverständlich gibt es die!

SOHN: Aha, dann stimmt das. Also: die öffentliche Moral
und die persönliche Moral – das muß dasselbe sein.
Charlys Schwester hat gesagt, das ist so: man darf nicht
zu Haus seinen eigenen Hund streicheln und draußen
einem fremden Hund 'nen Tritt geben.

VATER: Sehr bildhaft, die Dame. Und so erschöpfend in ihrer Ausführung ...

SOHN: Und dann hat sie noch gesagt: wer nicht will, daß
in seinem Land Krieg ist, der darf auch keine Waffen
woandershin verkaufen!

VATER: Das ist ja schon wieder so ein Bock-Sprung!
Vom Hund zum internationalen Waffengeschäft! Du
kannst Charlys Schwester mal bestellen, sie ... *Wird
durch Kinderkrach abgelenkt.* Was ist denn da schon
wieder für ein Krach draußen?

SOHN: Gar nichts weiter. Das sind die Kinder aus der Sied-
lung drüben. Die spielen hier.

VATER: Ausgerechnet vor unserem Garten?

SOHN: Da ist doch so schön Platz ...

VATER: Ja, da soll auch schön Platz bleiben! *Macht das
Fenster auf und ruft nach draußen*: Hallo, ihr da drüben,
macht mal, daß ihr hier wegkommt, ja? Man kann ja
sein eigenes Wort nicht mehr verstehen!

SOHN: Wenn die mich nun überall wegscheuchen würden ...

VATER: Du machst ja wohl keinen Krach vor anderer
Leute Garten, oder?

SOHN: Ich hab ja auch 'n Garten. – Also wirklich, Papa! –
Da redet man nun gerade von den beiden Moralen,
und ...

VATER: Es heißt nicht «Moralen».

SOHN: Wie denn? Wie ist denn die Mehrzahl von Moral? Morales? Oder: Moräler?

VATER: Unsinn. Es gibt keine Mehrzahl von Moral. Es gibt nur eine Moral.

SOHN *ergänzend*: ... in der Grammatik.

VATER *wütend*: Natürlich in der Grammatik – wo denn sonst?!

Der richtige Trend

SOHN: Papa, Charly hat gesagt, sein Vater hat gesagt, Chemie macht faul!

VATER: Kann schon sein. Wer sich planlos mit Beruhigungstabletten vollstopft, wird nicht gerade durch besonderen Arbeitseifer auffallen.

SOHN: Nee, schlucken muß man die Chemie ja gar nicht zum Faulsein.

VATER: Sondern?

SOHN: Einfach immer gleich benutzen. Charlys Vater sagt, er stochert erst mal!

VATER *lacht*: Das ist mir bekannt. Und wie er stochert! Noch in dem kleinsten Problemchen stochert er rum ...

SOHN: Und im Ausguß.

VATER: Von mir aus auch da.

SOHN: Wenn der nämlich verstopft ist, dann versucht er's erst mal mit so einem Gummipfropfer; und wenn das nicht hilft, dann stochert er mit so 'ner Spirale rum, und wenn ...

VATER: ... ja doch, ich weiß, wie man einen Ausguß wieder frei kriegt!

SOHN: Und warum hast du dann 'ne Riesenflasche von so 'm Chemiezeugs ins Waschbecken geschüttet?

VATER: Weil ich kein Klempner bin!

SOHN: Und weil Chemie faul macht, nich?

VATER: Nun werd mal nicht frech, ja?! In der Zeit, in der ich nicht stochere, mache ich ja vielleicht andere Dinge!

SOHN: Weiß ich ja, was du gemacht hast.

VATER: So ...

SOHN: Du warst im Keller und hast auf deinem Heimtrainer rumgezappelt.

VATER: Ich habe nicht «gezappelt», ich habe etwas für meine Gesundheit getan!

SOHN: Aber mit dem Waschbecken hast du nichts Gesundes gemacht.

VATER: Da habe ich mich – in diesem Fall – mal für die chemische Lösung entschieden, ja!

SOHN: Die is aber schädlich ...

VATER: Würdest du dich bitte um deine eigenen Schädlichkeiten kümmern!

SOHN: Ich darf ja gar nicht schädlich sein. Als ich neulich deinen Autoschaum fürs Fahrradputzen genommen habe, hast du mich angemeckert!

VATER: Das Zeug ist auch viel zu teuer, um es zu verplempern!

SOHN: Warum kaufst du's dann?

VATER: Weil ich ohne dieses Mittel die dreifache Kraft aufwenden müßte, um den Dreck runterzukriegen.

SOHN: Und warum willste die nich aufwenden, die Kraft? Du willst doch immer abnehmen.

VATER: Hörst du jetzt mal auf zu stänkern, ja?!

SOHN: Aber es ist doch viel besser, wenn du umweltfreundlich abnimmst! Ohne Pillen!

VATER: Ich nehme keine Pillen!

SOHN: Liegen doch im Badezimmer – diese Appetitzügler. Und Mama gehören die nich ...

VATER: Ach! Jetzt auch noch rumspionieren, das wird ja immer schöner!

SOHN: Ich mein's doch bloß gut mit dir ...

VATER: Wenn du's gut mit mir meinst, hör auf, mich zu nerven!

SOHN: Aber wenn du immer grade das Ungesunde machst? Die Wadenwickel waren dir neulich auch zu umständlich – bei deinem Fieber ...

VATER: Hör mir auf mit Wadenwickeln! Wenn ich die nur von weitem sehe, werde ich gleich noch kränker.

SOHN: Da geht aber gleich das Fieber von runter.

VATER: Ich hab das Fieber auch so runtergekriegt – oder siehst du mich vielleicht noch im Bett liegen?

SOHN: Mit Tabletten hast du's runtergekriegt ...

VATER: Kannst du jetzt mal aufhören, dich mit meiner Person zu beschäftigen?! Wenn du schon in der Familie missionieren willst, dann frag doch mal deine Mutter, womit sie sich die Hausarbeit erleichtert! Das ist nämlich auch alles Chemie: Spülmittel, Bodenpflegemittel, Teppichschaum und ... und ... und ...

SOHN: Mama nimmt immer bloß ganz wenig von allem.

VATER: Das kann sie sich auch leisten.

SOHN: Wieso?

VATER: Weil sie nicht mitverdienen muß! Dadurch kann sie es sich leisten, weniger Chemie zu nehmen und dafür mehr Zeit und Arbeitskraft einzusetzen.

SOHN: Charlys Mutter kann sich das auch leisten – mit wenig Chemie. Auch wenn sie arbeiten geht.

VATER: Die kann sich eben ein bißchen mehr Dreck leisten. Weil es in ihrem Haushalt vermutlich nicht drauf ankommt.

SOHN: Worauf nich ankommt?

VATER: Daß alles jederzeit gepflegt aussieht!

SOHN: Du meinst, daß man vom Fußboden essen kann?

VATER: So etwa, ja.

SOHN: Ißt doch sowieso kein Mensch vom Fußboden.

VATER: Man tut es nicht, aber man sollte es tun können.

SOHN: Wieso denn?

VATER: Weil man sich sonst nicht wohl fühlt!

SOHN: Bei Charly fühlen sich aber alle wohl. Da ist es immer ganz gemütlich.

VATER: Ich rede ja auch nicht von Gemütlichkeit, sondern von Sauberkeit. Von peinlicher Sauberkeit!

SOHN: Peinlicher Sauberkeit ...? Weil es peinlich ist, wenn man bloß noch Saubermachen im Kopf hat?

VATER: Jetzt stell dich bitte nicht an wie ein Trottel! «Peinliche» Sauberkeit heißt: Perfekte Sauberkeit. So sauber, wie es nur geht.

SOHN: Ist aber trotzdem peinlich – so 'ne perfekte Sauberkeit, weil: drinnen ist es dann sauber, und draußen wird's immer dreckiger. Wegen der Chemie.

VATER: Ich habe doch gerade schon erklärt, daß man die Umwelt durchaus nicht belasten muß! Früher waren die Leute ja auch sauber – wenn sie es wollten.

SOHN: Da haben sie noch gestochert, nich?

VATER: Blieb ihnen ja gar nichts weiter übrig ...

SOHN: Und im Garten waren sie auch nicht so faul, nich?

VATER: Wie?

SOHN: Ich meine, da haben sie die Raupen und Käfer einfach abgesammelt von den Pflanzen, oder?

VATER: Vermutlich ...

SOHN: Du hast aber gespritzt!

VATER: Also, paß mal auf, mein Lieber: Früher hatten die Leute auch noch Kinder, die ihnen bei allem und jedem geholfen haben! Und wenn wir denn schon wieder die alten Sitten einführen, dann wirst du in Zukunft die Raupen absammeln, klar?!

SOHN: Sind ja gar keine mehr da ...

VATER: Werden schon wieder welche kommen. Und dann werde ich mich erinnern, daß ich einen Sohn habe, der mir diese Arbeit – chemiefrei – abnimmt!

SOHN: Kann mir Charly dann dabei helfen?

VATER: Er kann.

SOHN: Und Sabine und Ali auch?

VATER: Sag mal – willst du vielleicht bloß noch die Aufsicht führen bei der Aktion?

SOHN: Nee – aber macht doch mehr Spaß, wenn man zu vielen ist. Außerdem, die brauchen auch immer Geld.

VATER: Du glaubst doch nicht etwa, daß ich dich oder irgend jemand sonst für Gartenarbeit bezahle?

SOHN: Will ich doch gar nicht. Aber wir können ja die Raupen verkaufen! An Leute, die so exotische Tiere haben.

VATER: Na, das hab ich gern! Sich wer weiß wie fortschrittlich gebärden und dann Geschäfte machen!

SOHN: Wir sind jedenfalls nicht faul!

VATER: Das wird sich noch erweisen ...

SOHN: Außerdem liegen wir mit so was voll auf dem richtigen Trend!

VATER: Auch das noch! Und was ist der «richtige Trend»?

SOHN: Na, Geld verdienen, ohne Schaden anzurichten!

Natürlicher Kreislauf

SOHN: Papa, Charly hat gesagt, seine Schwester hat gesagt, über manche Geschenke kann man sich bloß ärgern!

VATER: Was heißt «man»? Immer diese Unsitte, alles zu
verallgemeinern! Nicht «man» ärgert sich, Charlys
Schwester ärgert sich.

SOHN: Du etwa nicht?

VATER: Von Geschenken kann man allenfalls enttäuscht
sein. Ärgern wäre eine ganz unangemessene Reaktion.
Schließlich sind Geschenke nichts, auf das man einen
Anspruch hätte.

SOHN: Deswegen kann man sich doch ärgern! Du hast
dich auch schon geärgert. Über das Diätbuch von Tante
Lucie zum Beispiel.

VATER: Das war ja auch mehr als albern. Erstens hat Tante
Lucie entschieden mehr Übergewicht als ich, entschieden
mehr! ... Und zweitens, was soll ich mit einem Diätbuch.
Ich koche ja nicht.

SOHN: Das war aber wenigstens noch 'n Geschenk von
der Sorte drei.

VATER: Sortiert Charlys Schwester ihre Geschenke etwa
nach Qualitätsunterschieden? Oder nach Preisen?

SOHN: Nee, so doch nicht.

VATER: Sondern?

SOHN: Nach ... wie man sich freut. Paß auf: Sorte eins,
das sind die richtig guten Geschenke, wo sich einer echt
was bei gedacht hat. Die behält man.

VATER: Ist ja rührend, wirklich ...

SOHN: Und Sorte zwei, das sind die, wo's einer gut gemeint hat, die aber nicht richtig hinhauen. Die tauscht man um – wenn's geht.

VATER: Möglichst in Geschenke, die dem Schenkenden dann überhaupt nicht gefallen!

SOHN: Wieso denn das?

VATER: Ich spreche nur aus Erfahrung ...

SOHN: Mir erlaubst du nie, was umzutauschen, was du gekauft hast!

VATER: Bei dir hab ich ja Gott sei Dank auch noch ein Wort mitzureden!

SOHN: Ach so – du denkst an diese Pelzstola für Mama.

VATER: So ist es ...

SOHN: Aber die schwarze Lederjacke, die sie dafür genommen hat, ist doch echt Spitze!

VATER: Für einen Rocker vielleicht. Aber lassen wir das ...

SOHN: Ist doch aber gut, wenn man noch umtauschen kann. Besser, als wenn es sich gar nicht lohnt. So wie dieser Brieföffner von Onkel Hugo. Was haste denn eigentlich mit dem gemacht?

VATER: Gar nichts. Weggelegt.

SOHN: Der gehört eigentlich in die Sorte drei, zum Weiterverschenken.

VATER: Vielleicht überläßt du freundlicherweise mir, was ich damit mache, ja?

SOHN: Ich mein ja nur. Sorte drei, das sind nämlich all die Sachen, die gar nicht schlecht sind, bloß daß man sie nicht braucht. Oder man hat einen andern Geschmack. Aber andre freuen sich drüber.

VATER: Das ist ja dann auch nicht im Sinne des Gebers. Der wollte schließlich einem ganz bestimmten Menschen eine Freude machen.

SOHN: Macht er ja auch!

VATER: Du hast doch gerade vom Weiterverschenken geredet!

SOHN: Macht doch a u c h Freude, weiterverschenken!

VATER: Ein persönliches Geschenk ist aber kein Wanderpokal! Das ist dazu gedacht, behalten zu werden.

SOHN: Aber dann freut sich bloß e i n e r. Und beim Weiterverschenken freuen sich immer wieder andre. Da kann man unheimlich viel machen aus einem einzigen Geschenk!

VATER: Alternative Sparmaßnahmen, wie? Ich muß schon sagen ...

SOHN: Charlys Schwester hat mal eine Flasche verfolgt!

VATER: Was hat sie gemacht?

SOHN: Eine Flasche verfolgt. Eine Cognacflasche – also, wo die so geblieben ist, mein ich. Warte mal ... hoffentlich krieg ich das noch zusammen ...

VATER: Streng dich nicht an, ich muß das nicht wissen.

SOHN: Also ... erst hat ... Charlys Vater die zum Geburtstag gekriegt. Und da hat er sich echt gefreut.

VATER: Und nicht gleich ausgetrunken, vor lauter Freude?

SOHN: Nee, der macht sich nichts aus Cognac.

VATER: Und wieso hat er sich dann gefreut?

SOHN: Weil – da hat er gleich ein Geschenk gehabt für seinen Kollegen. Da war grad so 'ne Feier im Betrieb.

VATER: Ah ja, verstehe ...

SOHN: Aber der Kollege, dem hat der Arzt das Trinken verboten, und da hat der sich gefreut, daß er was für seine Oma im Altenheim hat, zum Mitbringen.

VATER: Und die Oma hat dann ihre Seniorenfreunde damit bewirtet, hoffe ich.

SOHN: Nee. Die Oma hat sich gefreut, daß sie ein schönes Geschenk hatte für einen ganz netten Pfleger. Und der ...

117

VATER: Moment mal – spätestens an dieser Stelle frage ich mich doch, woher Charlys Schwester das alles weiß!

SOHN: Ja, da wirst du staunen. Dieser Pfleger, das ist nämlich ein Freund von ihr. Und der hätte die Flasche beinahe wieder Charlys Vater geschenkt, wie er mal zu Besuch gekommen ist. Irre, nicht?

VATER: Nicht unkomisch, nein ...

SOHN: Aber dann hat er den Cognac natürlich jemand anders geschenkt. Und zwar dem Typen, der immer sein Auto repariert.

VATER: Also, wenn der jetzt wieder einen Opa im Altenheim hatte ...

SOHN: Nee, der hat ihn selber getrunken!

VATER: Na, Gott sei Dank!

SOHN: Aber da haben sich fünf Leute gefreut! Über eine Flasche. Ist doch toll!

VATER: So toll find ich das nun wieder auch nicht ...

SOHN: Die Geschenksorte drei ist jedenfalls gar nicht schlecht. Und dann kommt noch Sorte vier.

VATER: Und was ist das nun wieder Schönes?

SOHN: Gar nichts Schönes. Das sind die Geschenke, die man gleich wegschmeißen kann.

VATER: Ach, sieh mal an! Die große Kämpferin gegen unsere sogenannte «Wegwerfgesellschaft» und dann, husch, auf den Müll mit den Geschenken! Das haben wir gern!

SOHN: Was soll sie denn machen, wenn es total beknackte Sachen sind?

VATER: Was Charlys Schwester «beknackt» findet, das ist für andere Leute vielleicht eine ... ausgesprochene Offenbarung!

SOHN: Wär das für dich 'ne Offenbarung, wenn du beim Biertrinken einer nackten Frau an den Busen faßt?

118

VATER: Was ist denn das nun schon wieder?!

SOHN: Ja! Da hat ihr so 'n Hirni zwei Biergläser geschenkt, die hatten die Form von einem nackten Mann und einer nackten Frau. Und wer aus der Frau getrunken hat, der hat seine Hände immer am Busen gehabt. Von der Glasfrau.

VATER: Das ist nun allerdings ein höchst unpassendes Geschenk für ein junges Mädchen. Paßt eher zu einem Männerbiertisch. Da findet man so was vielleicht witzig.

SOHN: Charlys Schwester hat die Dinger gleich weggeschmissen. Und so 'n blödes Buch mit Ärztewitzen gleich dazu.

VATER: Na schön, das ist letztlich ihre Sache ...

SOHN: Sie sagt, wenn sie selber was mies findet, dann soll sich auch kein anderer damit das Gehirn verkleistern.

VATER: Ja, ja, ich hab's schon verstanden. Wenn sie denkt, daß sie damit die Welt verändert ...

SOHN: Würdest du denn so was weiterverschenken?

VATER: Ich pflege überhaupt nichts weiterzuverschenken. Wenn ich etwas schenke, dann mache ich mir nämlich eigens Gedanken über das Geschenk. – Was guckst du denn so? Hast du vielleicht was weiterverschenkt gerade?

SOHN: Nee ... ich nicht.

VATER: Wer denn?

SOHN: Mama, glaub ich ...

VATER: Mama? Und was, bitte?

SOHN: Das Buch mit den Gedichten, das sie von dir hat ...

VATER: Also, jetzt verstehe ich überhaupt nichts mehr! Das war doch ein sehr schöner Auswahlband. Und Mama liebt doch Gedichte!

SOHN: Hast du denn mal reingeguckt, vorher?

VATER: Flüchtig. Ich hab natürlich nicht jedes Gedicht gelesen! ...

SOHN: Is ja nich wegen der Gedichte. Bloß wegen der kleinen Karte.

VATER: Was für eine «kleine Karte»? ...

SOHN: Na so eine «mit lieben Grüßen» oder so was.

VATER: Und ... so eine Karte soll in dem Buch gelegen haben?

SOHN: Hmm. – Mama sagt, die war von deiner Sekretärin!

Wann, warum und bei wem?

SOHN: Papa, Charly hat gesagt, sein Vater hat gesagt, mit dem Entschuldigen, das ist ein echtes Problem!

VATER: Wieso denn das? Wenn man Grund hat, sich zu entschuldigen, dann entschuldigt man sich eben. Fertig.

SOHN: Aber das ist ja gerade das Problem – mit dem Grund. Ob man den hat!

VATER: Wenn man das nicht so genau weiß, dann hält man sich eben an den Grundsatz: Lieber einmal zuviel als einmal zuwenig. – Würdest du übrigens mal aufstehen, du sitzt auf meiner Zeitung!

SOHN: Oh, Entschuldigung ...

VATER *lacht*: Na sieh mal, du machst es ja schon ganz richtig: Man überlegt nicht lange, man entschuldigt sich einfach.

SOHN: Ach, das eben? So was ist doch keine richtige Entschuldigung. Das kommt doch von ganz allein.

VATER: Es kommt von der Erziehung. «Von allein» kommt gar nichts.

SOHN: Aber wenn man was nich mit Absicht gemacht hat, braucht man sich eigentlich nicht zu entschuldigen.

VATER: Kommt ganz drauf an, was man ohne Absicht gemacht hat! Wenn mir zum Beispiel eine Zwei-Zentner-Dame auf den Fuß tritt und mir mit ihrem spitzen Absatz den Zeh durchbohrt – möchte ich ihr doch sehr geraten haben, sich zu entschuldigen!

SOHN: Das is ja klar. Das tut ja auch weh!

VATER: Und auch wenn du dich nur auf meine Zeitung

setzt: Die ist dann ganz zerknittert und du bist schuld. Also kannst du dich auch entschuldigen.

SOHN: Hm. – Na schön. Aber Charlys Vater sagt, die meisten entschuldigen sich dauernd an der falschen Stelle. Und an der richtigen Stelle entschuldigen sie sich gerade nich!

VATER: Aha. Nun müßte er nur noch die Stellen genauer bezeichnen.

SOHN: Er meint, wo sie müßten, machen sie's nich, und wo sie gar nich sollten, da machen sie es!

VATER: Ja ja, das sagtest du schon. Aber ich hätte gern noch ein paar Beispiele, bevor ich widerspreche!

SOHN: Na, zum Beispiel – wie du neulich bei Webers bloß mal schnell was abgeben wolltest – da hat sich Frau Weber immerzu entschuldigt!

VATER: Kann ich mich gar nicht erinnern. Wofür denn?

SOHN: Dafür, daß der Staubsauger im Zimmer stand und daß sie 'n olles Kleid anhatte.

VATER: Ach so ... na ja, das war nur so der Form halber ...

SOHN: Aber sie hat sich ganz lange entschuldigt, immer wieder! Das ist doch beknackt!

VATER: Es ist nicht beknackt, sondern ganz besonders höflich!

SOHN: Aber das ist doch ihre Wohnung. Papa! Da können doch zehn Staubsauger rumstehen – wo wir gar nich eingeladen waren.

VATER: Ja doch. Frau Weber fand eben, daß es ziemlich ungemütlich aussah. Eine Leiter stand ja auch noch im Zimmer.

SOHN: Sie hat aber nich gesagt: «Es sieht ziemlich ungemütlich aus.» Sie hat sich entschuldigt!

VATER: Ja doch!

SOHN *unbeirrt*: Und dann auch noch mit dem Kleid. Wissen wir doch sowieso nich, ob das alt oder neu war, nich? Oder kennst du Frau Webers Kleider?

VATER: Natürlich nicht! Was für eine Frage! Das sollte doch nur bedeuten, daß sie es lieber gehabt hätte, sie wäre etwas netter angezogen gewesen, wenn Besuch kommt.

SOHN: Aber entschuldigen braucht sie sich trotzdem nich.

VATER: Sie brauchte nicht, aber es schadet ja auch nichts. Bist du nun fertig?

SOHN: Manchmal schadet es aber sehr, wenn man sich entschuldigt.

VATER: Ich wüßte nicht, wann ...

SOHN: Wenn man was richtig gemacht hat. Und hinterher entschuldigt man sich. Das schadet!

VATER: Aber das macht doch keiner! Sich entschuldigen, wenn er was richtig gemacht hat!

SOHN: Doch. Wenn ihm nämlich einer sagt, er soll sich entschuldigen.

Kleine Pause

Aber ich hab mich nich entschuldigt, als ich dem Uwe eine geklebt hab!

VATER: Was??

SOHN: Eigentlich mehr geboxt. Und da ist er vom Stuhl gefallen. Und da hat der Erdkundelehrer gesagt ...

VATER: ... ach, auch noch mitten im Unterricht!

SOHN: Ging ja nich anders. Jedenfalls hat er gesagt, ich soll mich entschuldigen. Aber der war nur Vertretung ...

VATER: Das spielt ja wohl keine Rolle! Und nun? Weiter!

SOHN: Du fragst überhaupt nicht, warum ich dem Uwe eine reingehauen habe ...

VATER: Das interessiert mich auch nicht ... in diesem Zusammenhang!

SOHN: Der hat nämlich wieder den Leo nachgemacht. Der Leo muß manchmal so mit dem Gesicht zucken. So irgendwie mit den Nerven. Und wenn ihn einer damit ärgert, dann wird es gleich noch viel schlimmer!

VATER: Dann war das natürlich sehr, sehr häßlich von dem Uwe. Aber du hast ja einen Mund zum Reden und Argumentieren.

SOHN: Is ja längst alles gelaufen ... das ganze Reden. Hat ja nichts genützt.

VATER: Hm. Und du hast dich also nicht entschuldigt. Und dann?

SOHN: Mußte ich zum Direktor.

VATER: Na, wunderbar ...

SOHN: Und der hat gesagt, erst mal soll sich der Uwe bei Leo entschuldigen, und dann werden wir weitersehen.

VATER: Das ist allerdings ... bemerkenswert. Aber nimm das bitte nicht als Freibrief für alle Zukunft! Wenn du wieder mal die Beherrschung verlierst, w i r s t du dich entschuldigen.

SOHN: Opa hat sich auch nich entschuldigt, bei seiner Heimleiterin!

VATER: Nein, er nicht! Trotzig, wie er war! Dafür habe i c h die Sache ausbügeln müssen!

SOHN: Wollte Opa ja gar nicht. Er hat gesagt, das war Verrat, was du gemacht hast!

VATER: Verrat!! Sollen wir vielleicht n o c h mal ein neues Heim für ihn suchen??

SOHN: Er kann ja sowieso bei uns wohnen.

VATER: Das ist jetzt nicht unser Thema!

SOHN: Hat doch aber gestimmt, was Opa zu der Leiterin gesagt hat. Daß sie die arme Frau Wiesengrund bloß deswegen aus dem Zimmer geschmissen hat, weil jemand anderer mehr bezahlen wollte. Und daß sie ...

VATER: ... hör mir jetzt bitte mit dieser Geschichte auf! Die hat mich genug Nerven gekostet!

SOHN: Opa aber auch. Mann, war der sauer auf dich! Genau wie Mama neulich ...

VATER: Wann, bitte, war Mama «sauer» auf mich??

SOHN: Na, wie diese Knödels hier waren.

VATER: Krögels! Dr. Krögel mit seiner Frau.

SOHN: Und da hast du dich bei denen wegen Mama entschuldigt. Weil die nur 'ne kalte Platte gemacht hat und kein Riesenbrimborium!

VATER: Brimborium hat niemand verlangt! Aber ein bißchen mehr Aufwand schon! Mama weiß genau, wieviel mir an Dr. Krögel liegt ...

SOHN: Mama sagt, du hast sie blamiert mit deiner Entschuldigung. Aber bei ihr hast du dich nich entschuldigt – nachher, oder?

VATER: Jetzt läßt du mich mal bitte aus dem Spiel, ja?? Ich hab es doch nicht nötig, mir von dir Rotzlöffel erzählen zu lassen, wie ich mich zu verhalten habe!!

SOHN: t'schuldige. Ich wollte ja gar nich von dir reden.

VATER: Dann laß es auch!

SOHN: Is mir bloß so eingefallen ...

VATER: Das habe ich gemerkt!

SOHN: Aber Charlys Vater sagt, bei allem Pippifax entschuldigen sich die Leute. Wenn sie nach'm Weg fragen, oder wenn sie Feuer haben wollen, oder ...

VATER: ... das gehört auch alles zum kultivierten Umgang miteinander!

SOHN: Aber wenn sie jemanden anlügen oder reingelegt haben, dann entschuldigen sie sich nie! Und die Politiker machen das genauso!

VATER: Das geht Charlys Vater einen Dreck an! Und er kann es auch gar nicht beurteilen!

SOHN: Wieso denn nicht? Das merkt doch jeder.

VATER: Was merkt jeder?

SOHN: Wenn ein Politiker vor der Wahl was verspricht und nach der Wahl was ganz andres macht.

VATER: Das kann vorkommen! Da sind dann Sachzwänge im Spiel!

SOHN: Und dann entschuldigen sich die Politiker bei den Wählern?

VATER: Nein! Brauchen sie nicht!

SOHN: Auch nich, wenn sie es mit Absicht gemacht haben?

Prioritäten

SOHN: Papa? Charly hat gesagt, sein Vater hat gesagt, heutzutage muß man unbedingt ... Mann! Jetzt hab ich das Wort vergessen!

VATER: Dann vergessen wir doch am besten auch die ganze Unterhaltung.

SOHN: Nee! Das war ja was ganz Interessantes!

VATER: Offenbar nicht interessant genug, sonst hättest du das Wort wohl nicht vergessen.

SOHN: Vielleicht kriegen wir's ja zusammen raus. Es war etwas, was man setzen muß.

VATER: Und wohin?

SOHN: Nirgendwohin. Man muß – na, eben dieses Wort – setzen, sagt Charlys Vater, weil man sonst nicht mehr weiß, was man zuerst machen soll.

VATER: Vielleicht meint er, man muß einen Schlußpunkt setzen. Unter die ständigen Ansprüche zum Beispiel.

SOHN: Ach was. Man muß ... er hat das dann auch noch anders gesagt: Daß man überlegen muß, was einem das Wichtigste ist; und das muß man dann machen, und alles andere muß man eben lassen.

VATER: Hat er vielleicht gesagt: Man muß Prioritäten setzen?

SOHN: Klasse, Papa, das war's! Pri-o-ri-täten!

VATER: Also weißt du – langsam solltest du mal Preise aussetzen für die Rätsel, die du mir ständig aufgibst!

SOHN: Aber das hält dich doch fit, Papa!

VATER: Na, dann werd ich wohl bald total ausflippen vor

127

lauter Fitness. Also was ist nun mit der Prioritätenliste von Charlys Vater.

SOHN: 'ne Liste ist da gar nicht. Er sagt bloß, wenn man heute nicht aufpaßt, dann verzettelt man sich. Dann macht man hundert Sachen und keine mehr richtig.

VATER: Na, das schreib du dir mal gleich hinter die Ohren! Du bist doch derjenige, der hundert Sachen anfängt und keine zu Ende macht!

SOHN: Ich mach das doch aber nicht alles gleichzeitig! Und außerdem – manches wollt ich auch gar nicht. Das hast du mir bloß eingeredet. Mit dem Tennis zum Beispiel ...

VATER: Erinnre mich bloß nicht daran! Da hat man die Ausstattung gekauft und die Stunden bezahlt und der Trainer hat dir sogar eine «Naturbegabung» bescheinigt ... aber nein ...

SOHN: Wenn ich die Typen in dem Club doch so doof fand.

VATER: Doof! Da wärst du mal mit Jugendlichen zusammengekommen, die zu dir gepaßt hätten. Aber du wälzt dich ja lieber mit Charly auf der Judomatte!

SOHN: Ist ja nächste Woche zu Ende, der Kurs.

VATER: Und was ist mit dem Lehrgang für Fortgeschrittene?

SOHN: Den machen wir nicht mehr.

VATER: Also wieder mal was angefangen und nicht zu Ende gemacht!

SOHN: Wieso denn? Das reicht uns doch, was wir jetzt können. Soll ich mal 'n Hüftfeger mit dir machen?

VATER: Danke. Wenn mir danach sein sollte, werde ich's dich wissen lassen.

SOHN: Oder 'n Schulterwurf vielleicht?

VATER: Dan-ke.

SOHN: Na schön, dann nicht.

Jedenfalls, Charly und ich, wir wollen uns jetzt bei den Pfadfindern anmelden.

VATER: Was ist denn das nun schon wieder? Da wollt ihr euch wohl jedes Wochenende in irgendeinem Zeltlager rumtreiben, wie?

SOHN: Also Papa, ich wundere mich echt, daß dir d a s nicht gefällt! Wo man da doch jeden Tag 'ne gute Tat machen muß!

VATER: Gute Tat, ja. Hoffentlich fängst du dann hier zu Hause damit an und führst nicht 'ne alte Oma über einen Damm, über den sie gar nicht rüber will!

SOHN: Das werden wir dann schon sehen.

VATER: Pfadfinder ... und als nächstes dann vielleicht zum Zirkus, wie? Du könntest dir langsam überlegen, was du wirklich willst.

SOHN: Weißt d u denn eigentlich, was du wirklich willst?

VATER: Allerdings.

SOHN *vorsichtig*: Mama sagt, die Filmkamera hättest du dir sparen können. Wo du noch nicht mal zum Fotografieren kommst, und das Teleobjektiv hast du auch noch nie rangeschraubt.

VATER: Jetzt mach mal einen Punkt, ja? Ihr werdet mir wohl nicht vorschreiben, was ich in meiner Freizeit mache!

SOHN: Mama sagt, so viel Freizeit gibt's gar nicht, wie du brauchen würdest. Bei dem neuen Stereorecorder, da findet sich auch kein Schwein mehr durch. Alles ein Bandsalat!

VATER: Da könntet ihr euch ja auch ein bißchen mitkümmern! Und Mama ... wo ist Mama überhaupt?

SOHN: Die ist zu so einem Gefangenenverein gegangen.

VATER: Was??

129

SOHN: Hat sie dir doch auf den Zettel geschrieben. Irgendwas Englisches war das. Hier!

VATER *murmelt vor sich hin*: «... bin um neun wieder zurück, Vortrag von Amnesty International.» Ach ja, da hat sie ja gestern abend drüber geredet.

SOHN: Sie sagt, sie will sich für irgendwas jetzt richtig engagieren.

VATER: Vielleicht fällt ihr noch was Besseres ein als dieses ... merkwürdige Unternehmen!

SOHN: Wieso denn merkwürdig? Die kümmern sich um die Leute, die unschuldig eingesperrt sind.

VATER: Ob die immer so unschuldig sind ... das liegt ja wohl im Auge des Beschauers.

SOHN: Wenn die doch bloß 'ne andere Meinung hatten als die Regierung? Mama sagt, das ist das Schlimmste, was sie sich vorstellen kann: unschuldig im Knast zu sitzen! Und Charly sagt, sein Vater sagt, das kann jedem passieren. Da kann man ganz leicht in was reingeraten. Auch auf 'ner Reise zum Beispiel.

VATER: Ja, wenn man stets und ständig seinen Mund aufreißt und sich in alles einmischt! –

Vor sich hin: Schnapsidee von Mama. Und was ist mit ihrer Gymnastik oder was das war?

SOHN: Hat sie dir doch schon gesagt, daß sie damit aufhören will. Sie will eben was machen, was nicht bloß für sie gut ist, sondern auch für andere.

VATER: Aha. «Edel sei der Mensch, hilfreich und gut.» Hat sie wohl gerade mal wieder in ihrem Poesiealbum geblättert, wie?

SOHN: Weiß ich nicht.

Ach du, Papa! Herr Schröder hat mir 'ne Einladung mitgegeben für die Vorstandssitzung vom Musikförderverein. Und du mußt unbedingt kommen!

VATER: Ich muß überhaupt nicht …

SOHN: Herr Schröder sagt, er hat bloß noch lauter Kartei-
leichen, keiner tut mehr was!

VATER: Hat ja auch jeder zuviel am Hals.

SOHN: Genau. Das sagt Charlys Vater ja. Er sagt, das
kommt, weil jeder überall mitreden will. Aber zum Mit-
arbeiten, da langt's dann nicht mehr!

VATER: Das Mitreden, mein Lieber, ist wichtiger, als du
denkst! Wenn man zum Beispiel am Tag irgendeiner
Wahl die richtige Stimme für den richtigen Kandidaten
abgibt, dann hat man ja auch schon was getan.

SOHN: Und die Richtigen, das sind dann die, die arbeiten.

VATER: Es können auch die sein, die das Richtige veran-
lassen.

SOHN: Und wer arbeitet dann wirklich?

VATER: Vermutlich immer die, die das größte eigene Interesse haben.

SOHN: Du meinst, die nur an sich selber denken?

VATER: Die an das denken, was ihnen auf den Nägeln
brennt!

SOHN: Brennt dir auch was auf den Nägeln?

VATER: Allerdings ja, und mehr als du ahnst!
Ach, siehst du, ich muß ja noch zu dem Rohloff vom
Denkmalschutz. Der braucht eine Unterschrift von mir.

SOHN: Wofür denn?

VATER: Dafür, daß sie das Haus stehenlassen, hier gegen-
über von uns. Sonst haben wir da zwei Jahre lang eine
Baustelle vor der Nase! Ach ja, und wenn Mama nach
Haus kommt, sag ihr bitte, daß wir den Besuch beim
Opa verschieben müssen. Ich muß zum Skatturnier.

SOHN: Aber du hast doch dem Opa versprochen, daß du
ihm den Brief an die Heimleitung schreibst – da warten
die doch alle drauf.

VATER: Ich weiß, ich weiß.

SOHN: Weil dieser neue Typ da doch den Fernsehraum jetzt immer so früh abschließt ... mitten im Krimi.

VATER: Ich weiß. Aber diesen Brief kann Mama ja auch aufsetzen.

SOHN: Ja, das kann sie.

Pause.

Papa?

VATER *abwesend*: Was ist noch?

SOHN: Papa, darf ich dir mal was sagen?

VATER: Wenn's nicht wieder 'ne Frechheit ist ...

SOHN: Ist das 'ne Frechheit, wenn ich was Gutes über Mama sage?

VATER: Wohl kaum.

SOHN: Ich finde nämlich ... also, die Mama hat das schon besser gecheckt als du, mit den Prioritäten!

Selten so gelacht ...

SOHN: Papa, Charly hat gesagt, sein Vater hat gesagt, Lachen ist gar nicht immer gesund!

VATER: Wie? Was ist nicht gesund?

SOHN: Lachen! Weil es doch heißt: «Lachen ist gesund.» Kommt aber immer drauf an, für wen! Sagt Charlys Vater.

VATER: Ja sicher, für jemanden mit einem frisch operierten Blinddarm ist Lachen garantiert nicht gesund ...

SOHN: Wegen Bauchschmerzen ...

VATER: So ist es.

SOHN: Charlys Vater kriegt aber auch ohne frischen Blinddarm Bauchschmerzen.

VATER: Beim Lachen? Dann soll er mal schleunigst zum Arzt gehen.

SOHN: Doch nicht, wenn er lacht! Wenn andre lachen! Ich meine, worüber die so lachen.

VATER: Also, vielleicht darf noch jeder Mensch lachen, worüber er will, ja? Das ist ja schon wieder nicht zum Aushalten!

SOHN: Das sagt Charlys Vater ja grade. Daß das manchmal nicht zum Aushalten ist – was die Leute so komisch finden.

VATER: Er braucht ja nicht mitzulachen, wenn er was nicht komisch findet. So einfach ist das!

SOHN: Nee, so einfach ist das gar nicht. Weil, Charlys Vater sagt, man muß auch was machen, daß denen das Lachen vergeht.

VATER: Was denn nun noch? Will er sich vielleicht mit jedem prügeln, dessen Lachen ihm nicht gefällt?

SOHN: Ich hab mich auch schon geprügelt ... mit dem Werner.

VATER: Weil er an der falschen Stelle gelacht hat?

SOHN: Nee. Weil er wollte, daß alle andern lachen. Der kommt jeden Tag mit irgendeinem neuen Türkenwitz an. Richtige Naziwitze sind das! Mit Vergasen und so was. Ali hat beinah geheult. Und da haben wir ihn eben verprügelt, den Werner.

VATER: Also, das läßt du bitte in Zukunft sein, ja? Diese Witze gefallen mir zwar auch nicht – ganz und gar nicht! –, aber es wird immer Menschen geben, die sich wichtig machen und unpassende Witze erzählen ...

SOHN: ... gemeine Witze!

VATER: Ja doch, du hast ja recht. Und trotzdem, ein paar häßliche Türkenwitze machen noch lange keine Nazis.

SOHN: Wieviel Witze müssen es denn sein? Bis sie Nazis machen?

VATER: Nun paß mal auf: durch dumme Witze wird kein Mensch seine Ansichten ändern. Manchmal sind Witze ja auch nur so eine Art Ventil, um persönlichen Ärger loszuwerden.

SOHN: Was denn für 'n «persönlichen Ärger»? Die meisten kennen ja gar keine Ausländer. Das isses ja grade. Wenn man nämlich selber einen kennt, dann ...

VATER: Ja, ja, ich weiß. Ali ist dein zweitbester Freund, und das kann er auch gern bleiben. – Und er sollte sich wirklich nicht über irgendeinen törichten Witz aufregen. Soll er sich doch mit den Politikern trösten. Die müssen sich ganz andere Witze gefallen lassen!

SOHN: Denen tut aber keiner was, den Politikern. Außerdem – d i e sind echt komisch, diese Witze. Kennste den?

Kohl und Strauß und der Papst sitzen im Flugzeug und plötzlich …

VATER: Nein danke! Diese albernen Witze will ich nun wieder nicht hören!

SOHN: Brauchst ja nich zu lachen, wenn du ihn nich komisch findest. Also: Kohl und Strauß und der Papst …

VATER: Nein, hab ich gesagt! Ich will von dir keine politischen Witze hören, ein für allemal!

SOHN: Warum denn nich?

VATER: Weil ich es nicht wünsche, punktum. Wenn du unbedingt durch Witzeerzählen glänzen willst, guck in die Zeitschriften. Da stehen genug drin.

SOHN: Über die regt sich Charlys Schwester immer auf, weil die meistens so ungerecht sind. Sagt sie.

VATER: Ungerecht? Also, ich muß dir sagen, mir genügt es, wenn's in der Wirklichkeit einigermaßen gerecht zugeht. Da werde ich nicht auch noch die Witze nach gerechten und ungerechten sortieren.

SOHN: Aber es gibt echt ganz viele blöde Witze, Papa. Über alte Frauen zum Beispiel oder über Frauen, die nich so hübsch sind.

VATER: Es gibt genauso viele Witze, in denen Männer schlecht wegkommen. Und sollte es tatsächlich mehr Witze über Frauen geben, dann liegt das eben daran, daß Männern mehr Witze einfallen. Vielleicht sind Männer phantasievoller, was die Erfindung von Witzen angeht …

SOHN: Aber die sind gar nicht komisch, die Witze – eigentlich …

VATER: Auch gut, dann lacht wenigstens keiner.

SOHN: Du hast aber gelacht. Bei dem Witz von Herrn Weber.

VATER: Welchen Witz bitte soll Herr Dr. Weber denn erzählt haben?

135

SOHN: Zum Beispiel den von den Medikamenten und den Nebenwirkungen.

VATER: Kann ich mich nicht erinnern.

SOHN: Na – da sagt ein Mann zum andern, daß es so schreckliche Nebenwirkungen gibt. Bei Medikamenten. Und da sagt der andere: Ja, ich weiß, meine Schwiegermutter nimmt seit Jahren Medikamente, und nun ist sie schon fünfundachtzig geworden!

Kleines Lachen des Vaters, das er aber sofort unterdrückt.

VATER: Na ja ... eben ein Witz wie viele andere ... nichts Besonderes.

SOHN: Oma hätte den bestimmt nicht komisch gefunden – wo sie auch schon über achtzig ist.

VATER: Oma war ja nicht dabei! Hauptsache, man erzählt solche Witze nicht in Gegenwart von Betroffenen.

SOHN: Hat Herr Weber aber gemacht.

VATER: Wieso denn? Es war doch keine alte Dame anwesend.

SOHN: Ich mein ja auch einen anderen Witz.

VATER: Also mein Lieber, ich denke, das war das letzte Mal, daß du dabeisein durftest, wenn wir Besuch haben!

SOHN: Wegen der Witze? Weil ich die nicht hören soll?

VATER: Wegen deiner unerträglichen Angewohnheit, alles und jedes aus dem Haus zu tragen und es Charlys Familie auf dem Küchentisch zu präsentieren!

SOHN: Hab ich gar nicht gemacht! Konnte ich ja selber sehen, daß Frau Weber beleidigt war.

VATER: Meine Güte, Herr Dr. Weber hatte schon ein bißchen getrunken. Da sagt man schon mal was, was man sonst nicht sagen würde.

SOHN: Du sagst doch immer, «im Wein liegt Wahrheit».
Glaubst du, Herr Weber will, daß seine Frau tot ist?

VATER: Um Himmels willen, nein! Das ist eine sehr gute
... eine ganz normale Ehe!

SOHN: Und warum erzählt er dann so 'n Witz? Erinnerst
du dich denn nicht?

VATER: Ich behalte keine Witze. Und du kannst dir auch
sparen, die in deinem Kopf zu speichern!

SOHN: Mama hat den aber auch gespeichert. Weil sie sich
so geärgert hat. Der ging nämlich so ...

VATER: Danke, laß ihn uns vergessen, ja?

SOHN: Der ging so: Alle Frauen sind verschieden – bloß
meine leider nicht.

VATER: Ach so, der – na ja. Dummes Wortspiel, weiter
nichts.

SOHN: Du hast aber gelacht!

VATER: Ich wollte nicht unhöflich sein, deshalb. Ist doch
peinlich, wenn jemand einen Witz erzählt – und dann
lacht kein Mensch.

SOHN: Kann doch ruhig peinlich sein! Dann merkt der
wenigstens gleich, daß man seinen Witz nicht hören will!

VATER: Ja doch, stimmt ja schon. Aber in der konkreten
Situation, da will man eben keinen kränken.

SOHN: Einen kränkt man ja sowieso. Entweder den Wit-
zeerzähler oder den, über den man lachen soll – in dem
Witz.

VATER: Den Witz braucht ja keiner auf sich persönlich zu
beziehen. Und man kann's nun mal nicht jedem recht
machen, nicht?

SOHN: Nee, das geht nich.

VATER: Na also.

SOHN: Aber wieso soll man's grade dem Falschen recht
machen?

Hören oder Hinhören?

SOHN: Papa, Charly hat gesagt, sein Vater hat gesagt, die Menschen hören sich gar nicht mehr zu.

VATER *abwesend*: Was?

SOHN *laut*: Die Menschen hören sich nicht mehr zu!!

VATER *immer noch abwesend*: Wie? Die Menschen ...

SOHN: ... hören sich nicht mehr zu!

VATER: Na, du kannst dich ja wohl nicht beklagen. Ich möchte nicht wissen, wie viele Stunden meines Lebens ich schon damit zugebracht habe, dir zuzuhören.

SOHN: Ja, mit den Ohren.

VATER: Womit denn sonst?

SOHN: Na, irgendwie ... so mit innen.

VATER: Vielleicht mit dem Zwerchfell anstatt mit dem Trommelfell? Interessanter Aspekt!

SOHN: Also, Papa, du weißt genau, was ich meine.

VATER: Allerdings, ja: Du meinst, jeder Mensch auf dieser Erde, allen voran dein Vater, müßte in atemloser Spannung an deinen Lippen hängen, sobald du nur den Mund aufmachst! Und sei es auch nur, um zu fragen, was es zu Mittag gibt ...

SOHN: Von mir wollt ich ja gar nicht reden!

VATER: Hast du aber gemacht. Indem du mir unterstellst, daß ich dir nur mit den Ohren zuhöre. Als ob ich nicht mitdenken würde! Wie könnte ich dir antworten, wenn ich nicht mitdenken würde, wie?

SOHN: Klar denkst du mit. – Aber immer so als Vater ...

VATER: Ja, als was denn sonst? Vielleicht als ... Nasenbär

138

oder als Froschkönig? Damit du mal ein bißchen Abwechslung hast?

SOHN: Ach. – Ich meine, meistens hast du immer schon im Kopf, was du willst; und dann hörst du gar nicht mehr richtig zu, was ich sagen will.

VATER: Ich weiß ja meistens auch schon, was du sagen willst. Und das ist leider selten das, was ich für richtig halte. Zum Beispiel, deine Schularbeiten an das Tagesende zu verschieben.

SOHN: Aber wenn ich die Schularbeiten mal später machen will, dann hab ich doch immer Gründe! Und die hörst du dir dann gar nicht an.

VATER: Es sind ja auch immer dieselben Gründe.

SOHN: Gar nicht.

VATER: Wir werden sie mal aufschreiben, deine Gründe ...

SOHN: Is ja auch egal. – Aber Charly sagt, sein Vater sagt, die Politiker machen das auch so: die machen ein Gespräch, und dann hören sie überhaupt nicht zu.

VATER: Wenn sie nicht zuhören würden, dann würden ihre Antworten ja nie passen.

SOHN: Passen ja auch nie! Fast nie.

VATER: Jetzt maße dir bitte nicht eine derart überhebliche Kritik an erwachsenen Menschen an, mit denen du dich überhaupt noch nicht messen kannst!

SOHN: Ich will mich ja gar nicht messen. Aber das hast du selber gesagt – als die zwei Politiker neulich über Arbeitslose geredet haben!

VATER: Was hab ich gesagt?

SOHN: Daß die Antworten gar nicht gepaßt haben. Weil jeder bloß seinen eigenen Text runtergeredet hat!

VATER: Bei solchen Fernsehsendungen kommt es den Politikern ja auch in erster Linie darauf an, dem Zuschauer ihre eigene Position deutlich zu machen.

SOHN: Du meinst, da hören die sich sowieso nicht zu?

VATER: Sie hören sich schon zu; aber sie kennen die Argumente ihrer Gesprächspartner natürlich schon vorher.

SOHN: Vielleicht bilden sie sich das bloß ein? So wie du bei meinen Schularbeiten!

VATER: Hast du nicht gesagt, daß du von dir nicht reden willst?

SOHN: Ja doch. Aber Charlys Vater sagt auch, wenn einer die ganze Zeit, wo der andre redet, bloß drauf wartet, bis er selber wieder dran ist mit Quatschen, dann ist das kein Zuhören!

VATER: Mein Gott, wenn man miteinander redet, dann hört man mal zu und mal redet man selber. Wenn man nur zuhören würde, dann wär's ja kein Gespräch mehr! Da könnte der andere ja ebensogut aufs Tonband sprechen!

SOHN: Aber wenn man immer bloß dran denkt, wie man widersprechen kann, ist es auch kein Gespräch!

VATER *lacht*: Ich möchte Charlys Vater mal bei einer politischen Diskussion erleben! Der würde doch nur widersprechen!

SOHN: Aber er würde bestimmt auch zuhören. Vorher.

VATER: Na schön. Wir werden den Beweis beide nicht antreten können ...

SOHN: Jedenfalls – er sagt, wenn man nicht zuhören will, braucht man gar nicht erst zu reden. Da kommt dann sowieso nichts raus.

VATER: Es kommt schon was raus, keine Sorge! Irgendwann muß das ganze Gerede sowieso aufhören und es müssen Taten folgen.

SOHN: Was denn für Taten?

VATER: Entscheidungen eben. Politiker müssen doch Entscheidungen treffen.

SOHN: Hm. Aber wenn einer gar nicht zugehört hat, was die andern sagen, und er macht dann 'ne Entscheidung ... dann machen die andern doch gleich wieder 'ne neue Entscheidung, oder?

VATER: Das ist eben das sogenannte freie Spiel der Kräfte.

SOHN: Du meinst, die spielen bloß?

VATER: Nein – das besagt, mal setzt sich der eine durch, mal der andere.

SOHN: Immer hin und her?

VATER: Nein doch. Eine gewisse gemeinsame Linie wird da schon eingehalten.

SOHN: Und wie kriegt man die raus, ohne Zuhören?

VATER: Also, jetzt paß mal auf: Wenn man etwas Vernünftiges zu hören bekommt – sei es als Politiker, sei es als Privatmensch –, dann hört man zu! – Wenn man dagegen schon weiß, daß man nur dummes Zeug hören wird – dann kann man sich das Zuhören sparen. Und zwar mit Recht!

SOHN: Woher weiß man denn, daß man nur dummes Zeug hören wird, wenn man gar nicht zuhört?

VATER: Das weiß man aus vorangegangenen Gesprächen! «Erfahrungswerte» nennt man das!

SOHN: Hm. Und wegen dieser Werte hörst du nie zu, wenn Frau Kulicke was zu dir sagt?

VATER: So ist es.

SOHN: Aber wenn sie nun doch mal was Kluges sagt?

VATER: Wird sie nicht, verlaß dich drauf ...

SOHN: Unser kleiner Strauch ist jedenfalls eingegangen.

VATER: Welcher Strauch?

SOHN: Na der, den wir von der Reise mitgebracht haben.

VATER: Tja – der hat bei uns leider nicht genug Sonne gekriegt.

SOHN: Nee, der hat zuviel Sonne gekriegt.

141

VATER: Wer sagt das?!

SOHN: Frau Kulicke hat das gesagt.

VATER: Hab ich nicht gehört.

SOHN: Hat sie doch übern Zaun gesagt. Viel Schatten, hat sie gesagt. Viel Schatten und wenig Wasser. Und du hast ihn in die Knallsonne gepflanzt und dauernd begossen!

VATER: Wer sagt denn überhaupt, daß Frau Kulickes Ratschlag richtig gewesen wäre? War vielleicht einfach zu schwach, der Strauch ...

SOHN: Frau Kulicke hat doch den gleichen. Der steht bei ihr im Schatten und blüht wie verrückt!

VATER: Na schön. Ich hab die weisen Ratschläge nicht gehört, hab vielleicht was falsch gemacht, und nun ist aus dem Strauch nichts geworden. Davon geht die Welt ja auch nicht unter!

SOHN: Nee, davon nich. Wegen dir und Frau Kulicke nich.

VATER: Na also.

SOHN: Aber wenn die Politiker das genauso machen?

Wenn wir alle Helden wären

SOHN: Papa, Charly hat gesagt, sein Vater hat gesagt, im Krieg braucht man keine Helden!

VATER *aufseufzend*: Wenn du schon ständig die Ohren lang machst, sobald Charlys Vater einen Ton von sich gibt, dann hör wenigstens richtig hin. Wahrscheinlich hat er gesagt, wenn man keinen Krieg will, braucht man auch keine Helden. Oder so ähnlich.

SOHN: Hat er gar nicht gesagt. Ich hab schon ganz richtig hingehört!

VATER: Also im Krieg braucht man keine Helden, nein?! Da braucht man Angsthasen oder Spinner und Träumer und am besten noch Pazifisten, wie??

SOHN: Charly sagt, sein Vater sagt, ein Held ist man bloß, wenn man freiwillig was Gefährliches macht. Und im Krieg muß man doch gehorchen, ob man will oder nicht!

VATER: Trotzdem bleibt da noch genug Spielraum, um besonders mutig zu sein und durch besonderen Einsatz die Situation zu retten. Aber was soll das ganze Gerede! Wir werden hoffentlich keinen Krieg mehr erleben und brauchen uns folglich auch nicht über «Helden» zu unterhalten.

SOHN: Doch, gerade, Charlys Vater sagt, wenn die Welt in Ordnung kommen soll – ohne Krieg! –, dann braucht man jede Menge Helden!

VATER: Vielleicht solche Helden, die auf Demonstrationen mit Steinen nach der Polizei schmeißen, wie?? Wenn der Mann dir vielleicht so was einreden will, dann ...

SOHN: Reg dich nicht auf, Papa, so was meint er überhaupt nicht!

VATER: Sondern?

SOHN: Eigentlich meint er jeden.

VATER: Jeden?! Ein ganzes Volk von Helden? Der Mann
schreckt wirklich vor nichts zurück.

SOHN: Weil du immer noch nicht verstehst, was 'n Held
ist!

VATER: Also – dann sag mir's ...

SOHN: Das ist einfach jemand, der anderen hilft, auch
wenn er dabei selber Ärger kriegt!

VATER: Aha. Also – wenn du Mamas guten selbstgebacke-
nen Kuchen an deinen Freund verfütterst, obwohl du genau weißt, daß du Ärger mit uns kriegst, dann bist du ein
Held. Da werde ich mich wohl nach einem passenden
Orden umsehen müssen!

SOHN: Wenn du bloß rumkohlst, kann ich ja in mein Zimmer gehen.

VATER: Nicht doch solche Drohungen! – Also, wer ist
denn nun ein «Held»? Vielleicht kann ich ja auch mal
einer sein, wie?

SOHN: Bestimmt sogar.

VATER: So. Das klingt ja, als hättest du schon darüber
nachgedacht, wie du mich zum Helden machen kannst!

SOHN: Hab ich auch.

VATER: Dann mal raus mit der Sprache!

SOHN *zögernd*: Du könntest zum Beispiel den Mann anru-
fen, dem du unser Auto verkauft hast, und könntest ihm
sagen, daß die Bremse 'ne Macke hat. Damit der nicht
noch verunglückt.

VATER *wütend*: Was redest du da für einen hirnverbrann-
ten Unsinn! Die Bremsen waren völlig in Ordnung! –
Daß sie bei extremen Temperaturen gelegentlich etwas

144

verzögert reagieren, das hat der Mann längst selbst gemerkt. Und davon verunglückt auch noch keiner – wenn er vernünftig fährt. – Also kümmere dich gefälligst nicht immer um Dinge, die dich nichts angehen!

SOHN *besänftigend*: War ja auch bloß so'n Beispiel.

VATER: Ein sehr schlechtes Beispiel!

SOHN: Meinetwegen. Charlys Vater hat ja auch ganz andere Sachen gemeint.

VATER: Das will ich ihm auch geraten haben.

SOHN: Zum Beispiel, daß die Leute immer zu feige sind, die Wahrheit von ihrem Vorgesetzten zu sagen.

VATER: Welche Wahrheit denn?

SOHN: Also paß auf: Charlys Vater kennt eine Frau, der haben sie im Krankenhaus ein Bein abgeschnitten, und das war gar nicht nötig.

VATER: Nun mach mal halblang, ja? Willst du mir vielleicht erzählen, da hat sich der Arzt nur noch dunkel erinnert, daß er irgendwas mit «B» entfernen sollte und hat dann Bein und Blinddarm verwechselt, was? Charlys Vater soll sich bloß nicht so wichtig machen ...

SOHN: Die haben nichts verwechselt, das war bloß nicht nötig mit dem Bein. Das hätte man noch retten können.

VATER: So. Und wer sagt das?

SOHN: Die andern Ärzte. Die haben das dem Rechtsanwalt von der Frau gesagt.

VATER: Na, dann wird die Frau ja auch zu ihrem Recht kommen – zu ihrer Entschädigung jedenfalls.

SOHN: Eben nicht. Weil niemand vor Gericht etwas sagen will. Weil der Chef selber operiert hat.

VATER: Nun ja – auch ein Chefarzt ist nur ein Mensch und kann sich mal irren.

SOHN: Aber dann muß er es auch zugeben. Sonst kriegt die Frau ja kein Geld!

VATER: Ja, natürlich.

SOHN: Macht er aber nicht. Wegen seinem guten Ruf. Und der Rechtsanwalt kann gar nichts machen, wenn die alle so feige sind!

VATER: Also, tu mir den Gefallen ... ich kenne diesen Fall nicht und kann mich daher auch nicht dazu äußern.

SOHN: Charlys Vater sagt, bei uns ist keiner mehr mutig. Jeder denkt bloß, ob er wohl Ärger kriegt, wenn er die Wahrheit sagt ...

VATER: Das ist eine ganz dumme Verallgemeinerung. Es gibt bei uns gottlob noch genug aufrechte Leute.

SOHN: Der Freund von Charlys Schwester, der ist bei einer Baufirma und der sagt, da laufen unheimliche Bestechungskisten und alle halten den Mund!

VATER: Dieser Freund ja offenbar auch.

SOHN: Der hat nicht die Beweise. Und die, die alles beweisen können, die haben Angst.

VATER: Das ist ja auch keine Kleinigkeit. Seine eigenen Kollegen anzuzeigen ... und die gehen dann vielleicht in den Knast ...

SOHN: Ins Gefängnis.

VATER: Ja, eben –

SOHN: Du sagst doch immer, ich soll nicht «Knast» sagen.

VATER *übergeht das*: Jedenfalls, wer so etwas aufrollt, der muß sich auf einiges gefaßt machen.

SOHN: Eben. Aber solche Leute brauchen wir, sagt Charlys Vater!

VATER: Sagen wir, es wäre schön, wenn es mehr Menschen mit Zivilcourage gäbe.

SOHN: Charly sagt, mit dem Rauschgift wären sie auch schon weiter, wenn's da mehr Leute gäbe, die vor Gericht sagen, was sie wissen.

VATER: Na, die spielen dann wirklich mit ihrem Leben! Diese Rauschgift-Mafia, die kennt doch kein Pardon.

SOHN: Dann wären das eben richtige Helden, nicht? Weil die doch Tausenden das Leben retten könnten!

VATER: Wie wär's denn, wenn du mal bei dir selber anfängst mit dem Heldsein, wie? Immer schön die Wahrheit sagen, für alles eintreten, was man getan hat, nicht auf seinen eigenen Vorteil sehen, da hätte ich gar nichts dagegen. Also streng dich an.

SOHN *nachdenklich*: Hmm.

VATER: Oder bist du am Ende schon ein Held und ich ahne es gar nicht?

SOHN: Ich weiß ja nicht ... jedenfalls sollte Charly zwei Monate lang kein Taschengeld kriegen ...

VATER *ungeduldig*: Weswegen?

SOHN: Weil sein Vater ihm nicht geglaubt hat, daß er sich das Sexheft gar nicht selber gekauft hat ...

VATER: Was sagst du da?! Also! Wenn dein sauberer Charly mit solchen Sachen anfängt, dann werde ich dafür sorgen, daß eure Freundschaft ein ganz schnelles Ende findet! Darauf kannst du dich verlassen.

Mehr für sich: So was habe ich doch schon kommen sehen!

Laut: Und zwei Monate Taschengeldentzug – das ist ja wohl das mindeste, was er verdient hat!

SOHN *sehr ruhig*: Jetzt kriegt er ja doch Taschengeld.

VATER: Ach. Und warum? Weil sich sein Vater eine wirksamere Strafe ausgedacht hat?

SOHN: Nein. Weil ich die Wahrheit gesagt hab.

VATER: Welche Wahrheit?

SOHN: Daß ich das Heft in deinem Nachttisch gefunden habe ...

Wie gut dürfen Kinder sein?

SOHN: Papa, Charly hat gesagt, sein Vater hat ... Stör ich dich?

VATER: Ich such nur gerade die Rechnung von unserem Toaster raus ... Vielleicht ist die Garantiezeit noch nicht abgelaufen.

SOHN: Der schmeißt jetzt den Toast gar nicht mehr hoch!

VATER: Eben drum.

SOHN: Die Mama hatte aber auch einen Schwung! Mann! Die wollte bloß 'ne kleine Fliege von der Marmelade wegjagen und wumm! hat sie den Toaster erwischt, und der ist gleich durch die ganze Küche geflogen!

VATER unsicher: So, davon weiß ich ja gar nichts – ist ja nun auch egal. Was wolltest du mir denn erzählen?

SOHN: Nichts Besonderes, bloß ... Charlys Vater hat gesagt, Kinder dürfen nie so gut sein, wie sie wollen!

VATER: Was du nicht sagst. Dann seid ihr wohl alle verhinderte Engel. Und wer verbietet euch das Gutsein?

SOHN: Na, die Eltern.

VATER: Und gehöre ich vielleicht auch zu den Eltern, die ihren Kindern verbieten, «gut» zu sein?

SOHN: Manchmal schon ...

VATER: Ach – interessant. Da komme ich wohl gelegentlich zu dir und sage: mein lieber Junge, heute kommt die Tante Hertha, aber untersteh dich, sie etwa vom Bus abzuholen oder ihr den Mantel abzunehmen! Oder ich sage vielleicht: Wehe, du schreibst der Oma einen Geburtstagsbrief, oder ...

SOHN: Ach, so was doch nicht!

VATER: Sondern?

SOHN: Na ja, neulich, wie ich mit dem Ali immer Englisch geübt hab, da hast du gesagt, das soll ich lassen und soll mich lieber um meine eigenen Sachen kümmern –

VATER: Weil das ja auch überhandgenommen hat! Jeden Nachmittag hast du mit ihm dagesessen, und deine eigenen Schularbeiten hast du bloß noch so hingeschludert!

SOHN: Bei mir ist das ja auch nicht weiter schlimm. Ich hab ja sonst immer gute Zensuren.

VATER: Ja, und ich hätte auch gern, daß das so bleibt.

SOHN: Aber Ali bleibt sitzen, wenn er Englisch auch noch verhaut.

VATER: Also, darüber waren wir uns doch wohl einig, daß es nicht deine Aufgabe sein kann, mit Ali ein halbes Jahr Englisch nachzulernen. Da muß sich schon die Lehrerin etwas einfallen lassen.

SOHN: Die sagt, wir sollen ihm alle helfen.

VATER: Sehr bequeme Lösung. Man muß staunen. Aber immerhin hat sie gesagt «alle»; und mit Sicherheit hat sie nicht gemeint, daß du Tag für Tag deine Nachmittage für diesen Jungen opfern sollst.

SOHN: Das hat doch Spaß gemacht! Und Ali hat zum erstenmal eine Drei geschrieben!

VATER: Und du zum erstenmal eine Fünf!

SOHN: Das war doch in Erdkunde.

VATER: Ob in Erdkunde oder in einem anderen Fach – Fünf bleibt Fünf. Du hattest ja offensichtlich keine Zeit mehr zum Lernen.

SOHN: Na und? Erdkunde ist sowieso blöd ...

VATER: Erdkunde ist nicht blöd, sondern sehr wichtig. Schließlich willst du doch mal reisen und die Welt sehen, wenn du älter bist, nicht wahr?

SOHN: Na und? Da werd ich dann schon sehen, was Sache ist ...

VATER: «Was Sache ist» – wie redest du schon wieder?

SOHN: Ich meine, wenn ich zum Beispiel nach Paris will und das Flugzeug landet da, dann weiß ich sowieso, daß das nun Paris ist! Da brauch ich doch keine Erdkunde!

VATER: Also, nun red mal nicht so einen Unfug, und ... Ah, da haben wir die Rechnung ja. *Murmelt*: ... Na bitte, hat ja noch Garantie, der Toaster.

SOHN: Aber wenn Mama ihn doch durch die Gegend gefeuert hat?!

VATER: Das werde ich Mama schon noch fragen. Bei einer soliden Konstruktion – und bei diesem Preis – muß das Gerät schon einen kleinen Puff vertragen können.

SOHN: Wie mir meine Uhr runtergefallen ist, hast du aber gesagt, ich muß das von meinem Taschengeld bezahlen, weil das kein Materialfehler ist und weil dann auch keine Garantie ist.

VATER: Also, das laß jetzt bitte meine Sorge sein, ja? Wie siehst du überhaupt aus?? Was ist das für ein Pullover, den kenn ich ja gar nicht. Woher hast du den?

SOHN: Getauscht.

VATER: Getauscht? Gegen was denn?

SOHN: Gegen ... Na, gegen meinen dicken grauen ...

VATER: Was?? Gegen deinen guten Norwegerpullover, den dir Onkel Willi aus Oslo mitgebracht hat? Bist du denn von allen guten Geistern verlassen??

SOHN: Gar nicht. Ich brauch so 'n dicken Pullover überhaupt nicht, weil ich ja noch die Pelzjacke hab. Und die Sabine hat immer so gefroren ...

VATER: Die Sabine? Ist das nicht das Mädchen aus dieser ... dieser merkwürdigen Familie mit den hundert Kindern?

SOHN: Acht. Und die kriegen nie anständige Anziehsachen.

VATER: Dann sollen die Menschen sich nicht mehr Kinder anschaffen, als sie sich leisten können. Eine Schande ist das. Du wirst diesen lausigen Pullover jedenfalls sofort wieder gegen deinen eigenen zurücktauschen, verstanden?!

SOHN: Das geht nicht.

VATER: Wenn ich das bestimme, geht das sehr wohl!

SOHN: Nein, es geht nicht! Sabines großer Bruder ist gerade auf 'ner Klassenreise, und da hat Sabine ihm den Pulli geborgt.

VATER: Das wird ja immer besser. Ihrem Bruder geborgt! Ist ja reizend von Sabine!

SOHN: Isses auch, weil sie ja nun wieder gefroren hat.

VATER: Und da hast du ihr nicht gleich noch einen zweiten Pullover übereignet?

SOHN: Ich nicht, aber Charly.

VATER: Fabelhaft! Noch so ein gutes Kind! Und was sagt Charlys Vater dazu?

SOHN: Charly sagt, sein Vater sagt, jeder muß wissen, was er macht. Charly soll bloß nicht ankommen und einen neuen Pullover haben wollen. Er sagt: Gut sein muß jeder auf eigene Rechnung.

VATER: Da hat er allerdings recht!

SOHN: Dann kann ich doch aber auch meinen Pul...

VATER: Du kannst gar nichts!! Weil du das nämlich auf meine Rechnung machst!

SOHN: Wieso denn! Ich will doch gar keinen neuen Pullover haben!

VATER: Schon möglich. Aber ich kann dich leider in diesem Fummel, den du da eingetauscht hast, nicht rumlaufen lassen! *Leiser:* Das ist der kleine Unterschied.

SOHN: Wieso denn nicht?! Mir gefällt er!

VATER: Darauf kommt es nicht an, und darüber reden wir noch. Du, da kommt Mama gerade vom Einkaufen – geh mal schnell raus und hilf ihr die Taschen reintragen.

SOHN *leise*: Ich will meinen Pullover aber nicht zurücktauschen ...

VATER: Na, was ist? Hättest du nun vielleicht die Güte, deiner Mutter entgegenzugehen ...

SOHN: Ja doch!! *Wütend:* Ich merk schon – Kinder dürfen immer bloß gut sein, wenn's nichts kostet!!

Der Sohn knallt die Tür zu.

Wer ist der Nächste?

SOHN: Papa, Charly hat gesagt, sein Vater hat gesagt, so 'n Nächster, der kann gar nicht weit genug weg sein – zum Kümmern!

VATER: Wie bitte? Was ist nun schon wieder los?

SOHN *weiterredend*: ... er sagt: «Warum in die Ferne schweifen, sieh, das Schlechte liegt so nah!»

VATER: Vielleicht gehst du erst mal in dein Zimmer und sprichst das Ganze ins unreine, wie?

SOHN: Ist doch ganz klar! Charly sagt, sein Vater sagt, die Leute sehen den Wald vor lauter Bäumen nicht!

VATER: Ja, und darum schütten sie das Kind mit dem Bade aus. Wenn du das Bedürfnis hast, dich mit Sprichwörtern zu beschäftigen – bitte, da oben im Regal, zweite Reihe ganz links, da steht ein Sprichwörter-Lexikon. Bediene dich.

SOHN: Nee danke, was ich mit dir reden will, da brauch ich kein Lexikon, das steht ja in der Bibel.

VATER: Noch besser. Dann beschäftige dich mit der Bibel. Wenn du sie ausgelesen hast, kannst du wiederkommen.

SOHN: Okay, wenn ich solange nicht in die Schule gehen muß und nicht aufräumen und nicht einkaufen helfen, dann –

VATER *unterbricht*: Also schön, du hast gewonnen. Und worum geht's nun?

SOHN: Na darum, daß Charly sagt, sein Vater sagt, die Leute heute, die schieben ihre Nächsten immer weiter weg, bis nach Indien und Afrika und so ...

VATER: Na, die Methode soll er mir bitte mal verraten! Ich hätte wahrhaftig nichts dagegen, Frau Kulicke nach Hinterindien abzuschieben!

SOHN: Weil sie ihr Unkraut immer in unsern Garten rüberwachsen läßt?

VATER: Weil sie überhaupt eine gräßliche Person ist, deswegen.

SOHN: Aber sie braucht dich wenigstens nicht!

VATER: Na, das fehlte noch. Mich brauchen!

SOHN: Könnt doch sein. Wenn sie sich vielleicht ein Bein gebrochen hätte und nicht laufen könnte, dann müßtest du sie doch immer zum Arzt fahren oder so was.

VATER: Ich müßte überhaupt nichts!

SOHN: Aber sie ist doch die Nächste, die wir hier haben ...

VATER: Äußerlich gesehen vielleicht, aber nicht innerlich!

SOHN: Hm. – Aber wo du immer Geld hinschickst, zu so 'nem Kinderdorf, das ist «innerlich»?

VATER: Ja, sicher. Das ist eine Sache, zu der ich stehe. Schließlich muß sich irgend jemand um die Kinder kümmern, die kein anständiges Zuhause haben. Man kann ja nicht darauf warten, daß sie völlig verwahrlosen und uns schließlich die Häuser über dem Kopf anzünden.

SOHN: Find ich ja auch ganz richtig, daß du das machst, Papa. Schickst du da viel Geld hin?

VATER: Ich schicke einen angemessenen Betrag, denke ich.

SOHN *zögernd*: Wär das schlimm ... ich meine ... könntest du da vielleicht auch mal nur die Hälfte schicken?

VATER: Wie soll ich denn das verstehen! Du willst doch wohl nicht, daß ich statt dessen d i r irgendwas kaufe?

SOHN: Mir doch nicht. Aber die kleine Schwester von Ali ... die hat jetzt Geburtstag, und wir wollten ihr so gern ein Dreirad schenken.

VATER: Wer ist «wir»??

SOHN: Na, Ali und sein großer Bruder und Charly und ich; aber unser Geld reicht nicht.

VATER: Das hat ja auch nicht zu reichen! Wo werden denn auch Kinder so viel Geld in den Fingern haben! Und es ist ja auch nicht eure Sache, ein derart aufwendiges Geschenk zu machen!

SOHN: Die steht immer bloß so rum auf der Straße ... und radfahren kann sie ja noch nicht.

VATER: Dann soll ihre Mutter mit ihr spazierengehen!

SOHN: Die arbeitet doch.

VATER: Dann kann ich das auch nicht ändern.

SOHN: Kannst du wohl. Brauchst du bloß mal 'n bißchen weniger für diese andern Kinder zu schicken ...

VATER: Das kommt gar nicht in Frage. Erstens habe ich mich verpflichtet, und zweitens kann ich das auch von der Steuer absetzen.

SOHN *enttäuscht*: Ach so. Machen das alle Leute bloß wegen der Steuer, daß sie irgendwo Geld hinschicken?

VATER: Natürlich nicht «bloß» wegen der Steuer! Die Steuer schenkt einem ja auch beileibe nicht den ganzen Spendenbetrag. So ist das ja auch nicht! Nicht zu spenden, wäre in jedem Fall billiger.

SOHN: Aha. Aber Charly sagt, sein Vater sagt, die meisten Leute machen ihre guten Taten möglichst weit weg; das ist bequemer und sie haben trotzdem 'n gutes Gewissen!

VATER: Natürlich haben sie das! Oder sollen sie sich vielleicht noch entschuldigen?

SOHN: Nein doch, bloß ... also mal 'n Beispiel, ja?

VATER: Wenn sich's nicht vermeiden läßt ...

SOHN: Charlys Vater, der kennt wen, der hat 'n Mietshaus, nicht? Und da läßt er keine einzige Familie mit Kindern rein. Der fragt alle Leute erst, ob die etwa 'n Kind kriegen wollen! Aber in seinem Zimmer hat er lauter Bilder von 'ner Riesenfamilie in Südamerika. Da schickt er dauernd Geld hin, und die schreiben ihm dann. Der kennt da nämlich irgend so 'n Mönch.

VATER: Das wird wohl kein Mönch sein, sondern ein katholischer Pater, der sich um die Armen kümmert. Und denen geht es ja auch sehr, sehr viel schlechter als irgendeiner Familie hier in Deutschland.

SOHN: Kann ja sein. Aber Charly sagt, sein Vater sagt, was der macht, ist echt schizo ...

VATER: Das ist nicht «schizo» ..., sondern logisch! Je näher einem die lieben Nächsten sind, desto mehr gehen sie einem auch auf die Nerven. Und da setzt dann der ganz natürliche Selbsterhaltungstrieb ein. Wenn du mal älter bist, wirst du das auch noch merken.

SOHN: Glaub ich nicht.

Alis Geschwister sind übrigens überhaupt nicht laut, wenn sie spielen.

VATER *gleichgültig*: Wie schön für ihre Eltern.

SOHN: Ich meine, die werden d i c h auch bestimmt nicht stören.

VATER: Wobei denn bitte?

SOHN: Überhaupt so. Wenn sie heut nachmittag zu uns in den Garten kommen ...

VATER: Sag mal, bist du ganz und gar von Gott verlassen? Glaubst du, ich lasse mir meinen Garten von einer ganzen Horde von Gören zertrampeln, mit denen ich nicht mal anständig reden kann?

Du rufst die jetzt sofort an und sagst ab!

SOHN: Geht nicht, die haben kein Telefon.

VATER: Dann fährst du hin und regelst das!

SOHN: Schaff ich nicht mehr, die wohnen viel zu weit.

VATER: Dann werden sie eben zurückfahren, sobald sie hier angekommen sind, zum Donnerwetter noch mal!

Du weißt genau, daß du erst zu fragen hast, bevor du jemanden einlädst.

SOHN: Das haben wir doch heute früh in der Schule verabredet. Weil Herr Schröder gesagt hat, wer 'n Garten hat, der soll die andern mal einladen!

VATER: So, hat Herr Schröder gesagt! Der hat wohl keinen Garten, wie?

SOHN: Nee.

VATER: Das kann ich mir denken. Aber so, wie der Herr sich das vorstellt, geht's ja auch nicht. Und wenn diese Türken anmarschieren sollten ... wie viele sind das überhaupt?

SOHN: Fünf.

VATER: Noch nicht mal 'n halbes Dutzend? Da haben sich die Eltern ja mächtig zurückgehalten!

SOHN: Versteh ich nicht ...

VATER: Das will ich dir auch geraten haben. Jedenfalls – wenn die kommen, gehst du mit ihnen auf den Spielplatz, verstanden?

SOHN: Mann! Was sollen die denn denken?

VATER: Die sollen denken, daß zu uns nicht jeder kommen kann wie in ... in einen Gemüseladen! Andere Länder, andere Sitten!

SOHN *leise vor sich hin*: Scheißsitten ...

VATER: Hast du was gesagt?

SOHN: Nein! – Ich denk nur was.

VATER: Daran kann dich niemand hindern.

SOHN: Was passiert eigentlich, Papa, wenn du mal irgend 'n Nächsten brauchst?

VATER: Hör doch bloß auf mit deinem «Nächsten». Man denkt ja, man hat einen Pfarrer zu Besuch.

SOHN *unbeirrt*: Das möcht ich wirklich wissen, ob das dann klappt!

VATER: Was soll denn «klappen»??

SOHN: Daß dann irgend 'n reicher Mann in Indien eine Spende für dich macht!

Erlaubte Spiele

SOHN: Papa, Charly hat gesagt, sein Vater hat gesagt, er fragt sich, was die Leute eigentlich für Kinder haben wollen ...

VATER: Was werden sie schon für Kinder haben wollen? Nette, freundliche Kinder natürlich, die ihre Eltern nicht vorzeitig ins Grab bringen!

SOHN: So werden sie die aber nicht kriegen ...

VATER: Was heißt so?

SOHN: Wenn sie sie mit lauter Horror spielen lassen!

VATER: Wer, um Himmels willen, läßt seine Kinder denn mit Horror spielen?!

SOHN: Viele. Sonst wären die Hersteller ja schon pleite, wenn sie ihren Scheiß nicht loswerden würden!

VATER: Welchen ...? *Wütend, weil er fast wiederholt hätte:* Hab ich dir nicht verboten, dieses Wort zu benutzen?

SOHN: Wie soll man denn sonst sagen zu einem Spiel mit Henkerbeil und Knochen und Särgen und Skeletten und so was alles!

VATER: So ein Spiel soll es geben?

SOHN: Ja. Haben sie schon Reklame für gemacht. «Wer die meisten Knochen zwischen den schwingenden Äxten vorholt, ist Sieger!» Soll der Renner im Weihnachtsgeschäft werden!

VATER: Das ist wirklich ein starkes Stück. Aber schließlich wird ja niemand gezwungen, solchen Schund zu kaufen. Und dann auch noch zu Weihnachten ... Wer wird seinen Kindern so was zu Weihnachten schenken ...

SOHN: Charly sagt, sein Vater sagt, wenn sie so was nicht kaufen, dann kaufen sie 'n ferngesteuertes Kampfflugzeug oder 'n Panzer, der Feuer spuckt.

VATER: Das ist ja nun wieder etwas ganz anderes.

SOHN: Wieso?

VATER: Das sollte dir doch einleuchten. So etwas wie Henkerbeile gehörte einer überwundenen Zeit an. Das gibt es bei uns nicht mehr. Und natürlich ist das ohnehin keine Materie, mit der sich Kinder befassen sollten.

SOHN: Aber mit Panzern sollen sie sich befassen?

VATER: Überhaupt nicht, wenn's nach mir geht. Aber immerhin sind das Dinge, die in unsere Realität gehören, die es gibt. Und solange etwas in der Welt der Erwachsenen existiert, wird es auch auf irgendeine Weise in die Spielwelt der Kinder Eingang finden.

Kleine Pause.

SOHN: Dann könnten sie ja auch Spiele machen, wo Kinder von Autos überfahren werden! Mit Bahren und Leichen und Rollstühlen und ...

VATER *unterbricht*: Hörst du bitte auf! Was hast du denn für eine abwegige Phantasie!

SOHN: Du hast doch gesagt, daß Kinder mit allem spielen können, was es wirklich gibt.

VATER: So habe ich das nicht gesagt! Ich habe das nur in bezug auf die nun mal existierenden Waffensysteme gesagt.

SOHN: Waffen find ich aber viel schlimmer zum Spielen, weil ... also Unfälle macht ja keiner mit Absicht; aber mit den Panzern, da ...

VATER *unterbricht*: Mit denen will auch niemand ernsthaft umgehen. Du weißt genau, daß unsere Waffen nur dazu da sind, um Kriege zu verhindern.

SOHN: Und warum sollen die Kinder dann damit spielen?

VATER: Wer sagt denn, daß sie sollen?! Kein Mensch sagt das!

SOHN: Und warum werden dann Spielpanzer und Maschinengewehre und alles verkauft?

VATER: Weil man in einer freien Wirtschaft niemanden hindern kann, etwas zu produzieren, wovon er sich einen Gewinn verspricht.

SOHN: Da könnten sie ja auch gleich 'nen kleinen Rauschgift-Kasten für Kinder produzieren! Mit kleinen Spritzen und 'nem bißchen Stoff und ...

VATER *dazwischen*: Rede gefälligst nicht so töricht daher. Selbstverständlich darf nichts für Kinder produziert werden, was ihnen schadet!

SOHN: Du meinst also, die Panzer schaden ihnen nicht?

VATER: Natürlich nicht. Das ist Kindern doch ganz egal, ob sie mit einem ferngesteuerten Feuerwehrauto rumfahren oder mit einem Panzer.

SOHN: Und warum kriegen sie dann kein Feuerwehrauto?

VATER: Weil sie vermutlich schon eins haben! Und weil sie nun was Neues und was andres haben wollen!

SOHN: Ja und ...?

VATER: Was heißt ja und?

SOHN: Ich meine – wieso kriegen die Kinder denn auf einmal, was sie wollen? Kriegen sie ja sonst auch nicht!

VATER: Daß ich nicht lache. Ich würde sagen, sie kriegen fast alles, was sie wollen!

SOHN: Aber doch bloß, wenn die Eltern das auch wollen.

VATER: Das sollte man hoffen, ja.

SOHN: Also wollen die Eltern, daß die Kinder mit Kriegssachen spielen!

VATER: Mein Gott, nun hör doch schon auf! Generationen von Kindern haben mit Soldaten und Gewehren ge-

161

spielt. Du brauchst ja nur an dieses alte Weihnachtslied zu denken ... wie geht es denn gleich ... *Er summt leise und die Melodie suchend vor sich hin.* «Komm doch, lieber Weihnachtsmann, komm mit deinen Gaben ...» *Dann singt er laut*: «Trommeln, Pfeifen und Gewehr und ein ganzes Kriegesheer ...», da hast du es!

SOHN: Weiß ich ja, daß die Kinder immer mit so was gespielt haben.

VATER: Na also.

SOHN: Und wenn sie groß waren, dann haben sie richtigen Krieg gemacht – sagt Charlys Vater.

VATER: Es haben doch nicht alle Krieg gemacht, die mal ein Holzgewehr in der Hand hatten!

SOHN: Aber es war doch immer wieder Krieg. Und dann haben sie geschossen.

VATER: Weil sie mußten. Und nicht, weil es ihnen Spaß gemacht hätte.

SOHN: Aber Charly sagt, sein Vater sagt, wenn man Kinder von kleinauf an was gewöhnt, dann machen sie es später auch – ohne Nachdenken!

VATER: Dann hätte ich dich mal rechtzeitig daran gewöhnen sollen, den Mund zu halten und nur zu reden, wenn du gefragt wirst ...

SOHN *unbeirrt*: Er sagt, erst spielen sie mit all solchem Horror, und dann machen sie ernst. Weil sie gefühlskalt und aggressiv geworden sind!

VATER: Und ich sage dir, das ist alles Blödsinn! Da haben sich so ein paar Superpsychologen mal wieder wichtig gemacht. Kein Mensch will je wieder Krieg. Schließlich haben alle erlebt, zu welchem Elend das führt.

SOHN: Die Kinder haben das doch nicht erlebt.

VATER: Aber ihre Eltern und Großeltern. Und denen reicht das ein für allemal.

SOHN: Und warum kaufen sie dann Kriegsspielzeug?

VATER: Du wiederholst dich. Weil Kinder alles haben wollen, was sie sehen!

SOHN: Wenn's das Kriegsspielzeug nicht gäbe, könnten's die Kinder auch nicht sehn.

VATER: Sehr weise bemerkt.

SOHN: Und warum ist es dann nicht verboten?

VATER: Es ist nicht verboten, weil wir in einer freien Wirtschaft leben.

SOHN: Aber sonst ist doch vorn und hinten alles verboten!

VATER: Wer hat dir denn das eingeredet? Bei uns ist gerade nur so viel verboten, wie für ein vernünftiges Zusammenleben zwischen den Menschen erforderlich ist.

SOHN: Da hast du neulich aber anders geredet ...

VATER: Wann bitte ...

SOHN: Als du vor Omas Haus auf dem Bürgersteig geparkt hast und gleich 'n Strafzettel dran war.

VATER: Das war ja auch lächerlich. Auf dem breiten Bürgersteig hat der Wagen keinen Menschen gestört!

SOHN: Sag ich doch, daß es lauter unnütze Verbote gibt.

VATER: Jede Entscheidung hat eben ihre unvernünftigen Seiten.

SOHN: Und warum ändert man die nicht, die unvernünftigen Seiten?

VATER: Wird ja gemacht; aber das hat seine Grenzen. Das ist wie ... na, wie bei einem Kleidermodell. Wenn man immerzu dran herumändert, dann stimmt zum Schluß das ganze Modell nicht mehr. Und es gibt eben auch so etwas wie ein Staatsmodell.

SOHN: Und dieses Staatsmodell stimmt nicht mehr, wenn's kein Kriegsspielzeug gibt?

VATER: Wenn Kriegsspielzeug verboten würde! Das ist ein Unterschied!

SOHN: Na schön. – Dann werd ich mir zum Geburtstag eben einen Panzer wünschen!

VATER: Und was soll das beweisen?

SOHN: Gar nichts. Aber dann kann den wenigstens kein andrer kaufen!

VATER: Vielleicht wartest du bitte mit deinen engagierten Aktionen, bis sie dein Geld kosten, ja?

SOHN: Oder ich geh ins Kaufhaus und probier die Dinger aus und mach sie ein bißchen kaputt!

VATER: Untersteh dich! Glaubst du, ich will Schadenersatz und Strafe zahlen?!

SOHN: Charly hatte noch 'ne andre Idee: er hat gesagt, wir wollen uns neben dem Kriegsspielzeug aufstellen mit einem Schild, und da schreiben wir drauf, wo man diesen Mist gegen anständiges Spielzeug umtauschen kann!

VATER: Na, das versucht mal! Da schmeißen die euch aber hochkant raus, und zwar ganz schnell!

SOHN: Wieso denn? Wenn wir weiter gar nichts machen?

VATER: Das ist doch geschäftsschädigend!

SOHN: Klar, soll's ja auch.

VATER: Und so was ist natürlich verboten!

SOHN: Also – da kann man wirklich nur staunen …

VATER: Worüber?

SOHN: Was so verboten ist und was nicht!

Alles Nervensache

SOHN: Papa, Charly hat gesagt, sein Vater hat gesagt, er könnte nie Minister oder so was sein!

VATER: Na, so ein Jammer! Und ich hoffte schon, er würde sich als Kanzlerkandidat aufstellen lassen ...

SOHN: Du brauchst gar nicht so zu tun, als ob er zu blöd dafür wäre!

VATER: Nun komm, ja? Vielleicht hast du's auch 'ne Nummer kleiner?!

SOHN: Wieso denn?! Ich finde, er könnte sehr gut irgendso 'n hoher Politiker sein ...

VATER: Ja, ja; aber solange das außer dir nicht noch ein paar andere Leute finden, wird daraus wohl nichts werden ...

SOHN: Er sagt ja sowieso, er könnte das nicht. Und weißt du, warum nicht?

VATER: Ja, ich denke, ich weiß es!

SOHN: Weißt du gar nicht. Es ist nämlich wegen dem Beleidigtsein.

VATER: Ich gebe mich geschlagen. Darauf wäre ich nicht gekommen!

SOHN: Siehst du. Er sagt, wenn ihn jemand so bepöbeln und beleidigen und miesmachen würde ... den würde er nicht mehr mit dem Hintern angucken!

VATER: Das wird von Politikern auch nicht verlangt, soviel ich weiß ...

SOHN: Ich finde das aber auch echt schizo, daß da einer die gemeinsten Sachen über einen andern sagen kann, und dann sitzen die wieder zusammen an einem Tisch und grinsen in die Kamera!

VATER: Das ist eben der kleine Unterschied zwischen Privatleuten und Politikern – unter anderem! Politiker können es sich nicht leisten, den Beleidigten zu spielen, nur weil ihr Gegner sie mal ein bißchen hart angefaßt hat.

SOHN: Das sind ja gar nicht bloß die Gegner. Charlys Vater sagt, manche machen das auch mit ihren Freunden.

VATER: Mit ihren Parteifreunden, meinst du …

SOHN: Ist doch dasselbe …

VATER: Das ist durchaus nicht dasselbe. In der Politik gibt es – genau wie im Geschäftsleben – eine Menge Zweckfreundschaften. Die entstehen einfach dadurch, daß man sich gegenseitig braucht, ohne daß man sich deswegen besonders sympathisch sein müßte.

SOHN: Aber wenn man einen braucht, dann dürfte man den doch gerade nicht beleidigen, oder?

VATER: Natürlich nicht! Wer einen anderen beleidigt, wird vermutlich glauben, daß er ihn nicht mehr braucht. Für den Augenblick wenigstens.

SOHN: Und wenn er ihn dann doch braucht?

VATER: Dann hat er Pech gehabt. Wird er sich eben entschuldigen müssen – oder was weiß ich …

SOHN: Was würdest du denn machen, Papa? Würdest du Herrn Lüdicke noch helfen, wenn der von dir gesagt hätte, du bist ein aufgeblasenes Arschloch?

VATER: Hörst du auf mit solchen Ausdrücken! Ich will das nicht noch einmal von dir hören!

SOHN: Ich sag das ja gar nicht! Das hat 'n Politiker gesagt.

VATER: Dann kümmere du dich bitte nicht darum.

SOHN: Ich mein ja bloß … würdest du mit Herrn Lüdicke noch reden, wenn er gesagt hätte, du bist …

166

VATER *dazwischen*: Nein, das würde ich natürlich nicht. Und das kann ich mir als Privatmann auch leisten. Von meiner Beziehung zu Herrn Dr. Lüdicke hängt schließlich nicht das Wohl und Wehe eines ganzen Staates ab.

SOHN: Und wenn er sagen würde, du bist großkotzig und erbärmlich und unfähig und reif für die Nervenanstalt?

VATER: Du hast ja offenbar ein fabelhaftes Gedächtnis für diese Beschimpfungen, die dir Charlys Vater beigebracht hat! Spar dir dein gutes Gedächtnis lieber für die Schule auf, verstanden?!

SOHN: Das kann ich ja vielleicht mal für den Geschichtsunterricht gebrauchen.

VATER: Ehe das Geschichte wird, bist du hoffentlich aus der Schule raus!

SOHN: Jedenfalls ... Charlys Vater sagt, früher hätten die sich reihenweise im Duell erschossen, wegen solchen Beleidigungen.

VATER: Dann soll er sich doch freuen, daß die Zeiten wenigstens in dieser Hinsicht besser geworden sind! Heute nimmt man das eben nicht mehr so wichtig, was einer im Zorn sagt. Außerdem sind das auch alles so rausgepolkte einzelne Worte! Stell dir bitte mal vor, wieviel ein Politiker im Laufe eines einzigen Tages reden muß. Und jedes Wort, das er von sich gibt, wird von irgend jemandem sofort festgehalten.

SOHN: Dann müßte er doch gerade besonders vorsichtig sein, oder?

VATER: Die meisten sind das ja auch. Solche ... solche Anfälle sind gottlob nicht die Regel.

SOHN: Charly sagt aber, sein Vater sagt, das wird immer noch schlimmer.

VATER: Vielleicht freut er sich auch noch darüber, wie?

SOHN: Gar nicht. Er wundert sich bloß. Er sagt, wenn er seine Betriebskollegen so madig machen würde, dann hätten sie ihn schon gefeuert – wegen Versauen von Betriebsklima oder so!

VATER: Feuern, mein Lieber, kann man immer nur jemanden, der ersetzbar ist!

SOHN: Du meinst, die sind nicht ersetzbar, die so rumpöbeln?

VATER: Vermutlich nicht.

SOHN: Wofür braucht man die denn?

VATER: Wofür wohl?! Für irgendein politisches Amt eben.

SOHN: Da braucht man Leute, die sich schlecht benehmen?

VATER: Stell gefälligst nicht so törichte Fragen. Man braucht sie natürlich nicht, weil sie die Neigung haben, aus der Rolle zu fallen, sondern obwohl das gelegentlich passiert. Das ist ja auch alles Nervensache.

SOHN: Du meinst, wer andre beleidigt, hat schlechte Nerven?

VATER: Könnte man annehmen, ja.

SOHN: Ich denke, Politiker müssen besonders gute Nerven haben! Sagst du doch immer.

VATER: Sie haben ja im allgemeinen auch gute Nerven. Bewundernswert gute Nerven. Sonst könnten sie wohl keine Nacht ein Auge zutun – bei allem, was sie sich den Tag über anhören müssen.

SOHN: Aufgeblasenes Arschloch und so was ...

VATER: Hab ich dir nicht deutlich gesagt, daß ich das nicht noch mal hören will?!

SOHN: Da kannst du mal sehen. Du regst dich schon auf, wenn du so was bloß hörst. Wenn das nun erst einer von dir sagen würde!

VATER: Das möchte ich keinem geraten haben!

SOHN: Da bist du genau wie Charlys Vater.

Unbehaglicher Brummton des Vaters.

Aber wenn du Politiker wärst, dann müßtest du mit so einem Typen vielleicht am nächsten Tag verreisen und müßtest im Flugzeug neben ihm sitzen.

VATER *dickköpfig*: Vielleicht würde ich mich auch woanders hinsetzen, denk mal an!

SOHN: Dann würden doch gleich alle merken, daß ihr Krach habt.

VATER: Dann würden sie's eben merken.

SOHN: Aber dann würde man doch denken, daß ihr zusammen gar keine Politik mehr machen wollt!

VATER: Also jetzt hör auf, dir den Kopf über die Querelen der Politiker zu zerbrechen. Das ist ja wieder mal entsetzlich mit dir! Politiker stehen in der Verantwortung und müssen sich entsprechend in der Gewalt haben und immer wieder zusammenraufen, und nun Schluß!

SOHN: Ich denke, das ist alles eine Nervensache?

VATER *ermüdet*: Ja doch – hörst du jetzt bitte auf?

SOHN: Und die, die pöbeln, haben keine guten Nerven, hast du gesagt.

VATER: Offenbar nicht, nein.

SOHN: Aber die Verantwortung haben sie trotzdem, oder?

VATER: Ja, die haben sie. Und man kann wohl annehmen, daß sie sich in kritischen, gefährlichen Situationen – in außenpolitischen vor allem –, daß sie sich dann beherrschen können.

SOHN: So plötzlich?

VATER: Was heißt so plötzlich?

SOHN: Wenn sie das noch nie geübt haben?

Schwein oder Nichtschwein

SOHN: Papa, Charly hat gesagt, seine Schwester hat gesagt, neulich war sie auf der Sparkasse, und da hat ein ganz kleines Kind sein Sparschwein abgegeben!

VATER: Na, wie schön ...

SOHN: Nee, gar nicht schön. Charlys Schwester fand das richtig pervers!

VATER: Also, dieses Wort streich mal ganz schnell aus deinem Vokabular, ja?

SOHN: Das «pervers»? Ist das denn unanständig?

VATER: Nein, aber es ist ein für Kinder noch völlig überflüssiges Fremdwort.

SOHN: Du sagst doch sonst immer, ich soll mir Fremdwörter merken, weil das zur Bildung gehört.

VATER: Also, dieses brauchst du dir nicht zu merken, und außerdem paßt es in Verbindung mit einem Sparschwein sowieso überhaupt nicht!

SOHN: Was soll ich denn sonst dafür sagen?

VATER: Am besten gar nichts. Laß das Kind mit seinem Sparschwein machen, was es will und fertig.

SOHN: Aber das darf ja gerade nicht machen, was es will.

VATER: Wieso denn nicht?

SOHN: Glaubst du vielleicht, ein kleines Kind, das noch nicht mal zur Schule geht, das will sein Sparschwein abgeben?

VATER: Warum nicht? Wenn die Eltern ihm erklärt haben, worum es dabei geht ...

SOHN: Worum geht es denn?

VATER: Na, es geht darum, daß man sein Geld nicht verplempert, sondern auf ein Sparbuch legt, damit es Zinsen
trägt.

SOHN: Kleine Kinder verstehen doch nichts von Zinsen.

VATER: Dann muß man ihnen das erklären – so gut es
geht.

SOHN: Wie denn?

VATER: Na, wie würdest du es denn erklären – du hast ja
schließlich schon Zinsrechnung gehabt in der Schule.
Was sind Zinsen?

SOHN: Zinsen sind – wenn das Geld von allein immer
mehr wird. Ohne daß man arbeiten muß.

VATER: Also, diese Definition hört sich mal wieder ganz
nach Charlys Vater an!

SOHN: Stimmt daran was nicht?

VATER: Daran stimmt einiges nicht!

SOHN: Was denn?

VATER: Also erstens: bevor man Geld auf die Bank bringen kann, damit es Zinsen trägt, muß man ja schon mal
gearbeitet haben!

SOHN: Aber 'n Kind doch nicht.

VATER: Ach so, na ja ... Schön, ein Kind hat natürlich
noch nicht gearbeitet – aber es hat das Geld vielleicht
auch auf irgendeine Weise «verdient».

SOHN: Womit denn? Mit Tischabdecken oder Mülleimer-
Wegbringen?

VATER: Ja, zum Beispiel.

SOHN: Also, ich hab fürs Mülleimer-Wegbringen noch nie
Geld gekriegt!

VATER: Das wäre ja auch noch schöner! Ich meine, für
einen so großen Jungen wie dich ist das ja wohl eine
Selbstverständlichkeit!

SOHN: Ich sag ja auch gar nichts. Du hast doch damit an-

171

gefangen, daß Kinder ihr Sparschweingeld auch verdient haben.

VATER: Wenn du unbedingt von noch kleineren Kindern reden willst, bitte: Dann waren die vielleicht besonders artig und haben ihre Eltern mal fünf Minuten in Ruhe reden lassen, ohne dazwischenzuquasseln!

SOHN: Hab ich auch noch nicht gehört, daß ein kleines Kind Geld in die Sparbüchse gekriegt hat, bloß weil es still gewesen ist …

VATER: Das spielt ja auch alles gar keine Rolle! Ist ja völlig egal, wie und warum das Geld in die Sparbüchse gekommen ist. Manche Kinder haben ja vielleicht auch gar keine Sparbüchse!

SOHN: Dann können die sie sowieso nicht auf die Bank bringen. Wenn sie keine haben.

VATER: Allerdings nicht, nein!

SOHN: Aber das hat doch Charlys Schwester gerade so aufgeregt, daß man kleine Kinder schon mit ihrem Sparschwein zur Bank jagt!

VATER: Sag doch gleich «prügelt»! Mit dicken Stöcken zur Bank prügelt …

SOHN: Aber von allein kommen sie bestimmt nicht auf die Idee!

VATER: Natürlich nicht! Von allein kommen Kinder auf keine einzige vernünftige Idee. Aus diesem Grunde muß man sie bekanntlich er-zie-hen!

SOHN: Und was ist da für 'ne Erziehung bei, wenn man einem Kind sein richtiges Geld wegnimmt und ihm dafür so 'n Sparbuch mit lauter Zahlen gibt?

VATER: Mit Zahlen kann man gar nicht früh genug umzugehen lernen. Und durch ein Sparbuch lernt ein Kind, daß es klug ist, sein Geld nicht für irgendeinen Firlefanz auszugeben, sondern es zu sammeln, bis eine … nen-

nenswerte Summe daraus geworden ist. Und zu diesem Zweck gibt man es eben am besten auf eine Bank oder Sparkasse, damit man nicht in Versuchung gerät, es doch wieder auszugeben.

SOHN: Und wegen der Zinsen.

VATER: Richtig.

SOHN: Charlys Schwester sagt, das ist unpädagogisch, weil – sie sagt, davon wird ein Kind geldgierig und geizig.

VATER: Das ... ist doch mal wieder, um an die Decke zu gehen! Leute, die sparen, müssen doch nicht ...

SOHN: Kinder! Kinder, nicht Leute.

VATER: Kinder sind auch Leute, und wer spart, muß absolut nicht geizig oder geldgierig sein, im Gegenteil! Nur wenn man etwas gespart hat, kann man auch großzügig sein und ... sagen wir, einem Freund zum Geburtstag etwas Schönes kaufen.

SOHN: Da kann man auch sein Sparschwein zerkloppen, wenn man das will.

VATER: Sag mal, stellst du dich jetzt extra dumm, oder verstehst du wirklich nicht, worum es geht?

SOHN: Klar versteh ich. Das Geld ist auf der Bank sicherer, wegen der Versuchung. Und außerdem gibt's Zinsen.

VATER: Na also.

SOHN: Und warum soll ein Kind nicht lieber gleich Eis kaufen von seinem Geld oder ... seinem Vater zum Geburtstag einen Schlips schenken?

VATER: Also, den Schlips, den du mir zum Geburtstag geschenkt hast – und über den ich mich sehr gefreut habe! –, den hättest du mir auch schenken können, wenn du dein Geld nicht in der alten Zigarrenkiste aufbewahren würdest, sondern, wie ich dir schon oft geraten habe, auf der Bank. Dann hättest du nämlich – wenn du schon eine Weile gespart hättest – den Schlips sogar von den

173

Zinsen bezahlen können! Und er hätte dich sozusagen keinen Pfennig gekostet.

SOHN: Keinen Pfennig?

VATER: Weil – also noch mal von vorn, das ist ja entsetzlich mit dir: Wenn du, sagen wir mal, 200 Mark auf der Bank gehabt hättest ...

SOHN: Wovon denn 200 Mark?

VATER: Vom Sparen, Donnerwetter noch mal! Also: Du hast 200 Mark auf der Bank. Dann bekommst du dafür im Jahr, ungefähr ... also fast 10 Mark Zinsen. Und davon hättest du mir schon einen sehr hübschen Schlips schenken können. Und den hätte dann, genaugenommen, die Bank bezahlt.

SOHN: Hättste denn deinen Geburtstagsschlips lieber von der Bank gekriegt als von mir?

VATER: Also – ich geb's auf. Behalte dein Geld in der Zigarrenkiste und mach damit, was du willst!

SOHN: Das sagt Charlys Schwester doch auch! Daß Kinder mit ihrem Geld machen sollen, was sie wollen.

VATER: Vielleicht wollen ja manche Kinder ihr Geld sehr gerne auf die Bank bringen!

SOHN: Weil sie denken, das wird immer mehr und mehr, und sie müssen überhaupt nie arbeiten in ihrem Leben?

VATER: So einen Blödsinn werden sie wohl nicht denken. Wer sollte ihnen das denn erzählt haben?

SOHN: Wenn sie noch so klein sind? Und die Eltern erzählen ihnen was von Zinsen – dann kann es doch sein ...

VATER: ... es kann auch sein, daß sie denken, die Goldstücke fallen vom Himmel, wenn sie nur ihre ganzen Kleider auf der Straße verschenken, bis sie im Hemd dastehen!

SOHN: Also, wenn sie das denken, das wäre jedenfalls besser!

VATER: Das wär besser? Wenn sie an dieses Märchen glauben?

SOHN: Klar. Dann würden sie doch lernen, daß man mitleidig sein muß und großzügig ... anstatt auf seinem Sparbuch zu sitzen!

VATER: Vielleicht erinnerst du dich gütigst daran, daß im Leben keine Goldstücke vom Himmel fallen! Und daß jemand, der im Hemd dasteht, eben im Hemd dasteht und eine Lungenentzündung kriegt! Weiter nichts!

SOHN: Ich denke, Märchen haben immer so 'ne gute Moral? Du hast mir doch auch immer Märchen vorgelesen, wie ich noch klein war.

VATER: Ja, hab ich. Aber vielleicht hätte ich das besser lassen sollen ...

SOHN: ... und mich lieber mit meinem Sparschwein zur Bank geschickt?

VATER: Also, wenn du noch lange redest, kriegst du keine müde Mark mehr von mir!

SOHN: Ich sag ja gar nichts mehr. Bloß noch eine Frage ...

VATER: Was denn nun noch ...

SOHN: Fändste das wirklich besser, wenn ich mir bei jeder Mark gleich die Zinsen ausrechnen würde?

Üb immer Treu und Redlichkeit

SOHN: Papa, Charly hat gesagt, sein Vater hat gesagt, die Deutschen sitzen heute alle im Glashaus ...

VATER: So. Hat er das gesagt. Ich für meinen Teil sehe noch ziemlich viele geschlossene Wände um mich herum.

SOHN: Er sagt, es gibt kaum noch einen, der ’n Stein schmeißen dürfte ...

VATER: Steine schmeißen ist ohnehin kein geeignetes Mittel zur Auseinandersetzung. Also was soll das?

SOHN: Weil man das doch so sagt: «Wer im Glashaus sitzt, soll nicht mit Steinen schmeißen!»

VATER: Das habe ich inzwischen schon begriffen, daß es um dieses Sprichwort geht! Im übrigen heißt es «werfen» und nicht «schmeißen».

SOHN: Na schön. Jedenfalls sagt Charlys Vater, daß heute keiner mehr Mein und Dein auseinanderhalten kann.

VATER: Was heißt «keiner»? Da schließt Charlys Vater wohl wieder mal aus seinen Kreisen auf alle anderen! Die Leute, die ich kenne, können Mein und Dein noch sehr gut auseinanderhalten. Das möchte ich doch mal ganz deutlich gesagt haben!

SOHN: Das wär aber ’n mächtiger Zufall ...

VATER: Das ist überhaupt kein Zufall, das ergibt sich selbstverständlich aus dem Umgang, den man hat.

SOHN: Dann mußt du immer gerade den ersten kennen ...

VATER: Welchen ersten?

SOHN: Charlys Vater hat ’ne Statistik gelesen. Und da stand drin, daß jeder zweite Deutsche klaut.

VATER: Nicht zu glauben, womit sich die Herren Statisti-
ker an die Öffentlichkeit wagen! Was sitzen denn da für
Leute? Sind die nicht mal mehr imstande, ihre eigenen
Kommafehler zu erkennen?! Jeder zweite! Jeder zwei-
hundertste, das könnte vielleicht hinkommen ... und
auch das wäre schon schlimm genug!

SOHN: Nee, jeder zweite.

VATER: Also jetzt verschone mich bitte, ja? Denk doch
mal selbst nach: wenn es so wäre, müßten wir ja fast so
viele Gefängnisse wie Wohnhäuser haben!

SOHN: Wieso denn? Die kriegt doch gar keiner.

VATER: Also wieder mal eine von diesen «Statistiken», die
auf reinen Mutmaßungen beruhen. Das haben wir gern!

SOHN: Aber Papa, du mußt bei «klauen» doch nicht bloß
an die denken, die sich im Kaufhaus was einstecken, oder
die jemandem das Portemonnaie wegnehmen!

VATER: An wen soll ich denn sonst denken, bitte schön?
Vielleicht an jemanden, der seinen Kollegen das Bier aus-
trinkt? Oder seiner Oma, ohne zu fragen, ein Stück Kon-
fekt wegißt?

SOHN: Nee, aber zum Beispiel an einen, der von seiner
Baustelle 'n Stein mit nach Haus nimmt.

VATER: Einen Stein?

SOHN: Na ja, erst mal einen und dann noch einen und immer so weiter ...

VATER: Jaja, und kaum sind zehn Jahre vergangen, schon
kann er sich in seinem Schrebergarten ein Klohäuschen
bauen! Der reinste Mafiaboß, so ein Mann!

SOHN: Na hör mal, Papa! Du sagst doch sonst immer, es
gibt keine Kleinigkeiten und alles ist eine Sache des Prin-
zips. Und geklaut ist geklaut! – Außerdem kann man mit
Steinen ein tolles Regal bauen. Hab ich mir doch auch
gemacht ...

VATER: Und wo hattest du die Steine her?

SOHN: Keine Angst, hab ich mir vom Müllplatz geholt.

VATER: Ach so.

SOHN: Hast du eigentlich nie was geklaut, Papa?

VATER: Allerdings nicht, nein.

SOHN: Auch nicht als Kind? Ich denke, früher haben die Kinder immer Äpfel geklaut?

VATER: Ich mache mir nichts aus Äpfeln, wie du weißt.

SOHN: Und was ist mit Mama? Hat die mal geklaut?

VATER: Mit Sicherheit nicht.

SOHN: Hm ... eigentlich müßte ich dann mal was klauen ...

VATER: Du bist wohl nicht ganz bei Trost?!

SOHN: Aber wir sind doch schon drei! Und wenn jeder zweite Deutsche klaut und von uns keiner – dann bringen wir ja die ganze Statistik durcheinander!

VATER: Nun mach keine dummen Witze, ja? Das ist kein Thema zum Herumalbern. Außerdem habe ich dir ja schon gesagt, was ich von dieser Statistik halte.

SOHN: Der Freund von Charlys Schwester sagt, von den Leuten, die er so kennt, die in irgendeinem Betrieb arbeiten, da kann er alles kriegen. Die bringen ihm das einfach mit, Elektrokabel oder Farbe oder was vom Auto, da denken die sich gar nichts dabei.

VATER: Wenn sie erwischt werden, werden sie sich schon etwas dabei denken!

SOHN: Ja, wenn ...

VATER: Im übrigen zeigt das nur mal wieder, welchen Umgang Charly und seine Schwester haben. Traurig ist das.

SOHN: Charly sagt, sein Vater sagt, in besseren Kreisen wird genauso geklaut – bloß anders.

VATER: Natürlich! «Was ich denk und tu, trau ich andern zu!»

178

SOHN: Er sagt, die gehen mit ihrer Freundin schick essen und spendieren ihr Sekt und so was alles – und dann lassen sie sich 'ne Rechnung geben und schicken die der Steuer.

VATER: Er meint, sie setzen die Rechnung dann als Spesen ab. Ich würde sagen, Charlys Vater versteht etwas zuwenig von unserem sehr komplizierten Steuersystem, um mitreden zu können.

SOHN: Aber du sagst das doch auch! Neulich hast du selber zu Mama gesagt, daß alle Leute die Steuer beschummeln …

VATER: So habe ich das bestimmt nicht gesagt.

SOHN: Nee, du hast «bescheißen» gesagt.

VATER: Also ich verbitte mir ein für allemal deine … deine Einmischung in meine Gespräche! Hast du verstanden?!

SOHN: Ja doch. Ich wollte ja nur sagen, daß du das auch gesagt hast, mit der Steuer das. Du hast gesagt, daß die dich eigentlich doppelt bezahlen müßten, weil du auch noch Detektiv sein mußt. Weil in jeder Steuererklärung irgendein faules Ei ist.

VATER: Nun mach du dir mal keine Sorgen um meine Arbeit, ja? Die wirklich faulen Eier, die finde ich schon …

SOHN *nach einer Pause*: Charly sagt, bei ihnen im Nebenhaus, da hat ein ganz feiner alter Herr gewohnt, so 'n richtiger Gelehrter. Der hatte auch irre viele Bücher. Und als er gestorben ist, da haben sie gemerkt, daß in fast allen Büchern irgendein Stempel war, von Bibliotheken und Schulen und so … hat der einfach alle behalten!

VATER: Sag mal, wie viele Geschichten willst du mir eigentlich noch erzählen, wie? Und vor allen Dingen: Wozu bitte?

SOHN: Charlys Vater findet, daß jeder mal überlegen soll,

was er selber so alles macht, bevor er sich über irgend 'n kleinen Einbrecher aufregt.

VATER: Also, ich rege mich über Einbrecher, Diebe und Betrüger auf, so lange und so oft ich will! Wäre ja noch schöner, wenn Charlys Vater darüber zu befinden hätte!

SOHN: Kannste ja ruhig.

VATER: Verbindlichsten Dank. Zu gütig!

SOHN *angriffslustig*: Aber dann soll der blöde Herr Weber seinen angebrannten Teppich gefälligst selber bezahlen!

SOHN: Was faselst du da?!

VATER: Hab ich doch gehört, daß der dich gefragt hat, ob man nicht so tun kann, als ob i c h das war. Weil ihr doch so 'ne Versicherung für mich habt!

SOHN: Da hast du irgend etwas total falsch verstanden! Dr. Weber hat lediglich mal darüber gesprochen ... wie manche Leute derartige Dinge regeln. Weil es ja auch leider ein sehr wertvoller Teppich ist ... und jetzt kümmere dich zur Abwechslung mal wieder um d e i n e Angelegenheiten, bitte! Und ein bißchen frische Luft könnte dir auch nicht schaden!

SOHN: Ich muß sowieso noch mal weg. Was für die Schule kaufen. Kannst du mir bitte zwanzig Mark geben?

VATER: Zwanzig Mark?! Das ist ja wohl ein bißchen reichlich, oder? Was brauchst du denn überhaupt?

SOHN: Na – erst mal 'ne ganze Menge Papier, weil wir gerade lernen, was man alles falten kann. Und dann 'ne große Tube Klebstoff und 'ne Papierschere. Die ist teuer, hat Herr Schröder gesagt; aber Mama will mir ihre nicht geben für die Schule.

VATER: Und für wann brauchst du das alles?

SOHN: Warte mal ... für ... nein, morgen haben wir kein Werken – für übermorgen. Aber morgen hab ich keine Zeit zum Kaufen.

VATER: Brauchst du auch nicht. Ich bring dir alles morgen mit.

SOHN: Ich kann doch jetzt noch losgehen.

VATER: Nicht nötig, ich mach das schon. Du kannst mich ja morgen früh noch mal dran erinnern ...

SOHN: Die Schere darf aber höchstens zwanzig Zentimeter lang sein, hat Herr Schröder gesagt. Damit wir uns nicht gegenseitig die Augen ausstechen!

VATER: Auf den Zentimeter wird es wohl nicht ankommen. Ich werde sehen, was ich im Bü ... was ich auftreiben kann. – Ist noch irgendwas?

SOHN: Nee. Ich wundere mich bloß ...

VATER: Und worüber?

SOHN: Daß du nicht glauben willst, daß jeder zweite Deutsche klaut!

Sprachverwirrung

SOHN: Papa, Charly hat gesagt, sein Vater hat gesagt, die Leute müssen viel mehr auf die Sprache aufpassen!

VATER: Also, da hat er wirklich recht! Da bin ich ausnahmsweise völlig mit ihm einig!

SOHN: Echt?

VATER: Na, da haben wir's doch schon. Was heißt «echt»? Warum sagst du nicht «wirklich» oder «tatsächlich»? Das wären sprachlich einwandfreie Wörter!

SOHN: «Echt» ist doch genauso gut. Bloß nicht so altmodisch wie «tatsächlich» oder so was ...

VATER: «Echt» ist eben nicht genauso gut. Weil es ein Modewort ist, das nach gewisser Zeit wieder verschwindet.

SOHN: Dann brauchst du dich ja nicht aufzuregen, wenn's sowieso wieder verschwindet.

VATER: Es verschwindet mir aber nicht schnell genug! Und bis dahin hast du vermutlich eine Menge anderer Wörter vergessen und deine Sprache ist verarmt.

SOHN: Wieso denn verarmt? Kommen ja dauernd neue Wörter dazu.

VATER: Die sind aber leider keine Bereicherung.

SOHN: Aber die sind ganz ehrlich.

VATER: Na klar: «echt ehrlich», aii!

SOHN: Ich meine, die verschleiern nichts!

VATER: Natürlich nicht. Die Jugend sagt ja immer, «was Sache ist»! Auch wenn sie bloß noch Wort-Brocken ausspuckt: «Mein Macker hat 'n *crash* gebaut!»

SOHN: Wo hast 'n das aufgeschnappt??

VATER: An einem Kiosk. Mitteilung eines jungen Mädchens an ihre Freundin. Kannst du's übersetzen?

SOHN: Klar. Ihr Freund hat 'n Autounfall gehabt; und er war selber schuld.

VATER: Na, wunderbar.

SOHN: Charlys Vater sagt, ihm ist es lieber, einer sagt «affengeil», als daß er von «Minus-Wachstum» faselt!

VATER: Was ist das denn für ein Vergleich??

SOHN: Die Politiker erfinden nämlich auch immerzu neue Wörter. Aber die sollen den Leuten bloß das Gehirn vernebeln.

VATER: Jetzt bleib mal bitte sachlich, ja?

SOHN: Charlys Vater sagt, da läuft 'ne richtige Verdummungskampagne!

VATER: Du sollst sachlich bleiben, hab ich gesagt!

SOHN: Na, sag doch selbst, Papa: Anstatt «Geschäfts-Rückgang», oder so was, sagen sie «Minus-Wachstum»!

VATER: Ja, ja ein besonders ... exakter Ausdruck ist das nicht ...

SOHN: So was sollte ich mal im Aufsatz schreiben! Da würde aber was am Rand stehen: Bitte logisch denken! Entweder «minus» oder «Wachstum»!

VATER: Ich habe bereits gesagt, daß das keine sehr geschickte Formulierung ist!

SOHN: Und wie find'ste «Schadensqualität»?

VATER: Schadensqualität? In welchem Zusammenhang ist dieser Begriff denn gebraucht worden?

SOHN: Da haben sie im Fernsehen von Giften geredet, mit der irgendso 'ne Fabrik rumsaut, und ...

VATER: ... na!

SOHN: ... und dann haben sie gesagt, das eine Gift hat eine besondere Schadensqualität. Mama ist bald ausgeflippt!

VATER: Dazu gehört bei Mama ja nicht viel ...

SOHN: Sie hat gesagt, wenn sie «Qualität» hört, dann erwartet sie was Anständiges!

VATER: Und wenn sie «Schaden» hört, dann weiß sie gleich, daß es sich nur um Unerfreuliches handeln kann! – Man muß eben genau hinhören.

SOHN: Wollen die ja gar nicht, daß man genau hinhört.

VATER: Wer ist «die»?!

SOHN: Na, die sich diese Täusche-Wörter ausdenken. Keine Ahnung, wer das macht.

VATER: «Täusche-Wörter» ... Das Kind muß ja schließlich einen Namen haben.

SOHN: Aber doch keinen, wo man denkt, ein Mädchen is ein Junge oder umgekehrt, oder ... wo man denkt, es ist ein Hund!

VATER: Noch was??

SOHN: Na, wenn man zum Beispiel ein Kind «Wuffi» nennen würde, oder «Bello», oder ...

VATER: ... genug rumgesponnen, ja?!

SOHN: Du hast dich aber auch schon aufgeregt über so beknackte Bezeichnungen!

VATER: Ich? Wann denn?

SOHN: Als die sich das mit dem gepumpten Geld ausgedacht hatten, was sie nicht wiedergeben wollten!

VATER: Ach, du meinst diese Diskussion über die «nicht rückzahlbare Anleihe»? Na ja, das war in der Tat eine etwas unglückliche Bezeichnung ...

SOHN *kleine Pause, dann eifrig*: Ich weiß noch 'n ganz gemeines Wort, Papa!

VATER: Gemeine Wörter will ich nicht hören!

SOHN: Ich sag dir aber eins: «Freisetzen»! Die sagen doch glatt «freisetzen», wenn sie einen entlassen!

VATER: Sprachlich gesehen ist das ganz korrekt. Der

«Freigesetzte» ist schließlich nicht mehr an seine Firma gebunden.

SOHN: Aber der ist doch arbeitslos, Papa!

VATER: Ja doch! Es freut sich ja auch niemand darüber.

SOHN: Aber «freigesetzt», das klingt, als ob der jetzt gleich Urlaub auf den Bahamas machen kann.

VATER: Wie es auch klingt – jeder weiß, was gemeint ist.

SOHN: Jeder bestimmt nich. Und bei anderen Wörtern schon gar nich.

VATER: Die Auffassungsgabe der Menschen ist eben unterschiedlich.

SOHN: Aber wenn die einen extra auf 'ne ganz falsche Fährte locken?

VATER: «Falsche Fährte» ... Winnetou läßt grüßen!

SOHN *unbeirrt*: Und je gefährlicher was is, desto mehr tarnen sie die Wörter!

VATER *nimmt den Sohn jetzt nicht mehr ernst*: Auch noch «tarnen»! Da setzen sie den Wörtern wohl ein kleines Zauberkäppchen auf, und: Simsalabim! ...

SOHN: Das is gar nich komisch. Und weißte, was die größte Frechheit des Jahrhunderts ist? «Entsorgungspark»! Da soll man echt denken, das is 'n großer Garten vom Altenheim oder so was. Und dabei ist es ...

VATER *wütend*: ... ich weiß, was es ist! Und irgendwo muß der Atommüll ja auch bleiben! Aber wenn die Anwohner «Atommülldeponie» hören, dann regen sie sich doch gleich auf!

SOHN: Die müssen sich ja auch aufregen! Weil das ja strahlt bis in alle Ewigkeit, dieses Atomzeug. Das is ätzend tödlich, Papa!

VATER: Das ist ja fürchterlich!

SOHN: Sag ich doch!

VATER: Deine Ausdrucksweise ist fürchterlich!

SOHN: Meine?? Und was is «Entsorgungspark»?

VATER: Eine Einrichtung, die nun mal so heißt, weiter nichts!

SOHN: Die heißt doch nich von alleine so. Muß sich doch jemand ausdenken so 'n Wort.

VATER: Das machen die mit der Materie Beschäftigten, vermutlich ...

SOHN: Charlys Vater sagt, die müssen da so 'n richtiges Arbeitsbeschaffungsprogramm haben. Mit lauter neuen Berufen!

VATER: Und was sollen das für «neue Berufe» sein?

SOHN: Eben was die so brauchen: Augenwischer, Ablenker, Vernebler, Schönfärber, Verharmloser, Ver ...

VATER: ... zähl mal lieber auf, was wir schon haben und garantiert nicht brauchen: Schwarzmaler, Launeverderber, Miesmacher ...!

SOHN: Die brauchen wir auch nich, nee.

VATER: Na also!

SOHN: Wir brauchen ganz andre Typen, sagt Charlys Vater ...

VATER: Was für Typen?

SOHN: Durchblicker und Aufklärer! Und davon jede Menge!

Die wichtigste Eigenschaft

SOHN: Papa, Charly hat gesagt, seine Schwester hat gesagt, die Eltern könnten sich die ganze Erzieherei sparen, wenn sie ...

VATER *unterbricht*: Wenn sie ihre Kinder rechtzeitig im Waisenhaus abgeben würden. Sehr richtig.

SOHN: Ach Papa! Du solltest lieber mal zuhören, das ist nämlich sehr interessant, was sie sagt!

VATER: Für wen interessant? Doch höchstens für ein paar Teenager, die keine Ahnung haben, was Erziehung bedeutet!

SOHN: Wieso sollen die denn keine Ahnung haben? Die werden doch dauernd erzogen!

VATER: Fragt sich nur, wie.

SOHN: Da hast du recht, das fragt sich. Weil die meisten Eltern immer das Wichtigste vergessen!

VATER: Da hast du wieder recht! Die meisten Eltern vergessen heute das Wichtigste: Ihren Kindern im richtigen Moment mal den Hintern zu versohlen!

SOHN: Na sag mal, jetzt redest du ja wie der alte Schröder!

VATER: Wer ist denn das?

SOHN: Na, unser alter Hausmeister. Der, der den Kindern immer Ohrfeigen verpaßt hat und wo dann die Eltern dafür gesorgt haben, daß er gefeuert wurde!

VATER: Er wurde nicht gefeuert, er wurde vorzeitig in Pension geschickt. Der Mann war magenkrank und hatte keine Nerven mehr für Kinder.

SOHN: Ja, und du hast im Elternausschuß gesagt ...

VATER: Danke, ich weiß, was ich gesagt habe. – Ich denke, du wolltest mir die neuesten Erkenntnisse von Charlys Schwester unterbreiten.

SOHN: Mach ich ja. – Was glaubst du, Papa – was muß man Kindern beibringen, damit sie mal gut durchs Leben kommen?

VATER: Na, in erster Linie ja wohl Lesen und Schreiben.

SOHN: Nee, das ist ja Lernen! Ich meine mehr die Eigenschaften, wie «hilfsbereit» oder «nett» oder so was.

VATER: Das sind keine Eigenschaften, sondern Verhaltensweisen, und die müssen auch erst mal gelernt werden.

SOHN: Meinetwegen. – Also, Papa? Was findest du wichtig? Ich meine, wie soll ich zum Beispiel werden?

VATER: Ja nun – wie sollst du werden? «Tüchtig», hoffe ich, und «fleißig» und «or-dent-lich», wenn's möglich wäre; und wie du ja schon selbst gesagt hast: «hilfsbereit», und vielleicht könnte man auch noch «höflich» dazunehmen. Das kann ja auch nichts schaden.

SOHN: Hab ich mir gedacht.

VATER: Was hast du dir gedacht?

SOHN: Daß du so was sagen würdest.

VATER: Hast du vielleicht erwartet, ich wünsche mir, daß du faul wirst, schlampig, egoistisch und ... und dumm und eitel womöglich?!

SOHN: Nein doch! Aber Charly sagt, seine Schwester sagt, diese ganzen einzelnen Sachen – wie «ordentlich», «fleißig» und so was – die kann man sich sparen, die sind gar nicht wichtig ...

VATER: Na wunderbar! Und was ist dann bitte wichtig, nach der Meinung dieser fortschrittlichen Möchtegern-Pädagogin?? Daß man kluge Sprüche klopfen kann und immer jemanden findet, der einem das Nichtstun und die Flausen bezahlt, wie?!

SOHN: Gar nicht. Charlys Schwester meint bloß, man braucht Kinder nur eine einzige Eigenschaft beizubringen! Alles andere ergibt sich dann schon!

VATER: Nun mach's nicht so spannend.

SOHN: Willst du nicht mal raten?

VATER: Nein.

SOHN: Na schön. Also: Das einzige, was ein Kind haben muß, ist Phantasie.

VATER: Phantasie?? Damit es sich noch mehr Unfug ausdenken und noch bessere Ausreden erfinden kann?? Man glaubt es nicht!

SOHN: Das kommt bloß daher, daß du nicht genug Phantasie hast, Papa!

VATER: Ich h a b e Phantasie, mein lieber Junge! Ich kann mir nämlich sehr gut vorstellen, was bei solcher Erziehung herauskommen würde!

SOHN: Kannst du eben nicht. Wenn man nämlich die richtige Phantasie hat, dann kann man sich auch vorstellen, daß ... na, zum Beispiel ... alte Leute nicht so viel Krach vertragen können; und dann ist man von ganz allein 'n bißchen leiser.

VATER: Was du nicht sagst ...

SOHN: Jawohl! Und wenn man Phantasie hat, dann kann man sich denken, wie einem zumute ist, der stottert oder schielt oder sonst was hat, und dann ärgert man den nicht auch noch.

VATER: Wunderbar. Dann darf ich wohl davon ausgehen, daß du dich in Zukunft nicht so anstellen wirst, wenn du Frau Weber helfen sollst, ihren Mann im Rollstuhl zu fahren? Dazu hat's ja bisher noch nicht gelangt mit deiner Phantasie!

SOHN *kleinlaut*: Na ja, ist auch nicht so einfach, sich das alles richtig vorzustellen.

VATER: Dann üb mal schön. Dann kannst du dir hoffentlich auch bald vorstellen, wie Eltern zumute ist oder Lehrern.

SOHN: Die sagen einem ja sowieso dauernd, was sie denken und was sie wollen. Aber wenn man Phantasie hat,
dann kann man sich vorstellen, wie sich jemand fühlt,
der 'ne ganz blöde Fließbandarbeit machen muß und
der in 'ner miesen Wohnung wohnt und nie genug Geld
hat ...

VATER: Na und? Was soll das nützen, wenn man sich das
alles vorstellen kann? Damit ist doch noch keinem geholfen!

SOHN: Dann muß man natürlich noch überlegen, wie man
dem helfen kann. Da braucht man wieder Phantasie!

VATER: Mit anderen Worten: wenn man sich die spezielle
Phantasie von Charlys Schwester erworben hat, dann ist
man pausenlos damit beschäftigt, sich um anderer Leute
Angelegenheiten zu kümmern!

SOHN: Für sich selber braucht man die Phantasie genauso!

VATER: Klar, damit einem einfällt, wie man seine Eltern
dazu kriegt, daß sie einem jeden Unfug kaufen, den man
irgendwo gesehen hat!

SOHN: Also Papa, ich muß schon sagen, du hast 'ne ganz
schön verdorbene Phantasie!

VATER: Nun werd mal nicht unverschämt!

SOHN: Ist doch wahr. Immer siehst du alles bloß schlecht!

VATER: Das ist nun mal die unvermeidliche Folge einer
größeren Lebenserfahrung.

SOHN: Dabei willst du doch auch immer, daß mir was einfällt!

VATER: Woran denkst du?

SOHN: Wenn ich mich mal langweile, dann sagst du immer: «Setz dich doch hin und male irgendwas Schönes!»

190

VATER: Dieser Ratschlag dürfte doch ganz im Sinn von Charlys Schwester sein, oder? Training der Phantasie.

SOHN: Du sagst das dann aber bloß, um mich loszuwerden, und dann hab ich auch keine Lust.

VATER: Und was soll ich deiner Meinung nach tun? Dir vielleicht was vormalen?

SOHN: Wäre gar nicht schlecht. Du könntest was anfangen und ich müßte dann weitermalen, und dann könnten wir vergleichen, was jedem von uns eingefallen ist.

VATER: Mach doch so was mit deinen Freunden!

SOHN: Mit dir wäre das sicher spannender. – Und du könntest mir ja auch Geschichten erzählen und mich fragen, was ich denke, wie es weitergeht!

VATER: Was denn für Geschichten?

SOHN: Irgendwelche – aus dem Leben eben. Wo jemand nicht weiß, was er machen soll oder so was.

VATER: Sei du lieber froh, daß du dich mit den Problemen des Lebens noch nicht zu befassen brauchst. Du wirst noch früh genug in Situationen kommen, wo du nicht weißt, was du machen sollst!

SOHN: Da ist es doch besser, ich hab schon ein bißchen geübt!

VATER: Das wird dir wenig nützen, weil die Situationen immer wieder anders sind.

SOHN: Da brauch ich dann doch extra viel Phantasie! Charly sagt, seine Schwester sagt, die Erwachsenen von heute, die können bloß hoffen, daß uns Kindern mal was einfällt. So versaut, wie die uns die Welt hinterlassen!!

VATER: Was sagt die Göre da?? Versaute Welt?? Da kann man doch nur immer wieder sagen: Euch geht's zu gut! Ihr wißt überhaupt nicht mehr zu schätzen, was ihr alles habt!

SOHN: Klar wissen wir das! Aber kannst du dir nicht vorstellen, daß uns 'ne Welt ohne den ganzen Industriedreck lieber wäre?

VATER *höhnisch*: Und ohne Kassettenrecorder und Plattenspieler und Heizung und Warmwasser?? Nein, das kann ich mir allerdings nicht vorstellen!

SOHN: Na ja. Deine Eltern haben das eben auch nicht gewußt ...

VATER: Was sollen sie nicht gewußt haben??

SOHN: Daß Phantasie das Wichtigste von allem ist!

Was uns zu teuer ist

SOHN: Papa? Charly hat gesagt, sein Opa hat gesagt ...

VATER *stöhnt*: Jetzt auch noch sein Opa!

SOHN: Aber unser Opa hat genau dasselbe gesagt.

VATER: Und warum erzählst du mir dann nicht, was unser Opa gesagt hat? Warum bemühst du dann Charlys Opa?

SOHN: Weil Charlys Opa es zuerst gesagt hat. Aber unser Opa hat es auch gesagt.

VATER: Das erwähntest du bereits. Und was haben die beiden Opas nun gesagt?

SOHN: Das Gerede von dem «Wirtschaftswachstum» – haben sie gesagt –, also, diese ganzen Zahlen, das ist die reine Gehirnverkleisterung.

VATER: So! Haben sie das gesagt! Vielleicht hat da schon eine kleine Verkleisterung im Gehirn der Opas stattgefunden, wie??

SOHN: Wie redest du denn von deinem Vater? Das sollte ich mal machen!

VATER: Das möchte ich dir nicht geraten haben! Dazu gebe ich dir nämlich keinen Anlaß. – Im übrigen habe ich diese Bemerkung auch nur im Hinblick auf diese eine Behauptung von Opa gemacht. Es gibt ja wohl nichts Objektiveres als Zahlen. Und wenn die Zahlen besagen, daß ein Wachstum stattgefunden hat, dann hat es auch stattgefunden!

SOHN: Den Zahlen kannste aber nich ansehen, was da alles gewachsen ist. Und Charlys Vater sagt ...

VATER: ... ach, nun plötzlich wieder Charlys Vater!

SOHN: Klar. Der ist sich ja mit seinem Vater immer einig.

VATER: So? Dann nimm dir daran mal ein Beispiel.

SOHN: Wenn du dir auch ein Beispiel nimmst – und mit Opa immer einig bist?

VATER: Also, lassen wir das jetzt – wir kommen ja sonst gar nicht weiter ...

SOHN: Mit diesem «Wachstum» kommen wir auch nich weiter, sagt Charlys Vater, weil da jeder Mist drin ist.

VATER: Das ist kein «Mist», das ist das Ergebnis harter, ehrlicher Arbeit der gesamten Bevölkerung!

SOHN: Aber viele müssen ja gerade w e g e n dem Mist hart arbeiten!

VATER: Vielleicht definieren wir jetzt erst mal «Mist», oder?!

SOHN: «Mist» ist, wenn Autos zusammenkrachen, oder wenn ein Hotel brennt, oder ... wenn sie wieder Gift in den Rhein geschüttet haben, oder ...

VATER: ... danke, danke. Es ist alles klar. Und?

SOHN: Hab ich doch gesagt! Wenn so was alles passiert, dann müssen ganz viele Leute arbeiten, um den Schaden wieder hinzukriegen. Und die werden alle bezahlt.

SOHN: Sag ich doch. Und dann sind die auch alle drin in diesem Bruttoprodukt.

VATER: Bruttosozialprodukt.

SOHN: Jedenfalls – Charlys Opa sagte: Je mehr Katastrophen, desto mehr muß repariert werden. Total unproduktiv, sagt er, aber wird alles als «Wachstum» verkauft!

VATER: «Verkauft» wird da überhaupt nichts. Diese Zahlen gehören eben rein in die Statistik.

SOHN: Und wenn eine Hausfrau nachts nich mehr schlafen kann, sagt der Opa, weil sie nich weiß, wie sie noch was Gesundes kochen soll ...

VATER: ... dann kauft sie sich ein neues Kochbuch, und der Buchhändler hat verdient, und ...

SOHN: ... da hilft doch kein neues Kochbuch, wenn die Milch nich mehr gesund ist! Nee, wenn die Frau nich mehr schlafen kann, dann muß sie zum Psycho-Doktor!

VATER: Der kann doch ihr Milchproblem nicht lösen!

SOHN: Nee, aber Geld kriegt er trotzdem. Und dann ist er – hokuspokus! – auch in der Statistik für Wachstum!

VATER: Ja, «hokuspokus»! Das ganze Gerede ist Hokuspokus! Man kann aus einer Statistik nicht nur die Horrorbeispiele rausziehen!

SOHN: Der Horror kommt ja erst noch.

VATER: Na, fein!

SOHN: Weil die nämlich immer mehr von diesen Ekel-Videos herstellen; wo du zugucken kannst, wie einer lebendig zerschnippelt wird, oder ...

VATER: ... daß ich gegen solche Scheußlichkeiten bin, weißt du ganz genau, also was soll das?!

SOHN: Hab ich doch gar nicht gesagt, daß du diese Folter-Videos gut findest! Aber da werden immer mehr von verkauft. Und das ist dann auch Wachstum und der Staat freut sich!

VATER: Der freut sich überhaupt nicht! Zumal diese Negativbeispiele nur einen Bruchteil des gesamten Bruttosozialprodukts ausmachen! Einen Bruchteil!!

SOHN: Aber Charlys Opa sagt ...

VATER: ... und jetzt werde i c h dir mal sagen, wie zum Beispiel penetrante Kinder zum Wirtschaftswachstum beitragen: wenn sie nämlich ihren Vater lange genug genervt haben, dann braucht der einen Cognac, und im Wiederholungsfall noch einen, und dann muß er alle paar Tage eine neue Flasche kaufen und kurbelt damit die Wirtschaft an!

SOHN: Sehr schönes Beispiel, Papa, echt! Das hat Opa nämlich auch gesagt: Da saufen sich Millionen Alkis langsam um den Verstand, sagt er, und die Schnapsfabrikanten sind ganz stolz auf ihre Produktionssteigerung! Wachstum!

VATER: Ja, Himmelherrgott noch mal! Einen Mißbrauch von Produkten kannst du natürlich nie verhindern! Und du kannst den Anstieg ... unerfreulicher Gewinnvoraussetzungen, also ... du kannst ganz allgemein Unerfreuliches eben nicht rauspulen aus der Wachstumsstatistik!

SOHN: Die Japaner pulen.

VATER: Was?!

SOHN: Die pulen wenigstens das Schlimmste schon mal raus.

VATER: Und was bitte?

SOHN: Opa hat gelesen, die ziehen die ganzen Umweltschäden ab und die verbrauchten Rohstoffe. Und dann haben sie kein Bruttoprodukt mehr.

VATER: Sondern?

SOHN: Einen ... Netto ... Sozialumstand. Nee! «Wohlstand», nich «Umstand». Einen Nettosozialwohlstand.

VATER: Na schön, rechnen sie eben «netto». Na und? Ändert das was?

SOHN: Das ändert die Statistik. Die sieht dann gleich nich mehr so toll aus. Mit Wachstum und so.

VATER: Das ist doch auch bloß Pippifax! Deswegen haben sie die Unfälle und die Video-Scheußlichkeiten trotzdem drin! Und ihren Reisschnaps und ihre Geishas und was weiß ich alles! Hör mir auf mit den Japanern! Unterm Strich enthält ihre Wachstumsstatistik genausoviel Mist wie unsere!

SOHN *verblüfft*: Bitte, wenn du meinst ... Ist eben überall der gleiche Mist drin.

196

VATER: Das kann man auch nicht ändern! So traurig das ist. Man bezahlt eben für alles! Und Wirtschaftswachstum hat eben seinen Preis!

SOHN: Sagt Charlys Opa auch.

VATER: Na also!

SOHN: Er hat echt dasselbe gesagt, was du zu Mamas neuem Wintermantel gesagt hast. Komisch, nich?

VATER: Was soll ich denn gesagt haben – zu Mamas Mantel?

SOHN: «Sehr schön», hast du gesagt, «aber der Preis ist viel zu hoch!»

Wer soll das bewohnen?

SOHN: Papa, Charly hat gesagt, seine Schwester hat gesagt, die bauen an allem vorbei!

VATER *gelangweilt*: Sollen sie vielleicht durch alles mittendurch bauen, oder drüber oder drunter oder was?

SOHN: Also, Papa, leg doch mal die blöde Zeitung weg!

VATER: Um mir die blöden Ansichten von Charlys Schwester anzuhören?

SOHN: Die sind nicht blöd; die bauen wirklich echt an allem vorbei!

VATER: Wer ist überhaupt «die»?

SOHN: Die so bauen eben. Die Bauleute.

VATER: Die Baufirmen, meinst du wohl. Und woran bauen sie nun angeblich vorbei?

SOHN: An dem, was die Leute wollen.

VATER: Welche Leute?

SOHN: Die in den Wohnungen wohnen müssen.

VATER: Was heißt wohnen müssen? Wohnen dürfen! Kein Mensch zwingt jemanden, in irgendeine bestimmte Wohnung einzuziehen.

SOHN: Gibt doch aber so wenig Wohnungen. Da kann man doch gar nicht mehr aussuchen.

VATER: Eben. Und keine Ansprüche stellen vor allem. Wie hätte es Charlys Schwester denn gern? Vielleicht zwei Badewannen nebeneinander? Damit die heutzutage so dringliche Kommunikation nicht unterbrochen wird?

SOHN: Nee, aber die Zimmer müßten größer sein. Und dann auch mehr Zimmer, sechs oder sieben oder so.

VATER: Phantastisch! Die Ansprüche der heutigen Jugend steigen wirklich noch schneller als die Baupreise! Sechs oder sieben Zimmer! Eins zum Wohnen, eins zum Essen, eins zum Schlafen, eins zum Arbeiten – falls es dazu mal kommen sollte – und dann natürlich eins zum Festefeiern und … vielleicht eins zum Rollschuhlaufen, wie?

SOHN *sachlich*: Kinderzimmer hast du vergessen.

VATER: Ah, richtig, Verzeihung. Und das muß natürlich auch riesig sein, damit das liebe Kind seine Bausteine unverklemmt durch die Gegend feuern kann. Hat Charlys Schwester zufällig auch mal überlegt, wie sie so eine Wohnung bezahlen will?

SOHN: Die will sie ja gar nicht allein bezahlen.

VATER: Ach, sollen sich mal wieder die Eltern krummlegen für solche Allüren?

SOHN: Doch nicht die Eltern!

VATER: Vielleicht der Freund oder Typ oder Macker oder wie man das heute nennt?

SOHN: Vielleicht heiratet sie ja auch richtig …

VATER: Wie auch immer. Auf jeden Fall könnte kein Partner von Charlys Schwester eine so aufwendige Wohnung bezahlen.

SOHN: Die will doch gar nicht zu zweit einziehen. Da sollen doch noch andre mit rein.

VATER: Ach, so ist das! Eine Wohngemeinschaft. Damit's nicht so langweilig wird mit immer demselben Mann.

SOHN: Nee, damit's billiger wird.

VATER: Was wird denn billiger, wenn man so eine Riesenwohnung finanzieren muß?

SOHN: Die brauchen doch dann bloß eine Waschmaschine und einen Tiefkühlschrank und einen Staubsauger und so was alles.

VATER: Das interessiert doch die Baugesellschaft nicht, ob

die Mieter sich gegenseitig ihre Kochtöpfe pumpen oder ihre Zahnbürsten! Das Bauen bleibt gleich teuer!

SOHN: Gar nicht. Weil man ja in drei kleinen Wohnungen drei Küchen und drei Badezimmer braucht und in einer großen bloß eine Küche und ein Badezimmer und vielleicht noch 'n Klo extra.

VATER: Und mit wem soll der Vermieter den Vertrag machen? Soll er seiner Miete vielleicht bei drei Parteien hinterherlaufen?

SOHN: Wieso denkst du denn schon wieder, die bezahlen nicht?

VATER: Dazu gehört nicht viel Phantasie.

SOHN: Aber zum Bauen gehört Phantasie, sagt Charlys Schwester! Und die Bauleute haben überhaupt keine. Immer wieder die beknackten zweieinhalb Zimmer, und dann rein mit Ehepaar und Kind, und dann kann denen ruhig die Decke auf den Kopf fallen!

VATER: Trauriges Zeichen, wenn denen die Decke auf den Kopf fällt! Sehr trauriges Zeichen, wenn sich nicht mal mehr junge Eheleute selbst genug sind! Wenn sie dauernd Jubel und Trubel um sich haben müssen!!

SOHN: Wieso denn Jubel und Trubel? Die wollen's bloß praktischer haben. Daß sie sich mit Kochen und Einkaufen abwechseln können und mit Babysitten und so was.

VATER: Wenn sie solche Lebensvorstellungen haben, sollen sie sich doch selbst ein Haus bauen. Da können sie dann mit einer ganzen Fußballmannschaft zusammenwohnen, wenn ihnen das Spaß macht.

SOHN: Kann doch nicht jeder 'n Haus bauen. Soviel Platz gibt's ja gar nicht.

VATER: Tja, nun ...

SOHN *will ihn ärgern*: Hat ja auch nicht jeder 'ne reiche Tante zum Beerben ...

VATER: Was soll diese dumme Bemerkung?!

SOHN: Hast du doch selbst gesagt, daß Tante Lisa gerade im richtigen Moment gestorben ist, weil wir sonst das Haus nicht ...

VATER *dazwischen*: Rede nicht so einen Unfug, so einen haarsträubenden! Wir hatten immerhin keine verstiegenen Vorstellungen von sieben Riesenzimmern! Wir wollten nichts weiter, als daß du in frischer Luft und mit Garten aufwächst!

SOHN: Mama hätte aber auch gern 'n Babysitter gehabt. Weil sie sich nie wegrühren konnte.

VATER: Gut, daß dir bei dieser Gelegenheit mal auffällt, welche Opfer Eltern bringen müssen, wenn sie kleine Kinder haben.

SOHN: Hätte Oma nicht zu uns ziehen können?

VATER: Die hätte sich schön bedankt! Oma war doch noch keine alte Frau, als du Baby warst. Die hätte doch niemals auf ihre Selbständigkeit und ihre eigenen vier Wände verzichtet.

SOHN: Genau das hat Charlys Schwester auch gesagt: daß die so bauen müssen, daß 'ne Oma oder 'n Opa Lust haben, mit reinzuziehen.

VATER: Und wie stellt sie sich das vor?

SOHN: Sie sagt, man braucht Wohnungen, wo noch 'ne Ein-Zimmer-Wohnung innendrin ist. Mit 'ner kleinen Küche und Bad und 'ner Zwischentür zum Zumachen. Weil die alten Leute kein Anhängsel sein wollen. Und weil sie auch nicht fragen wollen, ob es paßt, wenn sie jetzt baden!

VATER: Zu deutsch: eine separate Einliegerwohnung! Was glaubst du denn, was das wieder kosten würde??

SOHN: Kann's doch ruhig. Bezahlt doch die Oma. Die muß ja sowieso 'ne Wohnung bezahlen.

VATER: Das Risiko liegt aber erst beim Bauunternehmer. Wenn der dann auf seinen Omawohnungen sitzenbleibt, ist er der Dumme.

SOHN: Charlys Schwester sagt, so was wollen 'ne Menge Leute. Weil das überhaupt dufte ist, auch ohne Oma. Da kann ja auch 'n Student wohnen, der mal Babysitter macht. *Eifrig:* Und wenn die Kinder groß sind, dann können die da rein. Brauchen sie nicht gleich auszuziehen, wenn's mit den Eltern nicht mehr hinhaut!

VATER: Na wunderbar! Großartige Aussichten für die Eltern. Wenn sie ihrem Kind mal die Meinung sagen, weil es sich die halbe Nacht rumtreibt, dann verlangt es gleich das Apartment! Zur besseren Selbstverwirklichung!

SOHN: Nun reg dich doch nicht auf! Charlys Schwester ist auch mit 'ner Freundin zusammengezogen. Und bezahlen tut sie ihre Wohnung auch fast allein, weil sie bei alten Leuten saubermacht.

VATER: Ist sie also doch Putzfrau geworden. Ich dachte, sie wollte studieren! Na, kann mir ja auch egal sein!

SOHN: Die studiert schon noch! Und sie sagt, mit so 'ner Innendrinwohnung kann das immer so weitergehen. Nachher kann einer von den Eltern drin wohnen …

VATER: Ja, natürlich, wenn sich einer der beiden schon totgeärgert hat!

SOHN: Worüber denn?

VATER: Ach, hör auf. Mondschlösser sind das alles. Und es wird sich auch niemand darum kümmern …

SOHN: Warum denn nicht? Wenn das doch die Bedürfnisse sind?

VATER: Bedürfnisse! Jeder denkt heute bloß noch über seine Bedürfnisse nach! Das ist direkt schon krankhaft!

SOHN: Du hattest doch auch das Bedürfnis, schön zu wohnen!

VATER: Ich hatte nicht das Bedürfnis, ich hatte die Möglichkeit dazu!

SOHN: Weil Tante Lisa gestorben ist ...

VATER: Ich hätte es auch ohne Tante Lisa geschafft! Dann hätte eben alles ein bißchen länger gedauert und wir hätten alle zurückstecken müssen. Du auch, mit deinen zahlreichen Bedürfnissen!

SOHN: Hast du denn keine Bedürfnisse?

VATER: O doch, gerade jetzt zum Beispiel, hätte ich das dringende Bedürfnis, dich loszuwerden!

SOHN: Hättste eben auch so 'ne Extrawohnung hier reinbauen sollen.

VATER: Für dich vielleicht??

SOHN: Für mich doch nicht. Für Opa. Opa will mich nie loswerden! Der redet mit mir, so lange ich will.

VATER: Dann geh doch hin zu ihm und rede mit ihm.

SOHN: Ich renne doch nicht dauernd ins Heim ...

VATER: Da wohnt er nun aber mal ...

SOHN: Müßt er aber nich!

VATER: Was soll das heißen?!

SOHN: Ich mein ja nur ... vielleicht hast du auch an unseren Bedürfnissen vorbeigebaut!

Lügen ohne Risiko

SOHN: Papa – Charly hat gesagt, sein Vater hat gesagt, Lügen haben lange Beine!

VATER: Also, wenn er euch schon Sprichwörter beibringt, dann soll er das auch richtig machen. Es heißt: «Lügen haben kurze Beine.» Kurze!

SOHN: Nee! Lange.

VATER: Nein kurze! Das Sprichwort soll doch ausdrükken, daß es sich nicht lohnt zu lügen, weil binnen kurzem doch die Wahrheit an den Tag kommt. Eine Lüge hält sich also nur kurz, daher: Kurze Beine.

SOHN: Heute halten sich Lügen aber ganz lange. Daher: Lange Beine.

VATER: Wieso sollen sich Lügen denn heute länger halten als früher??

SOHN: Weil die Belogenen kein gutes Gedächtnis haben.

VATER: Da ist ja schon wieder ein Sprichwort total verdreht worden! Es heißt: Lügner müssen ein gutes Gedächtnis haben; nicht die Belogenen. Weil Lügner sich ja merken müssen, wann, wo und inwiefern sie gelogen haben. Wenn sie das durcheinanderbringen, kommt die Lüge ja raus.

SOHN: Charlys Vater sagt aber, heute wird soviel gelogen – das kann sich keiner mehr merken. Und darum müssen die Belogenen das gute Gedächtnis haben.

VATER: Warum sollte denn heutzutage mehr gelogen werden als früher?? Die Menschen haben – leider – zu allen Zeiten nicht immer die Wahrheit gesagt.

SOHN: Aber heute gibt's viel mehr Möglichkeiten.

VATER: Wieso denn das?

SOHN: Na, wegen Fernsehen und Radio und den tausend Zeitungen. Da passen doch viel mehr Lügen rein, als wenn einer bloß seinen Nachbarn anschwindelt.

VATER: Langsam würde es mich ja mal interessieren, mit welchen Beispielen Charlys Vater seine Behauptung untermauert hat. Wirklich, sehr interessieren würde mich das! Also?

SOHN: Ach, da war so vieles ... Er hat gesagt ...
Der Junge spricht jetzt recht schnell und unbetont:
Abrüsten wollten sie, und den Wald retten wollten sie, und Tiere schützen wollten sie, und die Arbeitslosen wegkriegen wollten sie, und moralisch werden wollten sie ... haben sie alles gesagt!

VATER: Gesagt und auch getan! – In den Ansätzen zumindest ...

SOHN: Die Arbeitslosen sind schon mal m e h r geworden.

VATER: Und dennoch war die Absichtserklärung keine Unwahrheit! Weil man das differenzieren muß.

SOHN: Differenzieren? – Kommt das von «Differenz»? Haben die sich so gestritten, daß deswegen nix ...

VATER: ... nein! Stopp, das ist alles Unsinn! «Differenzieren» heißt soviel wie: die Dinge im einzelnen sehen. So sind, beispielsweise, im einzelnen auch tatsächlich Arbeitsplätze geschaffen worden.

SOHN: Und warum sind die Arbeitslosen nicht weniger geworden?

VATER: Weil gleichzeitig eine Menge Arbeitsplätze verlorengegangen sind. Durch – notwendig gewordene – Rationalisierung.

SOHN: Haben sie das nicht vorher gewußt mit der Rationalisierung?

205

VATER: Sagen wir, man mußte damit rechnen.

SOHN: Und warum haben sie trotzdem gesagt, sie kriegen die Arbeitslosen weg?

VATER: Also, paß mal auf; das ist doch wie ... mit deinen Schularbeiten. Die schaffst du auch jeden Tag weg, aber es kommen auch jeden Tag wieder welche dazu. Es sind also immer wieder Schularbeiten übrig.

SOHN: Also, Papa, das is echt ein unmöglicher Vergleich!

VATER: Gar nicht.

SOHN: Aber es hat doch kein Mensch gesagt, daß er die Schularbeiten abschaffen wird. Oder hast du so was schon mal gehört?!

VATER: Also, wenn dir dieser Vergleich nicht einleuchtet, dann lassen wir ihn eben weg. – Und alles andere, was du da aufgezählt hast, das lassen wir auch gleich weg.

SOHN: Bitte! Gibt ja auch noch 'n Grund; und einen viel schlimmeren.

VATER: Einen Grund wofür?

SOHN: Dafür, daß Lügen so lange Beine haben.

VATER: Sie haben kurze – nach wie vor ...

SOHN: Aber nich die, wo es ewig dauert, bis sie rauskommen!

VATER: Es dauert niemals «ewig», bis irgendwas herauskommt! Dafür haben wir ja die Herren – und Damen! – Journalisten! Die lauern doch nur auf jede angebliche Unwahrheit!

SOHN: Die können aber nicht länger lauern, als sie leben.

VATER: Sehr schlaue Bemerkung. Aber für gewöhnlich leben sie lange genug, um ihre Recherchen zu Ende bringen zu können.

SOHN: Aber wenn ein Politiker heute erlaubt, daß eine Fabrik ihren Giftmüll ruhig ins Meer laufen lassen kann, weil das dem Meer gar nichts schadet?

VATER: Wenn der Politiker das so sagt, dann wird es auch so sein.

SOHN: Und wenn das Meer dann nach dreißig oder fünfzig Jahren doch umkippt und tot ist, und kein Fisch mehr und gar nichts?? Dann war das 'ne Lüge mit ganz langen Beinen, und der Journalist kann sie auch nich mehr beweisen!

VATER: Jetzt will ich dir mal was sagen: Dieses Sprichwort, das du ständig zitierst – und auch noch falsch zitierst –, das ist für solche Beispiele überhaupt nicht geeignet! Das ist nämlich ein sehr altes Sprichwort, und als es entstand, da hat man vielleicht an ... Pferdediebe gedacht.

SOHN: Wieso denn Pferdediebe?

VATER: Weil früher sehr viele Pferde gestohlen wurden. Und wenn einer dann vielleicht gesagt hat: «Ich hab das Pferd nicht gestohlen», und drei Tage später hat man's in seinem Stall gefunden – dann hatte seine Lüge eben «kurze Beine».

SOHN: So blöd ist doch keiner, daß er ein geklautes Pferd in seinen eigenen Stall stellt!

VATER: Ich wollte damit lediglich sagen, daß jeder, der lügt, damit rechnen muß, daß seine Lüge ganz schnell rauskommt!

SOHN: Wenn er das Pferd nich besser versteckt ...

VATER: Ich meine es überhaupt und grundsätzlich!

SOHN: Charlys Vater sagt, heute gibt's jede Menge Lügen ohne Risiko.

VATER: Ohne Risiko sind Lügen nie!

SOHN: Für die Menschen nich, nee. Aber für die Politiker.

VATER: Da kannst du doch keinen Unterschied machen!

SOHN: Aber, Papa – wenn heute einer sagt, mit Tschernobyl, das is nun vorbei und alle können wieder alles essen

– und dann werden die Menschen nach zwanzig Jahren oder so krank und sterben – glaubst du, man findet dann noch den Lügner raus??

VATER: Vor allen Dingen findet man nicht mehr heraus, wa r u m da jemand krank geworden und gestorben ist. Der kann ja auch vom Rauchen krank geworden sein oder durch sonstwas!

SOHN *kleine Pause*: Warum denkst du dir jetzt schon die Ausreden für die Politiker aus, Papa?

VATER: Das sind keine Ausreden, das ist lediglich eine realistische Betrachtungsweise. Und eine gerechte.

SOHN: Du findest das gerecht, wenn sie heute Gift vergraben lassen – zum Beispiel – und nach hundert Jahren kann keiner mehr den Boden gebrauchen??

VATER: Mit solchen Katastrophen rechnet kein Mensch!!!

SOHN: Kann ihnen ja auch egal sein, ob nach hundert Jahren 'ne Katastrophe kommt.

VATER: Einem Politiker ist das aber nicht egal! Politiker werden ihre Entscheidungen immer so fällen, daß sie auch noch über ihr eigenes Leben hinaus Gültigkeit haben!

SOHN: Das is ja dann nich lange. Wo die alle so alt sind.

VATER: Das spielt überhaupt keine Rolle, das Alter! Verantwortungsvolle Politiker denken hundert oder tausend oder noch mehr Jahre voraus!

SOHN: Verantwortungsvolle schon, klar.

VATER: Na also …

SOHN: Aber, Papa, auf di e hört doch keiner!

Verpuffte Energien

SOHN: Papa, Charly hat gesagt, sein Vater hat gesagt, es is ein Jammer, was manche Leute für Energie verschwenden!

VATER: Ja, das ist es. – Das Licht auf der Diele brennt auch schon wieder – unnötigerweise.

SOHN: Hab ich nich gesehn ...

VATER: Aber ich hab's gesehen.

SOHN: Und warum hast du's dann nicht ausgemacht?

VATER: Weil ich's nicht angemacht habe! Und weil ich alle fünf Minuten aufspringen müßte, wenn ich überall das Licht wieder ausknipsen würde, das ihr brennen laßt!

SOHN: Hm. – Aber das wär eigentlich keine Energieverschwendung.

VATER: Was?

SOHN: Wenn du öfter mal aufspringen würdest. Weil du doch immer sagst, du hast zuwenig Bewegung.

VATER: Vielleicht gestattest du, daß ich mir die Art meiner Bewegung selbst aussuche, ja?! Und vielleicht lieber eine Stunde an frischer Luft spazierengehe!

SOHN: Ja, hast ja recht. So viel Licht gibt's bei uns sowieso nicht auszuknipsen, daß du damit ins Buch der Rekorde kommst ...

VATER: Ach, wirklich nicht? Aber vielleicht gehe ich noch mal in die Geschichte ein als der Mann, der die meisten Fragen seines Sohnes beantwortet hat.

SOHN: Das ist aber auch keine Verschwendung. Da lern ich doch dabei!

VATER: Das tröstet mich.

SOHN: Und du lernst natürlich auch dabei!

VATER: Da bin ich schon weniger sicher ...

SOHN: Klar lernst du auch. Weil du doch immer nachdenken mußt. Hast du zum Beispiel schon mal nachgedacht, Papa, warum einer die wahnsinnigsten Sachen macht, bloß damit es ein Rekord ist?

VATER: Nein, hab ich nicht; möchte ich auch nicht ...

SOHN: Da gibt's welche, die versuchen, über sechshundert Stunden auf einem dämlichen Pfahl sitzen zu bleiben!

VATER: Wenn sie sonst nichts zu tun haben – sollen sie doch.

SOHN: Aber Charly sagt, sein Vater sagt, mit der Energie, da könnten die doch was ganz Wichtiges machen.

VATER: Vermutlich reicht es bei diesen Pfahlsitzern zu nichts «Wichtigem». Vermutlich sitzt deren Verstand im Hinterteil und nicht im Kopf.

SOHN: Aber die sitzen doch nicht alle auf Pfählen.

VATER: Manche sitzen auch tagelang in der Badewanne, ich weiß ...

SOHN: Da gibt's sogar ein ganzes Dorf bei uns, wo alle immerzu Rekorde versuchen! Weißt du, was die noch machen?

VATER: Na?

SOHN: Die stapeln Bierkästen übereinander. Aber sie müssen dreizehn Meter hoch schaffen, wenn das Weltrekord sein soll!

VATER: Laß sie doch stapeln! Besser Bierkästen stapeln als hochstapeln.

SOHN: Die müssen sie doch gerade hoch stapeln!

VATER: Ich meinte «hochstapeln» im übertragenen Sinn. Ein Hochstapler ist ein Mensch, der sich für mehr ausgibt, als er ist. Meistens in der Absicht zu betrügen.

SOHN: Ach so. Und du meinst, wenn diese Rekordtypen, wenn die nicht so was Verrücktes machen würden, dann würden sie Betrüger werden?

VATER: So hab ich das nicht gesagt. Aber anscheinend wissen diese Leute ja nicht, wohin mit ihrer Kraft und Energie. Und bevor sie losgehen und irgendein Lokal auseinandernehmen ...

SOHN: Wieso denkst du denn, daß die gleich was anstellen? Die Frau mit den Nähnadeln würde bestimmt nichts anstellen.

VATER: Welche Frau mit welchen Nähnadeln?

SOHN: Das is auch so 'n Rekord. Da hat eine Frau ein paar tausendmal in der Stunde einen Faden eingefädelt ...

VATER: Mein Gott, das ist ja eine beklemmende Vorstellung ...

SOHN: Sag ich doch. Und stell dir mal vor, was die Nützliches machen könnte, wenn sie nicht dauernd Einfädeln üben müßte!

VATER: Scheint ihr doch nichts Besseres eingefallen zu sein.

SOHN: Muß man ihr vielleicht mal 'n Tip geben. Die könnte doch zum Beispiel ... Pullover stricken für Kinder, die irgendwo rumfrieren ...

VATER: Sicher ...

SOHN: ... und die Männer, die die Bierkästen stapeln oder die Kuhfladen in die Gegend schmeißen ...

VATER: ... Was machen die?!

SOHN: Kuhfladen schmeißen. Siebzig Meter weit der Beste.

VATER: Glaubt man ja nicht. Aber auch immer noch besser als Steine schmeißen.

SOHN: Du denkst ja schon wieder, daß die sonst nur Mist machen würden!

211

VATER *lacht*: Der Verdacht liegt ja auch nahe bei Kuhfla-denschmeißern!

SOHN: Aber im Ernst, Papa – Charlys Vater sagt, mit den Energien, da könnte man ganze Wälder aufforsten oder ...

VATER: ... oder Berge versetzen oder Wüsten bewässern, ja! Charlys Vater übersieht nur eine Kleinigkeit: Diese Menschen wollen doch was Besonderes sein und was Besonderes tun. Sie wollen Aufmerksamkeit erregen.

SOHN: Das hat Charlys Vater ja gar nicht übersehn. Er hat sogar schon überlegt, woher das kommt.

VATER: Aha. Und rausgekriegt hat er's natürlich auch schon ...

SOHN: Er sagt, das kommt vielleicht von den Eltern.

VATER: Von den Eltern! Weil die das schon immer geübt haben mit ihren Kindern, das Pfahlsitzen und Kuhdreck-schmeißen, wie?

SOHN: Nee, aber weil die vielleicht immer zu ihren Kindern gesagt haben: «Aus dir wird nie im Leben was!»

VATER: Natürlich! Kaum klären die Eltern ihre Kinder darüber auf, daß man mit lauter Fünfen nicht durch die Schule kommt – schon reift in den lieben Kleinen der Entschluß, ins Buch der Rekorde zu kommen! Und sich zu diesem Zweck vielleicht – eine Woche lang nackend aufs Eis zu setzen! So ein Unfug!!

SOHN: Du verdrehst wieder alles, Papa. Charlys Vater meint doch, wenn ein Kind immer nur angemeckert und nie gelobt wird, dann ...

VATER: ... dann wird es sich üblicherweise anstrengen und sich bemühen, demnächst alles ein bißchen besser zu machen! Weiter gar nichts.

SOHN: Hm. Und was glaubst du, warum manche Leute sich so schrecklich für irgend 'nen Blödsinn anstrengen?

VATER: Ich ahne es nicht, und es ist mir offengestanden auch egal!

SOHN: Aber Charlys Vater sagt, wir brauchen heute jeden Krümel Energie für wichtige Sachen!

VATER: Deswegen kann er den Menschen noch lange nicht vorschreiben, was sie mit ihren freien Energien anfangen! Und nun laß doch bitte diese Handvoll Leute treiben, was sie wollen.

SOHN: Laß ich ja. Es ist ja bloß – Charlys Vater sagt, bei diesen Rekordsüchtigen, da sieht man es bloß am besten. Aber eigentlich macht jeder so was ...

VATER: Donnerwetter, hat er mich doch erwischt! Und ich dachte, es hat keiner gemerkt, daß ich das ganze Wochenende auf dem Wäschepfahl gesessen und geübt habe!

SOHN: Aber du hast das ganze Wochenende an deinem Auto rumgeputzt!

VATER: Was soll denn diese dumme Bemerkung?! Damit hab ich ja wohl genau das getan, was Charlys Vater uns so dringend anrät: etwas Nützliches nämlich!

SOHN: Also, eigentlich war das mehr Energieverschwendung. Weil du deswegen nich mit Mama mitgehen konntest zu diesem Bürgertreffen ...

VATER: Nein, konnte ich nicht. Und es genügt auch vollständig, wenn einer aus der Familie seine Zeit mit solchen Diskussionen verplempert! – Und warum glaubst du wohl, kümmere ich mich um den Erhalt unseres Wagens? Etwa weil ich hoffe, damit ins Buch der Rekorde zu kommen?

SOHN: Nee. Aber vielleicht ...

VATER: Vielleicht was?

SOHN: Vielleicht hast du dir so 'n, so 'n ... Straßenrekord vorgenommen.

VATER: Straßenrekord?

SOHN: Ich meine, vielleicht willst du, daß wir das sauberste Auto in der ganzen Straße haben?

Das Gebot der Stunde

SOHN: Papa, Charly hat gesagt, sein Vater hat gesagt, über Erziehung kann man gar nicht genug nachdenken!

VATER *gemütlich*: Sehr wahr, in der Tat! Leider reicht Nachdenken nicht immer aus; da müssen dann erst die vielen, vielen Erfahrungen dazukommen, die man im Laufe der Jahre macht!

SOHN: Und was ist dann, wenn man die gemacht hat?

VATER: Dann merkt man unter Umständen, daß man sich die eine oder andere Anstrengung hätte sparen können. Hätte ich zum Beispiel geahnt, mit welcher Ausdauer und Hartnäckigkeit du mal auf mich einreden würdest – Tag für Tag! –, dann hätte ich mir bestimmt keine Mühe gegeben, dir so früh wie möglich das Sprechen beizubringen!

SOHN: Das hätte ich doch sowieso gelernt.

VATER: Natürlich. Aber vielleicht hätte deine diskutierfreudige Phase dann ein paar Jahre später eingesetzt; dann hätte ich meinen Artikel jetzt in Ruhe zu Ende lesen können!

SOHN: Das ist aber gerade gut, daß ich dich gestört habe! Dann kannst du gleich mal das Aufhören üben!

VATER: Was ist denn das für eine Albernheit! Wenn ich will, höre ich auf, und wenn ich nicht will, dann lese ich weiter!

SOHN: Charlys Vater sagt aber, das können die meisten nicht, weil die Eltern das ihren Kindern immer falsch sagen.

VATER: Was können die meisten nicht?

SOHN: Aufhören! Weil die Eltern immer sagen: Was man angefangen hat, muß man auch zu Ende machen.

VATER: Ja, das sagen sie. Und offensichtlich sagen sie es noch lange nicht oft genug!

SOHN: Wieso?

VATER: Weil die Jugendlichen heutzutage überhaupt kein Durchhaltevermögen haben! Alles fangen sie an – Studium, Lehre, Freundschaften, Ehe womöglich! –, und wenn's ein bißchen schwierig wird, dann hören sie eben wieder auf!

SOHN: Woher weißt du denn, daß die aufhören, weil es schwierig wird?!

VATER: Weil sie sonst vermutlich nicht aufhören würden!

SOHN: Wenn sie aber gemerkt haben, daß das falsch war, was sie angefangen haben?

VATER: Was falsch und was richtig ist, das überlegt man sich vorher. Gründlich! Und wenn man sich dann zu etwas entschieden hat, dann macht man es auch zu Ende.

SOHN: Aber wie ich im vorigen Jahr mit Charly drei Tage im Wald bleiben wollte – da warst du echt froh, daß wir damit aufgehört haben und gleich wieder nach Haus gekommen sind; in der ersten Nacht.

VATER: Das war ja auch ein ganz blödsinniger Einfall von euch! Und es hätte euch sonstwas dabei passieren können!

SOHN: Deswegen haben wir's ja auch gelassen.

VATER: Das war ja auch vernünftig.

SOHN: Charlys Vater sagt, es tut ihm leid, daß er Charly auch noch angemeckert hat. Er sagt, er hätte ihn loben sollen!

VATER: Ach! Dann hätte ich dich wohl auch loben sollen, wie? Dafür, daß du einen Unfug, der nichts als Ärger oder Schlimmeres gebracht hätte, schließlich doch noch gelassen hast?!

SOHN: Klar. Weil man sich das viel besser merkt, wenn man für irgendwas gelobt wird.

VATER: Also, nun spinn mal nicht rum. Seid lieber froh, daß wir euch nicht bestraft haben. Wie ihr es eigentlich verdient gehabt hättet!

SOHN: Wenn man auch noch Strafe kriegt – dann macht man beim nächsten Mal seinen Blödsinn lieber zu Ende ...

VATER: Nun paßt mal auf – wie wäre es denn, wenn du deinen Blödsinn in Zukunft gar nicht erst anfangen würdest, hm?

SOHN: Um meinen Blödsinn geht's ja gar nicht ...

VATER: Na, wie günstig. Und für anderer Leute Blödsinn muß ich mich ja wohl nicht interessieren.

SOHN: Mußt du doch! Weil die ja alle nicht aufhören mit ihrem ganzen Blödsinn!

VATER: Wer «die»?

SOHN: Och, das sind viele ... Hast du dich doch auch schon drüber aufgeregt ... über diesen Kanal zum Beispiel, der bloß alles kaputtmacht und irre viel Geld kostet.

VATER: Falls du diesen Rhein-Main-Donau-Kanal meinst, der ist ...

SOHN *dazwischen*: Ja, den. Und da haben sie Leute im Fernsehen gefragt, sagt Charlys Vater, und die haben gesagt, sie finden den Kanal auch schlecht, aber nun ist er angefangen und nun muß man ihn auch fertigmachen.

VATER: Darauf wird's ja vielleicht auch hinauslaufen ...

SOHN: Ja! Weil die alle nicht gelernt haben aufzuhören!

VATER: Also, das ist nun wieder die reine Kindergartenphilosophie. Wenn dieser Kanal weitergebaut wird, dann deshalb, weil einige Gründe auch für seinen Bau sprechen.

SOHN: Welche denn?

VATER: Das weiß ich nicht. Und ich hab auch keine Lust, darüber nachzudenken.

SOHN: Worüber willst du denn nachdenken?

VATER: Über gar nichts. Im Augenblick.

SOHN: Charlys Vater hat über die Falkeninseln nachgedacht ...

VATER: Falkland-Inseln. Über die hat nicht nur er nachgedacht!

SOHN: Er sagt, das haben die schon nach drei Tagen gemerkt, daß das alles Wahnsinn ist. Aber sie haben gedacht, das ist peinlich, wenn man mit was Angefangenem aufhört!

VATER: Peinlich! Das paßt wohl nicht ganz. Da spielen weiß Gott ganz andere Dinge eine Rolle.

SOHN: Welche denn?

VATER: Gerechtigkeitssinn, Nationalstolz, Prinzipientreue und dergleichen mehr.

SOHN: Und wegen so was kann man nicht aufhören – bevor die Schiffe absaufen und die ganzen Soldaten umgebracht ...

VATER *dazwischen*: Jetzt achte aber mal ein bißchen auf deine Formulierungen, ja? Es ist nun mal sehr schwer, den richtigen Zeitpunkt fürs Aufhören herauszufinden.

SOHN: Deswegen sagt Charlys Vater ja, daß man das üben muß und daß man gelobt werden muß fürs Aufhören!

VATER: Also, nun tu mir die Liebe! Loben kann man ein Kind, wenn es aufhört, am Daumen zu lutschen! Für die Weltpolitik gelten ein paar andere Maßstäbe – leuchtet dir das nicht ein?

SOHN: Charlys Vater sagt aber, die Menschen haben jetzt

218

so viel Irrsinniges angefangen – mit der Umwelt und mit den Atomwerken und Waffen und allem –, er sagt: Aufhören ist das Gebet der Stunde!

VATER: Die Redewendung heißt: Es ist das Gebot der Stunde!

SOHN: Weiß ich doch. Aber Charly fand, Gebet paßt besser. Weil die jetzt doch überall beten, daß die Politiker ...

VATER *dazwischen*: Es heißt aber nun mal Gebot und nicht Gebet!

SOHN: Na schön, dann eben Gebot.

Kleine Pause.

Wär übrigens gar nicht schlecht, wenn's dafür auch ein richtiges Gebot gäbe, nich? So was wie: «Du sollst aufhören, wenn du was Falsches angefangen hast»!

VATER: Also, ich denke, die Zehn Gebote haben bisher ausgereicht, und sie werden auch weiterhin ausreichen.

SOHN: Wofür?

VATER: Für eine ethische Lebensgrundlage.

SOHN: Was heißt denn das?

VATER: Das heißt ... mein Gott, warum fragst du das nicht deinen Religionslehrer?

SOHN: Weil der nich hier ist ... und weil du das genausogut erklären kannst!

VATER: Danke für die Blumen. Also: Die Zehn Gebote sind sozusagen die Richtschnur für das Handeln der Christen, für ihr moralisches Empfinden. Wer christlich erzogen wird, der weiß von Anfang an, «du sollst nicht lügen, du sollst nicht stehlen, du sollst nicht töten, du sollst deine El ...»

SOHN *dazwischen*: Machen doch trotzdem alle!

VATER: Es machen nicht alle! Die meisten Menschen halten sich an diese Gebote! Und wenn nicht, dann haben sie zumindest ein schlechtes Gewissen.

SOHN: Haben die Politiker auch ein schlechtes Gewissen, wenn sie was anfangen, wo dann haufenweise Leute draufgehen?!

VATER: Was ist das schon wieder für eine Ausdrucksweise!?

SOHN: Also schön – wenn sie was Gefährliches anfangen.

VATER: Nein. Die Politiker haben kein schlechtes Gewissen, wenn sie etwas anfangen – gefährlich oder nicht –, was sie für notwendig halten.

SOHN: Und wenn sie doch lieber damit aufhören ... haben sie dann ein schlechtes Gewissen?

VATER: Dann doch wohl erst recht nicht ...

SOHN: Und warum haben sie dann solche Probleme mit dem Aufhören?

Ehrensachen

SOHN: Papa? Charly hat gesagt, seine Schwester hat gesagt, die sollen ihr bloß nich mit «Ehre» kommen!

VATER *zerstreut*: Mit was sollen sie ihr nicht kommen?

SOHN: Mit Ehre!

VATER: Mit «Ehre»? Na, das wundert mich wenig, daß Charlys Schwester kein Gefühl für «Ehre» hat.

SOHN: Was soll sie denn für ein Gefühl dabei haben?

VATER: Von mir aus gar keins. Entweder man hat ein Gefühl dafür, was «Ehre» ist, oder nicht.

SOHN: Die hat ja ein Gefühl. Sie hat nämlich das Gefühl, daß das altmodischer Klimbim ist, mit diesem ganzen Ehrenpodex!

VATER: «Kodex», Herrgott noch mal! Kennt sie nicht mal die primitivsten Fremdwörter?!

SOHN: Ich glaub, das hab ich verwechselt, Papa. Kam mir gleich so komisch vor ...

VATER: Dann sei froh, daß du dich nicht vor anderen Leuten damit blamiert hast.

SOHN: Och, wenn's weiter nichts ist. Da haben sich schon so viele Leute blamiert – bei dieser «Ehre».

VATER: Inwiefern, bitte??

SOHN: Weil die schon die unmöglichsten Typen geehrt haben, sagt Charlys Schwester.

VATER: Blödsinn! «Unmögliche Typen» haben gottlob wenig Aussicht auf Ehrung!

SOHN: Haben sie doch! Charlys Schwester sagt, die haben schon für ganz miese Diktatoren 'ne Ehrenkompanie

aufgestellt! Und da sind die dann ganz wichtig durch-
stolziert.

VATER: Ein Empfang durch eine Ehrenkompanie ist weiter
nichts als ein Staatszeremoniell, das muß man nicht so
wichtig nehmen.

SOHN: Und warum läßt man das nicht lieber gleich weg,
diese Zere ... dingsbums? Damit man keinen falschen erwischt?

VATER: Weil dieses Zeremoniell bei hohen Staatsbesuchen
nun mal international üblich ist. Da kann nicht ein Land
plötzlich ausscheren!

SOHN: Einer kann doch mal anfangen. Vielleicht wären
alle ganz glücklich, wenn sie den Quatsch nicht mehr zu
machen brauchten.

VATER: Das kann man nicht einschätzen. Und wir werden
bestimmt nicht anfangen! Mit dem Aufhören ...

SOHN: Charlys Schwester sagt, die könnten beim Militär
sowieso mit weniger «Ehre» auskommen. Und nich, daß
sich ein Soldat halb den Kopf ausreißen muß, und:
Zack! Hand an Mütze! – Bloß weil ein Offizier vorbei-
kommt, den er jeden Tag sieht!

VATER: Also, Charlys Schwester ist bestimmt nicht dazu
ausersehen, die militärischen Umgangsformen zu refor-
mieren! Was maßt sich die Göre da schon wieder an?!

SOHN: Die maßt nicht, die denkt nur nach.

VATER: Wenn sie wirklich nachdenken würde, dann
würde sie sich nicht mit solchen Äußerlichkeiten aufhal-
ten, sondern lieber mal überlegen, wie es auf der Welt
aussähe, wenn den Menschen ein ehrenhaftes Verhalten
nichts mehr bedeuten würde!

SOHN: Was soll es ihnen denn bedeuten?

VATER: Mehr, als ich dir jetzt erklären kann ...

SOHN: Hat «Ehre» auch was mit «Ehrgeiz» zu tun? Weil

222

man dann geizig ist mit seiner Ehre und nichts abgeben will, oder so?

VATER: Du merkst schon selbst, daß du dummes Zeug redest, nicht?

SOHN: Nö! Erklär mir mal!

VATER: Nervensäge ... Allenfalls gibt es den «Ehrgeiz», ein untadeliges Leben zu führen ...

SOHN *dazwischen*: ... na bitte!

VATER: ... ein Leben, mit dem man seiner Familie und vor allem auch seinem Berufsstand keine Schande macht. Daher auch der Begriff «Berufsehre».

SOHN: Ich kenn bloß «Offiziersehre».

VATER: «Offiziersehre» ist deshalb ein besonderer Begriff, weil Offiziere in besonderem Maße Vorbild sein müssen.

SOHN: Aber Lehrer müssen doch auch ein Vorbild sein, und Politiker auch, sagst du immer. Und Väter müssen Vorbild sein, und Mütter müssen Vorbild sein, und ...

VATER: ... ist ja gut! So gesehen sollte natürlich jeder Mensch ein Vorbild für andere sein.

SOHN: Aber gibt's denn auch 'ne «Lehrerehre» und 'ne «Vaterehre» und «Mutterehre»?

VATER: Als Begriff nicht, nein.

SOHN *fröhlich*: Hach! Ich weiß, was es noch gibt: «Ganovenehre»!

VATER *ärgerlich*: Da wird der «Ehrbegriff» natürlich zur Farce! Gangster haben ihre bürgerliche Ehre ohnehin längst verloren!

SOHN: Aber immer noch besser, man verliert seine Ehre als sein Leben, oder?

VATER *wichtig*: So denkt man vielleicht heute, aber so hat man durchaus nicht immer gedacht. Früher hat sich so mancher Offizier das Leben genommen, wenn er meinte, seine Ehre verloren zu haben.

SOHN: Wann hatten die denn ihre Ehre verloren, die Offiziere? Wenn sie einen falschen Befehl gegeben hatten, und alle Soldaten sind gestorben?

VATER: Zum Beispiel.

SOHN: Aber im letzten Krieg – sagt Charlys Schwester –, da sind ganze Armeen krepiert wegen 'm falschen Befehl. Und die Generale sind übriggeblieben.

VATER: Es sind durchaus nicht alle Generale «übriggeblieben»! Und schon gar nicht die unteren Offiziersränge.

SOHN: Aber die, die übriggeblieben sind, die fanden das nicht so wichtig mit ihrer Ehre, wie?

VATER: Ich weiß es nicht! Mein Gott, das geht ja schon wieder ins Uferlose ...

SOHN: Kann ich doch nichts dafür, wenn das so chaotisch ist bei dieser Ehre. – Charlys Schwester hat auch noch gesagt, das haben die sich bloß ausgedacht, damit die Männer auch hingehen.

VATER: Wohin?

SOHN: Auf dieses «Feld der Ehre». Zum Fallen.

VATER: Von einem «Feld der Ehre» spricht heute kein Mensch mehr! Was hat sie sich denn da wieder ausgedacht!

SOHN: Du meinst, das is heute keine Ehre mehr, wenn einer eingezogen is und muß ...

VATER: ... Schluß jetzt mit der ganzen militärischen Schiene! Das muß dich nicht interessieren! Was für heutige Menschen wichtig ist, ist ihre ganz persönliche Ehre.

SOHN: Weil man da überall umsonst reinkommt?

VATER: Was?!

SOHN: Gibt's doch immer: Ehrenkarten für Ehrengäste.

VATER: Das halt ich nicht aus ...

SOHN *eifrig:* Ein Verwandter von Charlys Vater, der hält das auch nicht aus! Der hat nämlich so 'n ganz kleines

Theater, und der muß immer Ehrenkarten aufheben, falls einer mit Ehre kommt. Und die sind umsonst, die Karten.

VATER: Das weiß ich!

SOHN: Und der ärgert sich immer, daß die nich bezahlen. Weil die alle reichlich Kohle haben. Grade die!

VATER: Dann soll er keine Ehrenkarten ausgeben, wenn ihn das ärgert! Es zwingt ihn ja keiner!

SOHN: Aber er sagt, die erwarten das.

Kleine Pause.

Kann man viel Geld sparen mit «Ehre», nich?

VATER: Mitnichten! Da denke mal an die ganzen «Ehren- ämter»! Da wird meistens mit vollem Einsatz gearbeitet! Für nichts! Nur für die Ehre!

SOHN: Dann ... is «Ehre» eigentlich «nichts», wie?

VATER: Nur für jemanden, der nicht selbst spürt, was es mit der «Ehre» auf sich hat! Für die meisten Menschen ist «Ehre» aber Gott sei Dank immer noch ein wertvoller Besitz, den ihm keiner wegnehmen kann!

SOHN: Charlys Schwester hat gesagt, manchem kann man die Ehre gar nich klauen, weil er sowieso keine hat.

VATER *wütend*: Sie soll besser ihren Mund halten! Sie ver- steht nichts von «Ehre» und hat daher auch nicht das ge- ringste Recht, jemandem seine Ehre abzuschneiden!!

SOHN: Abzuschneiden? Hängt die Ehre denn irgendwo an einem rum, daß man die abschnippeln kann?

VATER: Wenn du nur noch rumalbern willst, hören wir auf! Ich sag dir nur noch eins: Wenn man von einem Menschen sagt, er ist ein «Ehrenmann», dann ist das im- mer noch das größte Kompliment, das man ihm machen kann!

SOHN: Und was is mit «Ehrenfrau»? Gibt's die nich?

VATER: Natürlich gibt es sie. Aber den Begriff gibt's nun mal nicht. Warum, weiß ich nicht, also frag mich nicht!

SOHN: Vielleicht, weil die Frauen den ganzen Kram mit der Ehre schon immer blöd gefunden haben, wie?

VATER: Das haben sie mit Sicherheit nicht! Gerade die Ehre einer Frau ist zu allen Zeiten hoch veranschlagt worden.

SOHN: Von wem?

VATER: Von den Männern natürlich! *Er räuspert sich.* Ich meine ... Männer haben immer ein verständliches Interesse daran gehabt, daß ihre Frauen einen guten Ruf hatten.

SOHN: Was denn für 'n «guten Ruf»?

VATER: Einen guten Ruf hat ein Mensch, wenn niemand ihm etwas Schlechtes nachsagen kann.

SOHN: Aber gegen «Nachsagen» kann man doch gar nichts machen! Über Tante Gerda haben die Leute auch den größten Quatsch geredet; wie sie an den Türken vermietet hat! Da haben sie gesagt, daß ...

VATER: ... Ja, ja, Tante Gerda ist von ihren Nachbarn übel mitgespielt worden. Deshalb hat sie ja auch einen Prozeß wegen Verleumdung angestrengt.

SOHN: Is so 'n Prozeß dann ein «Ehrenhandel»?

VATER: Nein, aber ich habe keine Lust, dir zu erklären, warum nicht. Ende!

SOHN: Nur noch eine Frage, Papa. Weil ich mir gerade was überlegt habe.

VATER: Bitte ...

SOHN: Kann man das ganze Theater mit der «Ehre» nicht vergessen und sich einfach anständig benehmen?

Spaß muß sein!

SOHN: Papa, Charly hat gesagt, seine Schwester hat gesagt, Schule muß Spaß machen!

VATER: «Muß» Spaß machen?! «Darf» Spaß machen vielleicht, oder «könnte» Spaß machen; aber «muß» nun ganz bestimmt nicht!

SOHN: Doch, «muß». Weil, wenn sie keinen Spaß macht, dann ist es Arbeit. Und Kinderarbeit ist verboten!

VATER: Na, da hat sie sich ja wieder was ganz Originelles ausgedacht! Man glaubt es nicht ...

SOHN: Ich find das ganz logisch.

VATER: Das kann ich mir denken. Aber es ist nicht logisch! Was keine «Arbeit» ist, muß nämlich noch lange nicht «Spaß» sein!

SOHN: Was denn? Langeweile vielleicht?

VATER: Sag doch am besten gleich «Schlaf»!

SOHN: Zum Schlafen ist es in der Schule zu laut.

VATER: Hast du das schon ausprobiert, ja??

SOHN: Nö; Schlafen macht ja auch keinen Spaß.

VATER: Ob man an etwas Spaß hat, das ist nicht zuletzt eine Frage der Einstellung. Und wenn einer keinen Spaß am Lernen hat, dann ist das seine eigene Dummheit. Auf jeden Fall ist Lernen keine Arbeit.

SOHN: Und warum heißt es dann Schul-Arbeit?

VATER: Es heißt ja gar nicht «Schularbeit», es heißt «Hausaufgaben».

SOHN: Macht aber trotzdem Arbeit.

VATER: Ja! Ein bißchen Arbeit für deine kleinen grauen

Zellen im Gehirn! Aber die arbeiten gern, möchte ich dir nur sagen. Sonst verkümmern sie nämlich!

SOHN: Bei allem andern – außer Arbeit – verkümmern die?

VATER: Kommt drauf an, was du unter «allem andern» verstehst.

SOHN: Spielen zum Beispiel.

VATER: Dabei kommt es nun wieder auf das Spiel an. Beim Hopse-Spielen wird das Gehirn wohl nicht besonders trainiert werden. Beim Schachspielen hingegen sehr.

SOHN: Und warum lernen wir dann nicht Schachspielen in der Schule?

VATER: Was denn noch alles?! Wenn's nach Charlys Schwester ginge, dann müßte der Rechenunterricht wahrscheinlich in einem Spielkasino stattfinden oder auf der Pferderennbahn. Damit's mehr Spaß macht!

SOHN: Wär doch auch toll!

VATER: Ja, und nun wollen wir nicht weiter rumspinnen, sondern etwas Nützliches tun. Du zum Beispiel kannst deine Schularbeiten machen.

SOHN: Ich denke, es heißt Hausaufgaben.

VATER: Wie immer es heißt, mach dich an die Arb ... also tu was! *Junge lacht.* Also gut, dann i s t Schule eben eine Form von Arbeit! Eine höchst privilegierte Form von Arbeit. Millionen Kinder auf der Welt würden sich glücklich preisen, wenn sie weiter nichts tun müßten!

SOHN: Weiß ich ja.

VATER: Na also, dann stell dich gefälligst nicht so an.

SOHN: Ich stell mich ja gar nicht an. Ich sag ja nur, daß das Arbeit ist in der Schule. Und wenn Kinder eigentlich gar nicht ...

VATER: Für ein intelligentes Kind ist das eine Form von Arbeit, an der es durchaus Spaß haben m ü ß t e !

SOHN: Als du neulich nicht gewußt hast, wie man die ganzen Gebirge einzeichnen muß, auf diesem Erdkundebogen – da hast du überhaupt keinen Spaß gehabt. Da warst du total sauer!

VATER: Ich mußte mich ja auch erst reinfinden. Ich war schließlich nicht beim Unterricht dabei. Und wenn du aufgepaßt hättest, dann wäre das ein Kinderspiel gewesen!

SOHN: Das hatten wir ja noch gar nicht durchgenommen. Sollten wir selber erarbeiten, hat Herr Lamprecht gesagt. Mit dem Atlas.

VATER: Statt «erarbeiten» hätte er auch sagen können: «herausfinden» oder «ausklügeln». So was ist doch wie ... wie Rätselraten. Und das macht dir doch immer mächtigen Spaß, oder?

SOHN: Klar.

VATER: Na also. Wie ich schon sagte: es kommt auf die Einstellung an. Wenn man mit guter Laune und Wißbegier an eine Aufgabe herangeht, dann macht sie auch Spaß.

SOHN *kleine Pause*: Du meinst, irgendwie muß man das so drehen, daß einem die Arbeit Spaß macht.

VATER: So etwa, ja ...

SOHN: Und wie ist das mit dir?

VATER: Mit mir?

SOHN: Ich meine, hast du den Dreh schon raus, daß dir die Arbeit Spaß macht?

VATER: Erlaube mal, hab ich vielleicht schon mal gesagt, daß mir meine Arbeit keinen Spaß macht??

SOHN: Nö; aber wenn du am Schreibtisch sitzt und arbeitest, hast du n i e gute Laune!

VATER: Weil es sich dann immer um zusätzliche Arbeit handelt. Arbeit, die ich in meiner Freizeit machen muß.

SOHN: Na und? Wenn Arbeit Spaß macht, dann ist das eben ... so 'ne Art Freizeit-Spaß.

VATER: Vielleicht könnte ich mir für meine Freizeit auch noch was Spaßigeres vorstellen ...

SOHN: Was denn?

VATER: Ein Regal bauen – zum Beispiel.

SOHN: Du baust doch nie Regale.

VATER: Weil ich dazu nicht komme! Aber das wäre eine Arbeit, die mir großen Spaß machen würde. Genauso wie ... sagen wir, einen Kamin im Garten zu bauen.

SOHN: Hast du doch auch nicht gemacht.

VATER: Weil ich auch dazu nicht komme!

SOHN: Und warum machst du dann die Arbeit, die dir Spaß macht, nicht einfach zuerst?

VATER: Weil die andere Arbeit vorgeht.

SOHN: Du meinst die, die keinen Spaß macht?

VATER: Ich meine die, die getan werden muß.

SOHN: Und die macht nie Spaß?

VATER: Das habe ich nicht gesagt! Aber natürlich gibt es auch Arten von Arbeit, wo das ... mit dem Spaß etwas zweifelhaft ist. Fließbandarbeit zum Beispiel; oder so richtige Knochenarbeit wie Kohlentragen oder derglei-chen.

SOHN: Ist deine Arbeit auch Knochenarbeit?

VATER: Frag nicht so dumm, natürlich nicht. Wenn man mit dem Kopf arbeitet, dann geht das in dem Sinne nicht «auf die Knochen».

SOHN: Macht das mehr Spaß mit dem Kopf als mit den Knochen?

VATER: Mir schon ...

SOHN: Aber das soll keiner merken, nich?

VATER: Wieso??

SOHN: Charly sagt, seine Schwester sagt, die Erwachsenen wollen nie, daß einer denkt, ihre Arbeit macht Spaß. Die wollen alle, daß man denkt, sie quälen sich einen ab!

230

VATER: So ein hanebüchener Unfug! Warum sollten sie das denn tun?

SOHN: Damit ihre Kinder sie bedauern.

VATER *lacht*: Das wäre ja wohl eine vergebliche Hoffnung!

SOHN: Sollen die Kinder ihre Eltern denn bedauern?

VATER: Sie sollen sie nicht bedauern, aber sie könnten vielleicht anerkennen, was die Eltern mit ihrer Arbeit leisten! Ganz egal, ob den Eltern die Arbeit Spaß macht oder nicht!

SOHN: Aber wenn sie ihnen Spaß machen würde – dann wär das besser für die Kinder.

VATER: Wieso denn das?

SOHN: Wegen dem Vorbild. Weil die Kinder dann nicht denken würden, daß Arbeit was Gräßliches ist. Wo man bloß immer rumstöhnen muß!

VATER: «Weil die Kinder dann nicht denken würden!» Was Kinder denken, das ahnt sowieso kein Mensch! Sollen die Kinder also gefälligst ihre eigenen Dinge erledigen und den Eltern bei ihrer Arbeit nicht auch noch auf die Finger gucken!

SOHN: Also Papa, jetzt wirst du schon wütend, wenn wir bloß von Arbeit reden ...

VATER: Ich bin wütend, weil du so viel dummes Zeug redest!

SOHN *Pause*: Papa? Bau doch einfach mal ein Regal.

VATER: Ich brauche kein Regal!

SOHN: Dann fang den Kamin im Garten an. Wolltest du doch immer.

VATER: Den brauchen wir auch nicht unbedingt. Was soll das überhaupt alles?? Was willst du denn von mir?

SOHN: Ich will bloß mal sehen ...

VATER: Was denn??

SOHN: Wie du was arbeitest, was dir Spaß macht!

Betrifft: Betroffenheit

SOHN: Papa? Charly hat gesagt, sein Vater hat gesagt, das möchte er mal wissen, wer da betroffen ist!

VATER: Ja, das möchte ich auch mal wissen ...

SOHN: Wieso?

VATER: Vielleicht bin ich ja betroffen?

SOHN: Kann schon sein. Jedenfalls nich die, die immer davon reden!

VATER: Die wovon reden?

SOHN: Von Betroffensein! Kannste dauernd im Fernsehen sehen. Dann versucht der Politiker ein ganz ernstes Gesicht zu machen, und dann ...

VATER: ... «versucht» ein ernstes Gesicht zu machen! Das ist doch schon wieder richtig bösartig! Wenn ein Politiker zu einem traurigen Geschehen Stellung nimmt, dann spiegelt sich seine Trauer automatisch in seinem Gesicht wider! Er ist ja schließlich kein Schauspieler – zumeist jedenfalls nicht ...

SOHN: Jedenfalls sagt er dann, er ist betroffen. Und wenn's ganz schlimm ist, dann ist er, sagt er, «tief betroffen»!

VATER: «Ist er, sagt er»! Er ist! Natürlich ist der Politiker im Zweifelsfall und aus entsprechendem Anlaß tief betroffen!

SOHN: Aber wenn da vielleicht eine Fabrik jede Menge Gift ausgespuckt hat, und alle werden davon krank, dann sind doch die betroffen. Und nich der Politiker.

VATER: Ja, und genau für diesen Unterschied hat die deutsche Grammatik vorgesorgt. Man muß sie nur beherrschen: «Betroffen» kann man einerseits ü b e r etwas sein, und andererseits v o n etwas. Das solltest auch du schon wissen.

Sohn: Ach so. *Kleine Pause.* Dann sind Politiker immer nur ü b e r was betroffen.

Vater: Gelegentlich sind sie natürlich auch persönlich v o n etwas betroffen.

Sohn: Wann denn?

Vater: Nun ... wenn es zum Beispiel irgendeinen Skandal gegeben hat in einem Bereich, für den ein bestimmter Politiker verantwortlich ist. Dann ist der natürlich d a - v o n betroffen.

Sohn: Weil das so peinlich ist für ihn?

Vater: Peinlich! Peinlich ist so manches. Nein, weil dieser – angenommene – Skandal Auswirkungen haben kann.

Sohn: Was denn für Auswirkungen?

Vater: Möglicherweise muß der Politiker zurücktreten.

Sohn: Macht er das denn?

Vater: Wenn es sich nicht vermeiden läßt, schon.

Sohn: Was muß 'n das für ein Skandal sein – damit es sich nicht vermeiden läßt, das Zurücktreten?

Vater: Mein Gott, du fragst heute mal wieder, als ob du für jede dumme Frage eine Mark bekämst!

Sohn: Au ja. Und für jede kluge Frage zwei Mark?

Vater: Natürlich. Und i c h für jede Antwort fünf. Ich denke, wir lassen es, nicht?

Sohn: Na schön. Und wann muß ein Politiker nun zurücktreten?

Vater: Ich hab es doch schon gesagt: Wenn in seinem Verantwortungsbereich etwas passiert ist. Etwas Schwerwiegendes passiert ist.

Sohn: Bestechung oder so?

VATER: Bleiben wir bei deinem Beispiel von der Umwelt-vergiftung. Passiert dergleichen und hatte der verant-wortliche Politiker schon seit langem Kenntnis von den Zuständen in dem Betrieb – dann würde er zurücktreten müssen.

SOHN: Und dann ist er arbeitslos und kriegt kein Geld mehr?

VATER: Er bekommt schon noch sein Geld – wenn er nicht gerade ein absoluter Neuling in der Politik ist. Außerdem wird ihm gewöhnlich gleich ein Posten in der privaten Wirtschaft angeboten.

SOHN: Dann ist er ja wieder nich betroffen! Von der gan-zen Sache ...

VATER: Natürlich ist er betroffen! Von dem Verlust seines Amtes nämlich!

SOHN: Wenn er doch gleich wieder 'n andern Job kriegt? Und auch gar nich selber krank geworden is von dem Gift? Oder muß er den bezahlen? Den ganzen Schaden?

VATER: Natürlich nicht! Politiker haften niemals persön-lich für den Schaden, den sie anrich ... der in ihrem Be-reich – ohne, daß sie es verhindern konnten, entstanden ist.

SOHN: Also doch nich betroffen.

VATER: Nun dreh dich doch nicht ständig im Kreis! Das ist ja schrecklich!

SOHN: Ich sitz doch ganz still auf meinem Stuhl!

VATER: Aber nicht mehr lange – das kann ich dir ver-sichern ...

Pause, kleiner Unmutslaut des Jungen.

SOHN: Im Bundestag reden sie auch immer über alles mögliche ...

VATER: Dieser Feststellung ist nichts hinzuzufügen ...

SOHN: Charlys Vater sagt, da reden sie manchmal auch von der Bundeswehr und wie lange da einer rein muß ...

VATER: Sie reden im Zweifelsfall von der Dauer des Bundeswehrdienstes.

SOHN: Und ob man da von der Schulzeit was abknapst ... und ob da Frauen reinsollen ...

VATER: Ja und?

SOHN: Die meisten von denen waren nie beim Bund! – sagt Charlys Vater

VATER: Mag sein ...

SOHN: Die sind da überhaupt nicht betroffen!

VATER: Das spielt überhaupt keine Rolle!

SOHN: Charly sagt, sein Vater sagt, das is genauso, als wenn der Papst immerzu vom Kinderkriegen redet.

VATER: Der Vergleich stimmt hinten und vorne nicht, und ich möchte darüber auch nicht reden!

SOHN: Und von diesem Korb sind die Politiker auch nicht betroffen.

VATER: Von welchem «Korb» bitte??

SOHN: Von dem, wo die Sachen drin sind, die jemand kriegt, zum Amlebenbleiben. Essen – und so 'ne dritte Zahnpastatube oder 'ne halbe Kinokarte und so was ...

VATER: Ach, du meinst diesen sogenannten «Warenkorb» für Sozialhilfeempfänger.

SOHN: Ja. Und Charlys Vater sagt – was da reinkommt, muß jemand bestimmen, der schon mal von so 'm Korb gelebt hat.

VATER: Das ist ja ein Witz! Dann würde der Korb vermutlich aussehen wie ... wie ein Präsentkorb für den Chef einer Firma zum fünfzigjährigen Jubiläum!

SOHN: Jetzt is er jedenfalls viel zu mickrig – der Korb.

VATER: Er ist mit Sicherheit ausreichend. Und so gut, wie sich unser Staat das insgesamt leisten kann.

SOHN: Charlys Vater sagt immer, unser Staat kann sich unheimlich viel leisten.

VATER: Das ist alles relativ.

SOHN: Er leistet sich auch die ganzen zurückgetretenen Politiker und die früh pensionierten Offiziere und ...

VATER: ... die kann sich der Staat allerdings leisten. Die fallen alle zahlenmäßig überhaupt nicht ins Gewicht! Hingegen diese Sozialhilfeempfänger! Das ist ja eine wahre Lawine, das werden ja von Jahr zu Jahr mehr! Und d a s geht ins Geld!

SOHN *kleine Pause*: Und die Regierung?

VATER: «Und die Regierung» ... was soll ich mit dieser Frage anfangen?

SOHN: Ich meine, wegen dieser Sozial-Empfänger ...

VATER: Sozial h i l f e empfänger.

SOHN: Is die Regierung nun v o n denen oder ü b e r die oder gar nicht betroffen?!

Eigentlich wär's ja ganz normal ...

SOHN: Papa, Charly hat gesagt, sein Vater hat gesagt, worüber sich die Leute heutzutage wundern – da muß man sich echt Gedanken machen!

VATER: Was denn nun noch? Vielleicht darf man sich noch wundern, ohne das Mißfallen von Charlys Vater zu erregen, oder?

SOHN: Er sagt aber, das ist ein ganz schlechtes Zeichen, wenn die Menschen sich ...

VATER: Also, paß mal auf – falls du mich schon wieder in irgendeine dubiose politische Diskussion verwickeln willst ...

SOHN: ... will ich ja gar nicht! Bei der Politik wundert sich doch sowieso kein Mensch mehr über irgendwas.

VATER: Und worüber wundern sich die Menschen dann, ohne Charlys Vater vorher zu fragen?

SOHN: Über ganz selbstverständliche Sachen!

VATER: Na, das wäre doch ein geradezu «wunderbares» Zeichen!

SOHN: Wieso?

VATER: Weil in unserer Gesellschaft schon viel zuviel selbstverständlich geworden ist. Wäre sehr zu begrüßen, wenn die Menschen sich mal darüber wundern und freuen würden, daß es ihnen so gutgeht!

SOHN: Wenn man sich über ganz normale Sachen wundert, geht's einem aber gar nicht so gut.

VATER: Also jetzt sag endlich, worum's geht, ich hab noch eine kleine Nebenbeschäftigung!

SOHN: Hast du ja immer. Deswegen hab ich mich neulich auch schon gewundert ...

VATER: Worüber bitte?

SOHN: Darüber, daß du eine ganze Stunde mit mir an dem Drachen gebastelt hast. Du bist echt nicht einmal ans Telefon gerannt! Und hast auch nicht gesagt, daß ich jetzt allein weitermachen kann – nach zehn Minuten.

VATER: Ja, da haben wir eben mal Glück gehabt, daß uns nichts gestört hat.

SOHN: Oma geht einfach nicht ran ans Telefon, wenn wir gerade was Schönes machen.

VATER: Oma steht ja auch nicht mehr im Berufsleben, die kann sich das leisten.

SOHN: Mama sagt aber auch, j e d e r ruft noch mal an, wenn er keinen erreicht hat!

VATER: Daß ich nicht lache! Mama springt doch aus der Badewanne, wenn das Telefon klingelt! – Aber jetzt hast du wohl ein bißchen den Faden verloren, wie?

SOHN: Nee, ich hab ihn noch. Also: Neulich hat Charlys Vater eine Frau gefragt, ob er sie mit nach Hause nehmen darf, nich?

VATER: ... ob er sie mit nach Hause nehmen darf?

SOHN: Ja. Ist doch ganz normal. Die wohnt bei Charlys Vater um die Ecke und hatte ganz schwere Einkaufstaschen.

VATER: Ach so – das ist natürlich ganz normal.

SOHN: Aber die Frau hat sich so gewundert, die hat sich gar nicht mehr eingekriegt. Und dauernd hat sie gesagt, daß ihr das noch nie passiert ist. Und wie sie das bloß wieder gutmachen kann!

VATER: Eine etwas übertriebene Dankbarkeit ...

SOHN: Klar. Wo's doch eigentlich normal ist, so was.

VATER: Eben.

SOHN: Aber wenn ihr das noch nie passiert ist – dann machen die Leute das Normale doch gar nicht!

VATER: Wahrscheinlich geht heute jeder davon aus, daß der andere auch seinen Wagen dabei hat.

SOHN: Bei alten Leuten kann man das doch nicht denken.

VATER: Dann denkt man vielleicht, sie wollen ganz gern laufen und sich ein bißchen Bewegung schaffen.

SOHN: Mit lauter Einkaufstaschen?

VATER: Oder man denkt, sie wollen noch mehr einkaufen, in anderen Geschäften.

SOHN: Also, Papa, echt – du denkst ziemlich viel, damit du 'ne alte Frau nicht mitzunehmen brauchst!

VATER: Um mich geht's hier doch gar nicht! Ich versetze mich lediglich in die Situation anderer.

SOHN: Und warum versetzt du dich nich in die ohne Auto?

VATER: Weil ... also ist es jetzt langsam gut?

SOHN: Du hast neulich selber gesagt, daß wir ganz schön weit gekommen sind!

VATER: In welchem Zusammenhang hab ich das gesagt?

SOHN: Als der Handwerker gekommen ist, wegen dem verstopften Ausguß. Weil du es gar nicht fassen konntest!

VATER: Wie hoch die Rechnung war? Das kann schon sein.

SOHN: Nee, du konntest nich fassen, daß er gesagt hat, er kommt um drei, und dann war er Punkt drei da!

VATER: Ach so, ja! Das war in der Tat eine freudige Überraschung! Mit Pünktlichkeit rechnet man ja heutzutage schon gar nicht mehr.

SOHN: Das meint Charlys Vater ja: wenn man anfängt, sich über normale Sachen zu wundern – dann is was eingerissen.

VATER: Unzuverlässigkeit und Faulheit sind eingerissen, da hat er allerdings recht!

SOHN: Er sagt, Gleichgültigkeit ist eingerissen. Weil jeder bloß noch seinen eigenen Kram im Kopf hat.

VATER: Nun nicht gleich wieder übertreiben, nein? Für «eigenen Kram» kann man auch «eigene Verpflichtungen» oder «eigene Probleme» sagen, das hört sich dann schon anders an.

SOHN: Aber wenn die andern Leute auch Probleme haben?

VATER *stöhnt*: Darf ich mich jetzt wieder meinen Problemen zuwenden? Es besteht nämlich wenig Aussicht, daß mir einer dabei hilft!

SOHN: Ich wollte dich bloß noch fragen, ob du dich nicht über Frau Kulicke gewundert hast.

VATER: Über Frau Kulicke? Also, wenn du mich schon fragst: Ja, ich habe mich gewundert! Seit Jahren das erste Mal, daß sie keine Turnübungen veranstaltet, um die Äpfel von den Zweigen runterzukriegen, die in unseren Garten überhängen. Weit überhängen! Statt dessen hat sie mir ein Marmeladenrezept über den Zaun geflüstert!

SOHN: Weißt du, wie das kommt?

VATER: Vielleicht ist sie verliebt und in verklärter Stimmung ...

SOHN: Nee, sie hat sich bloß auch gewundert.

VATER: Über sich selbst, was?

SOHN: Nein, weil Mama sie gestern zum Kaffee eingeladen hat.

VATER: Was? Diese Person, die uns seit Jahren nichts als Scherereien macht, hat Mama eingeladen?

SOHN: Mama sagt, sie war sehr nett.

VATER: Das möchte ich ihr auch geraten haben! Wenn man sie einlädt!

240

SOHN: Mama denkt, das hätte sie längst schon mal machen sollen. Weil es eigentlich normal ist.

VATER: Bei Frau Kulicke ist das gar nicht normal, und sie hatte allen Grund, sich zu wundern!

SOHN: Mama hat sich neulich auch gewundert ...

VATER: Langsam glaube ich, ich bin im Wunderland! ... Das ist aber das letzte Wundern, das ich mir anhöre!

SOHN: Das war, als Webers da waren, als sie wieder weg waren ...

VATER: Als sie da waren – als sie weg waren ... nun weiß ich aber Bescheid!

SOHN: Na, als sie da waren, da hat Mama doch ganz toll gekocht, mit allen Schikanen!

VATER: Ja, das hat sie. Hat auch großen Eindruck gemacht.

SOHN: Und als Webers weg waren – da hat sie sich eben gewundert. Über dich.

VATER: Über mich?

SOHN: Ja. Aber eigentlich war's auch was ganz Normales ...

VATER: Also, was nun?

SOHN: Mama sagt, du hast dich zum erstenmal bei ihr bedankt für die ganze Arbeit!

Lob oder Tadel – das ist hier die Frage

SOHN: Papa? Charly hat gesagt, sein Vater hat gesagt – die sollen nicht so viel mit uns rummeckern!

VATER: Wer d i e ?

SOHN: Die Lehrer.

VATER: Ach, findet er mal wieder daß mit seinem Sohn zu streng verfahren wird?

SOHN: Wieso denn mit seinem Sohn?

VATER: Weil er sich um die andern Kinder nicht zu kümmern hat.

SOHN: Kümmert er sich aber. Charlys Vater kümmert sich immer um alles!

VATER: Da sagst du mir nichts Neues. Mir ist weiß Gott noch kein Mensch begegnet, der sich derart penetrant um Dinge kümmert, die ihn nichts angehen.

SOHN: Wieso geht ihn das nichts an, wenn die in der Schule soviel meckern?

VATER: Weil er keine Ahnung vom Schulalltag hat. Und dir kann ich nur sagen: Gebt den Lehrern keinen Anlaß zum «Meckern», dann meckern sie auch nicht!

SOHN: Du hast gut reden! Hast du in der Schule immer alles gleich richtig gemacht?

VATER: Ich hab mir jedenfalls immer Mühe gegeben.

SOHN: Und wenn dann trotzdem was falsch war?

VATER: Dann hab ich eben Pech gehabt.

SOHN: Hat dein Lehrer dann auch gemeckert?

VATER: Na, gelobt wird er mich nicht gerade haben …

SOHN: Warum denn nicht?

VATER: Warum nicht! Wir sind doch eben davon ausgegangen, daß ich etwas falsch gemacht habe. Warum hätte mich der Lehrer dann also loben sollen?

SOHN: Weil du dir doch Mühe gegeben hast!

VATER: Das konnte er ja nicht ahnen. Ob jemand etwas falsch macht, o b w o h l er sich Mühe gegeben hat, oder weil er sich k e i n e Mühe gegeben hat, das kann man ja nicht wissen.

SOHN: Manchmal kann man das schon wissen.

VATER: Woher denn ...

SOHN: Weil man's sieht! Neulich hatten wir doch was im Zeichnen auf, nich? Da sollten wir malen: «Im Schwimmbad».

VATER: Ja und?

SOHN: Da hat Sabine den ganzen Sonntag lang gemalt. Das ist echt ein duftes Schwimmbad geworden. Mit tausend Menschen, und welche sind gesprungen und welche sind getaucht ... und sie hat sich irre Mühe gegeben.

VATER: Na wie schön. Das wird den Lehrer dann ja auch gefreut haben.

SOHN: Ja, denkste. Die Herberger, die hat bloß einmal draufgeguckt und dann hat sie gesagt, das hat Sabine sehr schlecht beobachtet – weil das Wasser im Schwimmbad nicht blau ist, sondern grün, wegen dem Chlor!

VATER: Da hat sie natürlich recht.

SOHN: Aber Mann, das ist doch nicht so wichtig! Das war doch so 'n gutes Bild! Das hätte sie doch sehen müssen!

VATER: Sie hat das eben anders gesehen, das muß man ihr schon zugestehen ...

SOHN: Jedenfalls hat Sabine gesagt, sie macht nie wieder was!

VATER: Das ist sehr töricht von Sabine. Schließlich arbeitet sie ja nicht für die Lehrerin!

SOHN: Für wen denn sonst?

VATER: Für sich selbst natürlich!

SOHN: Für sich selbst hätte die doch nie so 'n dämliches Schwimmbad gemacht! Wo sie Schwimmbäder sowieso nicht leiden kann. Der ist immer richtig schlecht vor jeder Schwimmstunde!

VATER: Das kann ja die Lehrerin nun wirklich nicht wissen!

SOHN: Klar weiß sie das. Bei der haben wir doch auch Schwimmen. Deswegen hat sie uns ja so was aufgegeben!

VATER: Also weißt du – mir wird das jetzt etwas langweilig mit dem Schwimmbad-Bild von Sabine ...

SOHN: Charlys Vater fand das gar nicht langweilig. Der fand, daß Frau Herberger Sabine hätte loben müssen. Wegen der vielen Mühe.

VATER: Nun will ich dir mal was sagen, mein Lieber: Man kann und soll in der Schule keine Traumtänzer erziehen! – Wenn etwas noch nicht richtig oder nicht gelungen ist, dann kann man das nicht loben, dann muß man sagen, wie und wo es besser gemacht werden kann.

SOHN: Charly sagt aber, sein Vater sagt, gerade wenn man gelobt wird, macht man alles viel besser! Und wenn immer gemeckert wird, dann kann man gar nichts mehr. Das hat er an den Lehrlingen ausprobiert!

VATER: «Ausprobiert» ist gut! Na ja. Was soll er auch machen – studiert hat er ja nicht.

SOHN: Muß man das denn studieren?

VATER: Was?

SOHN: Das Loben!

VATER: Also nun werd nicht albern, nein?

SOHN: Ich mein ja bloß – weil das so wenige können!

VATER: Das hat nichts mit Können zu tun, sondern mit den Anlässen!

SOHN: Mit Anlässen?

VATER: Es muß etwas dasein, das man loben kann. Das ist der Anlaß.

SOHN: Ist ein Kuchen auch ein Anlaß?

VATER: Kann auch einer sein, warum nicht?

SOHN: Du hast Mama aber nicht gelobt am Sonntag!

VATER: Was ist nun los? Ich denke, wir reden über die Schule!

SOHN: Wir reden über Loben und über Meckern. Und Charlys Vater hat gesagt, die meisten Leute denken, sie brechen sich 'n Zacken aus der Krone, wenn sie was loben. Aber mit dem Meckern haben sie keine Schwierigkeiten!

VATER: Charlys Vater soll sich gefälligst nicht um unsere Angelegenheiten scheren!

SOHN: Macht er doch gar nicht. Der weiß doch gar nicht, daß Mama so 'n tolles Kuchenrezept ausprobiert hat – und daß du kein Wort gesagt hast!

VATER: Wieso habe ich kein Wort gesagt?

SOHN: Weiß ich doch nicht ...

VATER: Schließlich hab ich den Kuchen doch mit Appetit gegessen, oder?? Und irgendwas werde ich auch gesagt haben ...

SOHN: Ja, du hast gesagt, daß der Kaffee zu dünn ist.

VATER: Dann war er vermutlich auch zu dünn.

SOHN: Ist er immer zu dünn?

VATER: Natürlich nicht! Natürlich macht ihn Mama normalerweise genau richtig!

SOHN: Da sagst du aber nie was ...

VATER: Daß etwas richtig gemacht wird, ist ja wohl auch das Normale! Und wenn etwas vom Normalen abweicht, dann macht man darauf aufmerksam.

SOHN: Du meinst, dann meckert man ...

VATER: Wenn ich «meckern» gemeint hätte, hätte ich es auch gesagt! Dreh mir gefälligst die Worte nicht im Munde rum!

SOHN: Dreh ich ja gar nicht. – Hat sich aber wie Meckern angehört ... am Sonntag.

VATER: Wenn du sachliche Kritik nicht von «Meckern» unterscheiden kannst, dann wirst du wohl nicht weit kommen im Leben!

SOHN: Charlys Vater hat gesagt, am weitesten kommt man, wenn man gelobt wird. Weil man sich das besser merkt.

VATER: Darüber dürften die Ansichten auseinandergehen. Alle Erfahrungen sprechen jedenfalls dafür, daß Tadel oder Strafe sehr viel nachhaltiger wirken. Wer will sich denn schon Ärger einhandeln?

SOHN: Ärger gibt's sowieso – da kann man gar nichts gegen machen. Du ärgerst dich doch auch jeden Tag über irgendwas.

VATER: Das ist ein anderes Thema.

SOHN: Jedenfalls ... Charly und ich haben mal überlegt – wenn einer was falsch macht, dann wird er gleich angemeckert –

VATER *verbessernd*: Darauf aufmerksam gemacht bzw. getadelt!

SOHN: Unterbrich mich doch nicht immer! Jetzt muß ich noch mal anfangen!

Der Vater seufzt.

SOHN: Also: Wenn einer was falsch macht, wird er angemeckert, und wenn er was richtig macht, dann ist das selbstverständlich.

VATER: Ja, was denn sonst? Das Richtige muß doch auch

selbstverständlich sein und das Falsche die Ausnahme.
Wo kämen wir denn sonst hin?

SOHN: Und wo soll man da noch 'n Lob herkriegen?!

Vor Gebrauch bitte nachdenken

SOHN: Papa, Charly hat gesagt, sein Vater hat gesagt, es
soll ihm bloß keiner mehr mit Sprichwörtern kommen.

VATER: Na, das wird sich doch machen lassen ...

SOHN: Was?

VATER: Daß man ihm nicht mit Sprichwörtern zu nahe-
tritt. Aber warum reagiert er denn so allergisch auf die
armen alten Sprichwörter?

SOHN: Weil sie nicht stimmen.

VATER: Sagen wir besser: weil sie ihm hier und da nicht in
den Kram passen. Alle wird er ja nicht gleich gemeint
haben, oder?

SOHN: Nee, wahrscheinlich nicht.

VATER: Na, siehst du. Könnte mir auch nicht denken, was
er gegen «Die Axt im Haus erspart den Zimmermann»
haben sollte, zum Beispiel.

SOHN: Das ist ja auch bloß so was Praktisches ...

VATER: Von der praktischen Sorte gibt's aber sehr viele.

SOHN: Ja, ja, ich weiß. «Regen bringt Segen», zum Beispiel.

VATER: Sich regen, mein Lieber «Sich regen bringt Segen!»

SOHN: Ach so.

VATER: Oder mit anderen Worten: wenn man sich an-
strengt, dann bringt man es auch zu was. Der Regen allein macht's nicht!

SOHN: Anstrengung allein macht's aber auch nicht. Haben wir doch gerade im Fernsehen wieder gesehen, wie
die in Afrika oder Amerika oder wo das war – wie die da

248

in den Müllbergen leben müssen. Und die können sich anstrengen wie sie wollen, das nützt ihnen gar nichts.

VATER: Dieses Sprichwort ist auch nicht in irgendwelchen Elendsvierteln entstanden, sondern bezieht sich auf normale Verhältnisse. Und da hat es noch immer seine Gültigkeit.

SOHN: Muß ich noch mal drüber nachdenken ...

VATER: Das ist eine gute Idee, das tu nur.

Der Vater steht auf.

SOHN: He, Papa! Wo willst du denn hin?

VATER: In den Garten. Ich will mal sehen, ob der Zaun noch überall dicht ist.

SOHN: Ich habe dir doch noch gar nicht die ganzen Sprichwörter gesagt, die Charlys Vater so aufregen. Die alle nicht stimmen.

VATER *seufzt*: Also paß auf, ein Kompromiß: Du hast ein Sprichwort frei, ja? Eins!

SOHN: Na schön. Dann nehm ich das gefährlichste.

VATER: Das gefährlichste?

SOHN: Ja. Charlys Vater hat gesagt, das richtet in der ganzen Welt bloß Schaden an; aber er hat auch zwanzig Jahre gebraucht, bis er das gemerkt hat!

VATER: Also, du hast es geschafft, jetzt bin ich direkt neugierig! Her mit dem Sprichwort! Vielleicht kenne ich es noch gar nicht, wie?

SOHN: Klar kennst du das. Hast du zu mir auch schon gesagt.

VATER *amüsiert*: Was? So was Gefährliches hab ich gemacht?

SOHN: Allerdings; wird dir gleich einfallen. Es heißt nämlich: «Der Klügere gibt nach.»

VATER: Was denn? Ausgerechnet dieses friedliche Wort, das soll gefährlich sein? Und für diese absurde Feststellung hat Charlys Vater auch noch zwanzig Jahre gebraucht? Das ist ja deprimierend.

SOHN: Da kann man mal sehn: du huschst da auch bloß so drüber hin, über dieses Sprichwort, und denkst nicht nach!

VATER: Ich husche überhaupt nicht – und wenn, dann könnte ich den Sinn auch noch im Huschen erhaschen!

SOHN: Überleg doch mal richtig: wenn der Klügere nachgibt, dann passiert doch das, was der Dümmere will. Und genauso sieht die Welt auch aus, sagt Charlys Vater!

VATER: Nun Moment mal, Moment mal ... so ist das doch nicht gemeint! Du kannst so ein Wort für den Hausgebrauch doch nicht in die große Politik übertragen.

SOHN: Wieso denn nicht?

VATER: Weil es nicht das nötige Format hat! «Der Klügere gibt nach», das sagt man, wenn ... wenn Geschwister sich darum streiten, wer das letzte Stück Kuchen essen darf. Da appelliert man dann an den Vernünftigeren, den «Klügeren», zu verzichten.

SOHN: Könnten sie doch auch teilen, das letzte Stück Kuchen ...

VATER: Dann nimm meinetwegen etwas, was sich schlecht teilen läßt. Einen Bonbon zum Beispiel.

SOHN: Und wieso soll immer gerade der Dümmere den letzten Bonbon kriegen?

VATER: Mein Gott, es geht nicht darum, daß der Dümmere den Bonbon kriegt, sondern daß der Klügere sich nicht deswegen streitet.

SOHN: Ist doch dasselbe.

VATER: Eben nicht! Es ist ein völlig anderer Blickwinkel.

SOHN: Auf jeden Fall kriegt der Dümmere den Bonbon!

VATER: Nun kleb doch nicht so an dem Bonbon fest! Ist ja
    fürchterlich …
SOHN: Ich kleb ja gar nicht! Weil das sowieso ein schlech-
    tes Beispiel ist.
VATER: Aha. Und du hast natürlich ein besseres.
SOHN: Hab ich auch. Weil Charly und Charlys Schwester
    und ich nachgedacht haben. Zum Beispiel: Da wollen
    zwei Leute denselben Posten haben, und nun streiten sie,
    wer ihn kriegt. Wenn der Klügere nachgibt, kriegt der
    Dümmere den Posten!
VATER: Seit wann kann man sich denn einen Posten selber
    aussuchen! Da gibt es doch jemanden, der den Posten zu
    vergeben hat. Und von dem muß man erwarten, daß er
    den Klügeren herausfindet.
SOHN: Kann er ja gar nicht mehr. Wenn der Klügere schon
    gleich nachgegeben hat und weggegangen ist – dann ist
    ja bloß noch der Dümmere übrig!
VATER: So läuft das doch aber nicht. Wenn der Klügere …
    also, wenn er so klug ist, dann erkennt er auch, daß es
    wichtig ist, wenn er den Posten bekommt – wichtig für
    die anderen Menschen –, und dann wird er eben nicht
    nachgeben.
SOHN: Dann darf er aber nicht an das Sprichwort denken!
    Sonst muß er nämlich doch nachgeben! Das ist ja grade
    das Gemeine, sagt Charlys Vater, daß in dem Sprichwort
    so getan wird, als ob Nachgeben immer was Gutes ist.
VATER: Oft genug ist es ja auch was Gutes …
SOHN: Aber nicht, wenn man recht hat! Und den Kindern
    wird auch immer gesagt, daß sie nachgeben sollen!
VATER: Kinder sollen nicht nachgeben, die sollen gehor-
    chen! Das wär ja wohl noch schöner, wenn man immer
    darauf hoffen müßte, daß die Kinder so gütig sind und
    nachgeben!

SOHN: Ich meine doch, wenn Kinder sich mit Kindern streiten –

VATER: Da kann es auch nichts schaden nachzugeben ...

SOHN: Und ob das schaden kann! Neulich in der Schule zum Beispiel: da wollte der Günter und noch viele andere, die wollten zwanzig weiße Mäuse kaufen und bei der Englischarbeit laufen lassen. Bloß, damit Frau Gerlach mit der Arbeit aufhören muß. Gemein, nicht?

VATER: In der Tat, ja; ein sehr törichter Einfall. Es gefällt mir gut, daß du offenbar Frau Gerlach in Schutz genommen hast.

SOHN: Doch nicht die Frau Gerlach! Die Mäuse natürlich! Das ist doch eine Sauerei, die in der Schule auszusetzen, damit sie dann gejagt werden und vielleicht noch totgeschlagen!

VATER: Ja, sicher, eine Tierquälerei ist das außerdem ... Und wer hat sich nun durchgesetzt? – Du – und Charly, nehme ich an ...

SOHN: ... und Sabine und Ali. Wir haben einfach nicht nachgegeben.

VATER: Und dann habt ihr die anderen überzeugt ...

SOHN: Weiß ich nicht. Die meisten wollten das eigentlich machen. Aber wir haben einfach ein Riesenfaß aufgemacht! Rumgebrüllt und getrampelt und gesagt, sie können was erleben, wenn sie Mäuse laufen lassen! Irgendwie war denen das dann unheimlich.

VATER: Na ja, dann ist ja alles sehr zufriedenstellend ausgegangen.

SOHN: Aber bloß, weil die Klügeren nicht nachgegeben haben! Waren wir doch, die Klügeren, nich?

VATER: Ja, das wart ihr.

SOHN: Charly sagt, sein Vater sagt, die Klügeren in der Regierung, die dürfen auch nicht nachgeben!

VATER: Natürlich nicht ...

SOHN: Die Klügeren wollen nämlich gar nicht, daß immer mehr gerüstet wird und daß Waffen in andere Länder verkauft werden! Und all so was!

VATER: Sehr schlau gesagt, «die Klügeren wollen das nicht». Aber wenn diese Rechnung aufgehen soll, dann müssen die Klügeren in allen Ländern das auch nicht wollen!

SOHN: Wollen sie ja auch nicht. Die Klugen wollen das nirgends. Die dürfen eben bloß nicht nachgeben!

VATER: In der Politik ist das Nachgeben aber keine Frage von Klugheit oder Dummheit. In der Politik setzt sich immer der durch, der mehr Einfluß und mehr Macht hat.

Pause.

SOHN: Soll das heißen, daß die Klugen nie die Macht haben?

VATER: Das soll vor allem heißen, daß Klugschnacker wie du und wie Charlys Vater, daß die keine Macht haben! Gott sei Dank nicht! Sonst wär die Welt ja wohl ein einziges Irrenhaus!

SOHN: Ach nee ... und was ist sie jetzt?

Respekt auf Vorschuß?

SOHN: Papa, Charly hat gesagt, sein Vater hat gesagt, Respekt ist lebensgefährlich!

VATER: Hab ich richtig gehört? Respekt ist lebensgefährlich?

SOHN: Ja, genau. Hast du echt gut hingehört, Papa.

VATER: Das werde ich mir schnellstens wieder abgewöhnen!

SOHN: Was?

VATER: «Echt gut» hinzuhören. Ich habe nämlich «echt» keine Lust ...

SOHN: ... keinen «Bock», Papa. Wenn schon, denn schon!

VATER: Ich habe keine Lust, zur Kenntnis zu nehmen, daß Charlys Vater seine erste Trotzphase wiederbelebt!

SOHN: Wieso ist das «Trotzphase», wenn man sagt, daß Respekt ...

VATER: ... weil Trotzphasen bekanntlich jene Entwicklungsstadien sind, in denen Kinder blindwütig versuchen, ihren eigenen Willen gegen die Eltern durchzusetzen. Ohne jeden Respekt.

SOHN: Charlys Vater meint doch gar nicht die Kinder. Auf die hört ja sowieso keiner.

VATER: Wenn sie etwas Vernünftiges zu sagen haben, wird man auch auf sie hören ...

SOHN: Charlys Vater meint aber, die Erwachsenen müssen nicht soviel Respekt haben.

VATER: Na, wunderbar. Herrliche Welt, in der kein

Mensch mehr vor irgendwem oder irgend etwas Respekt hat.

SOHN: Vor «irgendwem» kann man ja ruhig. Wenn man den kennt. Aber nicht so auf Vorschuß, sagt Charlys Vater.

VATER: Was soll das heißen, auf Vorschuß?

SOHN: Na, nich bloß, weil einer 'nen weißen Kittel anhat und wichtig redet.

VATER: Das kommt ja wohl darauf an, wer den weißen Kittel anhat. Ein ... Friseurlehrling mit weißem Kittel, der wird nicht gerade sehr respekteinflößend sein, wie wichtig er auch daherreden mag.

SOHN: Ein Friseurlehrling kann einem ja höchstens die Haare falsch abschneiden. Die wachsen ja wieder nach. Aber 'n Arm wächst nicht wieder nach.

VATER: Gut beobachtet. Und was soll das?

SOHN: Hast du das nicht gelesen? Wie sie neulich einem jungen Mädchen den Arm abgeschnitten haben, weil da so 'ne Autorität nicht erlaubt hat, daß sie den Gips abmachen?

VATER: Was für eine Schauergeschichte!

SOHN: Das ist allerdings 'ne Schauergeschichte. Allerdings! Der war nämlich bloß gezerrt oder geknackst, der Arm, und es mußte ein Gips rum. Und dann hat das Mädchen tagelang gejammert, daß es so weh tut; aber der Professor, oder wer das war, der hat sich nicht drum gekümmert.

VATER: Er wird sich schon gekümmert haben. Aber natürlich kann er nicht grundsätzlich jede Art von Behandlung gleich wieder rückgängig machen, weil sie für den Patienten unangenehm ist.

SOHN: Du hast deinen Halswickel aber gleich rückgängig gemacht, weil er dir unangenehm war.

VATER: Er war nicht nur unangenehm, er war auch über-
flüssig!

SOHN: Hat dir ja auch keine Autorität umgewickelt, sondern bloß Mama.

VATER: Das spielt doch überhaupt keine Rolle! Ich weiß
selbst am besten, was mir guttut und was nicht!

SOHN: Das hat das Mädchen mit dem Gips auch gewußt –
daß ihr der nicht guttut. Und die Schwestern wußten das
bestimmt auch. Aber die hatten wohl alle mächtig Respekt vor dem Chef.

VATER: Anders geht es ja auch nicht ...

SOHN: Anders geht es nicht!? Wo der Arm unter dem Gips
total vergammelt ist? Und sie ihn abschneiden mußten?!

VATER: Das ist natürlich ganz schrecklich, so etwas.
Furchtbar. Leider gibt es, wenn auch selten, eben doch
immer mal wieder solche Kunstfehler.

SOHN: Charlys Vater sagt, das war menschliches Versa-
gen.

VATER: Meinetwegen, so kann man es auch nennen. Natürlich hat der verantwortliche Arzt auch menschlich
versagt, weil er ...

SOHN: ... nee, nich der Arzt! Die Eltern, oder die Oma,
oder Onkel, oder die Freunde, oder ...

VATER: Wer denn nun noch alles? Und was hätten die
denn machen sollen?

SOHN: Nich soviel Respekt haben eben! Charlys Vater
sagt, er wäre ei-gen-hän-dig mit 'ner Gipsschere gekommen und hätte den Verband abgemacht, wenn Charly
solche Schmerzen gehabt hätte!

VATER: Das kann man hinterher leicht sagen. Aber in der
akuten Situation, da wird man kaum hingehen und
einem Fachmann ins Handwerk pfuschen.

SOHN: Wer hat denn da gepfuscht?!

VATER: Ja doch, darüber waren wir uns ja einig, daß in diesem Fall ein schlimmer Fehler gemacht worden ist. Das kann man aber nicht verallgemeinern.

SOHN: Tante Luise wär vielleicht auch gestorben – wenn Mama soviel Respekt gehabt hätte!

VATER: Wovon redest du jetzt?

SOHN: Von dem Fischessen. Wo Tante Luise mit Mama in dem ganz vornehmen Restaurant war und wo Tante Luise Fisch bestellt hatte. Und der kam ihr irgendwie komisch vor; aber sie hat sich nicht getraut, was zu sagen.

VATER: Tante Luise ist auch ein Mensch mit einem besonders schwachen Durchsetzungsvermögen. Und wenn da ein Ober im Frack ihr auf silbernem Tablett einen Fisch serviert ...

SOHN: ... dann hat sie gleich Respekt, nich? Und wenn Mama den Fisch nicht zurückgeschickt hätte ...

VATER: Ja doch, ich weiß ja. Deine Mutter hat angemessen reagiert.

SOHN: Aber die andern Leute, die den Fisch ganz artig gegessen haben – die hatten auch zuviel Respekt, oder?

VATER: Keine Ahnung. Vielleicht haben sie auch nichts geschmeckt, oder sie wollten kein Aufsehen erregen.

SOHN: Aber nachher haben sie mächtig viel Aufsehen erregt, wie? Wie sie dann mit Tatü-tata ins Krankenhaus mußten, Magen auspumpen!

VATER: Und trotzdem kann man solche Vorkommnisse nicht dazu benutzen, um zur allgemeinen, weltweiten Respektlosigkeit aufzurufen!

SOHN: «Allgemein» sagt ja keiner. Bloß nich vor Kitteln oder Fracks oder ...

VATER: Fräcken.

SOHN: ... oder Fräcken oder Uniformen oder so was!

VATER: Ach, sind jetzt die Uniformen dran. Schießt sich Charlys Vater jetzt auch noch auf die Polizei oder Bundeswehr ein, ja?

SOHN: Gar nicht! Gibt doch jede Menge andre Uniformen. Eisenbahneruniform zum Beispiel. Auf so was ist nämlich der Onkel von Charlys Vater reingefallen.

VATER: Wie das?

SOHN: Na, der ist schon ganz alt und macht nie die Tür auf, wenn er nicht weiß, wer es ist. Und dann hat er mal durchs Guckloch 'ne Uniform gesehn, und gleich hat er aufgemacht, und peng, ist er beklaut worden. Hatte sich so 'n Ganove 'ne alte Eisenbahneruniform angezogen!

VATER: Ja nun, gegen solche üblen Tricks ist kein Mensch gefeit ...

SOHN: Charlys Vater sagt, das kommt nur von dem Respekt auf Vorschuß.

VATER: Den Spruch hast du schon mal gesagt, und davon wird er auch nicht richtiger! Man kommt nämlich gar nicht umhin, sich im täglichen Leben auf Fachleute und auf Experten zu verlassen.

SOHN: Auch wenn man das Gefühl hat, die irren sich?

VATER: Gefühl ... Gefühl ...

SOHN: Experten können sich doch auch irren!

VATER: So gesehen, kann sich jeder irren.

SOHN: Auch die ganz Oberen, nich?

VATER: Was heißt «die ganz Oberen»?

SOHN: Na, zum Beispiel ... Ober ... staatsanwalt, oder Ober ... feldmarschall oder Ober ... befehlshaber, oder ...

VATER: ... Ober ... ammergau! – Was soll das Ganze? Gerade bei Experten wird der Irrtum immer die Ausnahme sein.

Sohn: Und wie kann man wissen, ob da gerade 'ne Ausnahme ist?
Vater: Das kann man vorher nie wissen. Logisch.

Pause.

Sohn: Charly hat gesagt, sein Vater hat gesagt, so wie Mama mit dem Fisch – so muß man das immer machen.
Vater: Wie? ...
Sohn: Nicht gleich alles runterschlucken, was man vorgesetzt kriegt!

Geh spielen!

SOHN: Papa, Charly hat gesagt, seine Schwester hat gesagt, das sollen sich die Eltern mal überlegen, ob sie zu ihrem Kind immer sagen:«Geh spielen!»

VATER: Was sollen sie denn sonst sagen? «Wehe, du spielst!», oder was?

SOHN: Nee, aber die Kinder sollen nicht immer weggeschickt werden zum Spielen.

VATER: Weggeschickt werden! Im Nebenzimmer sind sie doch nicht «weg». Außerdem sind sie sowieso eins, zwei, drei wieder da und wollen alles machen, was die Eltern gerade machen ...

SOHN: Ist doch gut; da können sie doch eine Menge lernen.

VATER: Nicht alles, was Eltern machen, eignet sich für die Kinder zum Nachmachen.

SOHN: Weil die Eltern so viel falsch machen?

VATER: Ach, such dir doch jemand anderen zum Unterhalten, ja?

SOHN: So schnell find ich jetzt keinen. – Charlys Schwester meint ja auch nur, die Eltern sollten lieber sagen: «komm spielen». Komm!

VATER: Da hat die Schwester wohl eine Kleinigkeit vergessen in der Eile! Daß nämlich Eltern die glücklichen Zeiten hinter sich haben, in denen sie den ganzen Tag lang spielen konnten. Eltern haben zu arbeiten!

SOHN: Stimmt schon, ja. Aber dann müßten sie vielleicht immer andere Kinder einladen zum Spielen.

VATER: Was denn nun noch? Und was ist überhaupt mit dir los? Langweilst du dich neuerdings?

SOHN: Ich doch nich. Ich hab doch Charly. Aber seine Schwester denkt eben, daß alles damit anfängt, daß viele kleine Kinder immer allein spielen sollen.

VATER: Das ist auch sehr wichtig, daß ein Kind lernt, sich allein zu beschäftigen.

SOHN: Aber wenn es sich ans Alleinspielen dann gewöhnt? Und gar keinen anderen mehr braucht zum Sichbeschäftigen?

VATER: Na, dann beschäftigt es sich eben weiterhin allein.

SOHN: Aber dann wird es vielleicht süchtig.

VATER: Was wird es?!

SOHN: Süchtig. Weil es dann vielleicht den ganzen Tag bei den Spielautomaten rumhängt und mutterseelenallein sein ganzes Geld verspielt!

VATER: Nun werde nicht schon wieder dramatisch! So ein Spielanfall am Automaten dürfte sehr schnell sein natürliches Ende finden. Wenn nämlich das Taschengeld alle ist.

SOHN: Aber die spielen ja immer weiter; auch wenn sie schon älter sind. Charlys Schwester sagt, da gibt's Leute, die haben in ein paar Jahren hunderttausend Mark verspielt!

VATER: Dußlig genug. Aber das Geld muß einer ja erst mal haben.

SOHN: Haben sie aber gar nicht. Das pumpen sie sich, oder holen sich Kredite oder so was. Weil das ja 'ne Sucht ist!

VATER: Das ist keine Sucht, sondern eine faule Ausrede! Wo kommen wir denn hin, wenn wir jede Unbeherrschtheit und jede Leichtfertigkeit als «Sucht» deklarieren wollten?

SOHN: Aber wenn die einfach nicht mehr aufhören können?

VATER: Wenn es sich um meinen Sohn oder um meine Tochter handeln würde – ich würde schon dafür sorgen, daß sie aufhören. Verlaß dich drauf!

SOHN: Wie willste denn das machen, wenn du den ganzen Tag im Büro bist.

VATER: Mir würde schon was einfallen.

SOHN: Den andern Eltern ist aber nichts eingefallen. Und dem Staat auch nicht.

VATER: Dem Staat! Dem Staat ist nichts eingefallen! Das hab ich gern. Erst nach der allumfassenden persönlichen Freiheit schreien und dann, wenn's irgendwo schiefläuft, wieder nach dem Staat jammern!

SOHN: Aber wieso gibt's denn überhaupt so wahnsinnig viele von diesen Geldschluckern?

VATER: Das ist eine Sache von Angebot und Nachfrage, wie bei allem. Anscheinend macht die Spielerei ja vielen Leuten Spaß, und für Spaß muß man immer bezahlen – auf die eine oder andere Weise ...

SOHN: Aber doch nicht gleich soviel. Ein Schüler hat mal 300 Mark verloren, an einem Tag. Stand in der Zeitung.

VATER: Glaub ich nicht. 60 Prozent der Gelder, die man einwirft, müssen als Gewinn wieder rauskommen. Das ist Vorschrift. Da kann man gar nicht soviel verlieren bei den kleinen Einsätzen.

SOHN: Kann man doch. Weil – an manchen Automaten kann man auch «Risiko» spielen. Da kann man mehr gewinnen und mehr verlieren. Wußteste nich, wie?

VATER: Wie dem auch sei – wer einmal richtig reingefallen ist, der kann es ja lassen. Und wer durch Schaden nicht klug wird, dem ist eben nicht zu helfen.

SOHN: Nee. Weil's ja 'ne Sucht ist.

262

VATER *stöhnt*: Zur Sucht wird etwas erst, wenn man es über längere Zeit exzessiv betreibt. Und jeder Mensch, der nur einen Funken Verstand hat, wird doch merken, wann es überhandnimmt mit der kindischen Automaten-Spielerei!

SOHN: Das sagst du so ...

VATER: Ja, das sag ich so.

SOHN: Du hast ja auch genug anderes zu tun.

VATER: Allerdings. Und mehr, als mir lieb ist.

SOHN: Aber viele haben doch gar keine Arbeit.

VATER: Die haben dann auch kein Geld zum Verspielen.

SOHN: Bißchen hat doch jeder. Und wenn er das nun verspielt, dann hat er ...

VATER: ... dann hat er selber schuld!

SOHN: Aber Charlys Schwester sagt, 200 000 Automaten, das ist echt 'ne Verführung!

VATER: So viele gibt's?

SOHN: Ja, und das werden noch immer mehr. Weil das so ein gutes Geschäft ist. An den Dingern wird über 'ne Milliarde verdient im Jahr. Irre, was?

VATER: Verblüffend, ja.

SOHN: Und das Geld ziehen sie gerade solchen Typen aus der Tasche, die immer allein sind und sich ganz mies fühlen!

VATER: Ja, was soll man da machen? Aus dem Kindergartenalter sind diese Spieler wohl raus!

SOHN: Charlys Schwester hat gedacht ... Von dieser Milliarde, da kriegt der Staat doch 'ne Masse Steuern, oder?

VATER: Was sonst? Sollen vielleicht gerade diese Automaten-Betreiber keine Steuern zahlen?

SOHN: Und da könnte doch der Staat das viele Geld gleich nehmen und diesen Suchtspielern helfen. Irgendwie ...

VATER: Das wär ja vielleicht ein törichter Kreislauf! Erst

die Spielautomaten genehmigen und dann die eingenommene Steuer wieder für die Spielopfer ausgeben!

SOHN: Bei Alkohol ist das aber genauso, sagt Charlys Schwester. Erst gibt es feste Steuern von dem Gesaufe, und dann muß der Staat die Knete wieder rausrücken, weil der die Alkis auf Entziehung schicken muß!

VATER: Das stimmt schon wieder hinten und vorn nicht! Lassen wir mal dahingestellt, wer überhaupt eine Entziehungskur zahlen muß; von den Millionen Menschen, die abends ihr Bierchen trinken und einen Schnaps hinterher, wird doch allenfalls eine verschwindende Minderheit alkoholkrank. Und im übrigen ist das alles nicht dein Problem, oder??

SOHN: Eigentlich nich. Aber Charly sagt, wenn es immer mehr Leute mit irgend 'ner Sucht gibt – das geht alle an.

VATER: Insofern, als die Gemeinschaft alle ihre Mitglieder über Wasser halten muß. Das stimmt allerdings.

SOHN: Wieso sind denn die Mitglieder im Wasser?

VATER: Diese dumme Frage beantworte dir mal selber, ja?

SOHN: Na gut, mach ich. Also: Das Wasser ist bloß 'n Bild, und drin sind die, denen es schlechtgeht. Und denen muß man den Kopf raushalten, damit sie wenigstens Luft kriegen.

VATER: Na ja ...

SOHN: Wie kommen die aber rein ins Wasser? Aus Versehen?

VATER: Aus Leichtsinn, würde ich sagen.

SOHN: Oder es hat sie jemand geschubst!

VATER: Geschubst! An die Spielautomaten – um auf dein Eingangsthema zurückzukommen – wird nun garantiert niemand «geschubst».

SOHN: Aber wenn doch alle immer sagen: «Geh spielen»?!

Die verpaßte Chance

SOHN: Papa, Charly hat gesagt, sein Vater hat gesagt, das wär jetzt 'ne tolle Gelegenheit für die Kinder!

VATER: Besten Dank für seine Anregungen. Aber die letzte «tolle Gelegenheit» liegt schon seit Wochen oben auf deinem Schrank und verstaubt!

SOHN: Meinst du die Hanteln?

VATER: Ja, die meine ich. Die Hanteln, von denen du dir so aufsehenerregende Muskelbildung versprochen hast. Dreimal benutzt. Oder gar viermal?

SOHN: Die hat Mama mir doch weggenommen, als mir eine auf den Fuß gefallen ist. Weil sie nicht will, daß ich oben Muskeln hab und unten nicht mehr laufen kann.

VATER: Wie auch immer – ich geb jedenfalls für Charlys Vaters Sonderangebotstips kein Geld mehr aus.

SOHN: Du sollst doch gar kein Geld ausgeben.

VATER: Wer denn?

SOHN: Der Staat.

VATER: Aha, wieder mal ... und wofür?

SOHN: Für Lehrer.

VATER *lacht*: Für Lehrer? Gibt's da auch schon Sonderangebote?

SOHN: Also, Papa, weißt du nicht, daß wir tausend und tausend Lehrer übrig haben??

VATER: Das weiß ich allerdings – daß vor Jahren ganze Heerscharen von Studenten ihr Herz für Kinder entdeckt haben! Und nun gibt's leider gar nicht so viele Kinder zum Unterrichten.

SOHN: Das ist doch gerade die Gelegenheit, sagt Charlys Vater. Und die darf man nicht verpassen!

VATER: Die Gelegenheit wozu?

SOHN: Kleinere Klassen zu machen. Damit alle Kinder gut lernen können.

VATER: «Alle Kinder» würden auch nicht gut lernen, wenn bloß noch zehn in einer Klasse wären. Es wird immer begabte und weniger begabte Kinder geben. Das mal vorweg. Und außerdem ...

SOHN *dazwischen*: Manche sind aber gar nicht weniger begabt. Der Klaus ist überhaupt nicht weniger begabt!

VATER: Wer ist denn Klaus?

SOHN: Einer aus meiner Klasse.

VATER: Und was ist mit dem?

SOHN: Der meldet sich nie. Der traut sich immer nicht.

VATER: Schüchterne Kinder hat es auch schon immer gegeben. Aber wenn er so «begabt» ist, dann wird er dafür ja gute Arbeiten schreiben.

SOHN: Nee – da ist er immer so aufgeregt.

VATER: Na so was – tja, dann muß er zum Ausgleich eben besonders gute und ordentliche Hausaufgaben abliefern.

SOHN: Kann er ja nicht. Bei ihm zu Hause ist so ein Durcheinander, und er muß immer einkaufen und auf seine Schwestern aufpassen und alles.

VATER: Ja, wenn da so ein Tohuwabohu herrscht – ich meine, wenn das so ungeordnete Familienverhältnisse sind, da kann ihm auch kein Lehrer helfen!

SOHN: Doch, gerade! Wir haben nämlich gehört, wie Herr Schröder zu Frau Wallner gesagt hat, daß er sich so gerne um den Klaus kümmern würde. Aber er weiß einfach nicht, wie er das schaffen soll.

VATER: Ja, und ich weiß es auch nicht! Und der Staat weiß es leider ebenfalls nicht! Der Staat muß nämlich spa-ren

– falls sich das noch nicht herumgesprochen haben sollte! Und die Lehrer sind ja nicht die einzigen, die Schwierigkeiten haben, einen Arbeitsplatz zu finden.

SOHN: Aber du sagst doch immer, man darf nicht an der falschen Stelle sparen. Und du hast mir extra die teure Lederjacke gekauft, die ich gar nicht haben wollte!

VATER: Diese Lederjacke wird lange halten und immer noch anständig aussehen. Das ist eine vernünftige Investition.

SOHN: Und Lehrer sind keine vernünftige Investition?

VATER: Jetzt werd mal nicht albern. Du wirst wohl noch den Unterschied zwischen einer Lederjacke und einem arbeitslosen Lehrer erkennen können, oder?

SOHN: Ich red doch vom Sparen. Und Charlys Vater sagt, im nächsten Jahr wollen die irgendwo sogar noch zehntausend Lehrer mehr sparen!

VATER: Wahrscheinlich sind da kaum noch zwanzig Kinder in jeder Klasse, und da muß man natürlich Klassen zusammenlegen.

SOHN: Wieso muß man denn? Mit zwanzig Schülern – Mann, da wär's doch richtig gemütlich in der Schule!

VATER: In der Schule soll es nicht «gemütlich» sein, da soll gelernt werden!

SOHN: Kann man doch gerade besser lernen mit zwanzig. Weil es dann nicht so laut ist.

VATER: Auch bei 35 oder 40 Schülern hat es nicht laut zu sein! Und von einem Lehrer muß man erwarten können, daß er auch mit einer größeren Klasse fertig wird und jedem Kind das Nötige beibringt! Soviel Nerven muß ein Lehrer schon mitbringen.

SOHN: Herr Neumann hat aber keine Nerven mehr.

VATER: Und wieso nicht?

SOHN: Weiß ich doch nicht. Aber der ist schon ziemlich alt

267

und zuckt immer so mit den Augen. Aber der darf noch nicht aufhören.

VATER: Wo kämen wir denn da auch hin, wenn jeder aufhören dürfte zu arbeiten, weil er ein kleines Lidzucken hat!

SOHN: Aber wenn doch so viele junge Lehrer da sind, mit ganz neuen Nerven?

VATER: Ob sie da sind oder nicht – man kann sie nicht bezahlen. Ist das so schwer zu begreifen?

SOHN: Aber die Lehrer kosten doch auch Geld, wenn sie arbeitslos sind, oder?

VATER: Nicht, wenn sie sich schnellstens eine andere Arbeit suchen.

SOHN: Was denn für eine?

VATER: Irgendeine eben. Arbeit schändet ja bekanntlich nicht.

SOHN: Sollen die vielleicht zu dir ins Finanzamt kommen? Wenn du da immer soviel zu tun hast ...

VATER: Nein, da wären sie ja wieder im öffentlichen Dienst!

SOHN: Was sollen sie denn machen?

VATER: Nun – notfalls müssen sie eben ... was weiß ich ... ein Handwerk lernen.

SOHN: Dann nehmen sie doch wieder den Handwerkern die Arbeit weg.

VATER: Also, ich bin nicht das Arbeitsamt, wirklich nicht!

SOHN: Jedenfalls – Charlys Vater sagt, bevor die Lehrer andern Leuten den Arbeitsplatz wegnehmen, sollte man lieber an die Kinder denken!

VATER: An die Kinder wird schon gedacht. Dafür sorgen sie schon selbst, daß man sie nicht vergißt.

SOHN: Wieso denn?

VATER: Indem sie Probleme machen! Indem sie sich hängenlassen, sich mit ihren «Walkie-talkies» volldröhnen und sich um Gott und die Welt nicht mehr scheren!

SOHN: Doch nicht alle.

VATER: Aber viel zuviele.

SOHN: Aber um die könnten sich doch dann die Lehrer richtig kümmern – wenn nicht so viele in der Klasse wären. Herr Schröder hat gesagt, er würde auch zu gern mal mit allen Eltern reden und …

VATER: Das ist überhaupt nicht seine Aufgabe. Sein Tätigkeitsfeld ist das Klassenzimmer. Immer noch.

SOHN: Für den Klaus kann er im Klassenzimmer aber gar nichts machen …

VATER *wütend*: Also, jetzt hör endlich auf, mit diesem Jungen! Es geht nun mal im Leben nicht alles so, wie man es gern hätte! Ist dir das nicht beizubringen??
Junge kichert.
Was gibt's da zu lachen?

SOHN: Weil du doch gesagt hat, mit 35 oder 40 Kindern muß ein Lehrer schon fertig werden …!

VATER: Ja und?

SOHN: Und du flippst schon aus, wenn du bloß einem einzigen Kind was beibringen willst!

Was kostet die Liebe?

SOHN: Papa, Charly hat gesagt, seine Schwester hat gesagt, Liebe muß es umsonst geben!

VATER *unkonzentriert*: Was soll es jetzt schon wieder umsonst geben?

SOHN: Liebe!

VATER: Liebe? Liebe gibt es ja wohl immer umsonst ... oder was will Charlys Schwester hier subventioniert haben? Also, ich denke, dieses Thema beenden wir kommentarlos.

SOHN: Aber Charlys Schwester meint doch gerade, daß Liebe nichts kosten darf – sozusagen.

VATER: Ich hab's gehört: Liebe zum Nulltarif; was immer sie damit meint.

SOHN: Sie meint, jeder Mensch will um seiner selbst willen geliebt werden!

VATER: «Um seiner selbst willen»! Na so was! – Und das hält sie für eine echt affengeile Erkenntnis, wie?

SOHN: Na, hör mal, Papa ...

VATER: Ist doch wahr! Sonst immer die größte Kodderschnauze, und plötzlich so eine aufgesetzte Wichtigkeit! Weswegen sollte ein Mensch denn geliebt werden, wenn nicht «um seiner selbst willen?» Um seiner Großmutter willen bestimmt nicht!

SOHN: Nee, aber vielleicht, weil er immer ganz artig macht, was man ihm sagt!

VATER: Das ist ja wohl keine so falsche Methode – das zu tun, was andere freut, wie? Oder glaubst du, jemand wird einen besonders gern haben, wenn man immer genau das Gegenteil von dem macht, was von einem erwartet wird?

SOHN: Also, Papa, du bringst einen richtig raus! Das ist doch alles ganz anders ...

VATER: Von wem ist überhaupt die Rede? Von Kindern?

SOHN: Ja. Weil es da anfängt. Und weil die ja noch gar nicht richtig checken, was mit ihnen passiert.

VATER: Dafür «checken» die Eltern dann um so deutlicher, was passiert! Wenn die Kinder nämlich nicht tun, was man ihnen sagt, und wenn es dann kracht und splittert und brennt!

SOHN: Du tust ja, als ob alle Kinder ihren Eltern das Haus anzünden!

VATER: Wenn die Eltern nicht pausenlos Anordnungen geben würden, dann würde auch dauernd was passieren. Du hast ja auch schon unseren Papierkorb in Brand gesetzt, weil du wieder mal ...

SOHN: ... und bei dir hat der Weihnachtsbaum gebrannt!

VATER: Was heißt «bei mir?» Bin ich vielleicht allein für unseren Weihnachtsbaum verantwortlich?

SOHN: Is ja gut. So was ist ja sowieso immer nur aus Versehen. Jedenfalls – Charly sagt, seine Schwester sagt, Liebe darf nicht nur so eine Art Belohnung sein, weil man irgendwas Bestimmtes macht. Weil – dann macht man ja gar nich mehr das, was man wirklich will.

VATER: Also, was die Kinder angeht, die machen ja nun reichlich oft das, was sie wollen. Und nicht das, was die Eltern ihnen gesagt und geraten haben. Und die Eltern lieben sie trotzdem immer weiter.

SOHN: Meinst du?

VATER: Ja, natürlich.

SOHN: Und warum sagen sie das den Kindern dann nich?

VATER: Wie stellst du dir das denn vor?! Soll ich vielleicht zu dir sagen: Heute bleibst du mal schön zu Hause und schreibst deinen Aufsatz, aber falls du nicht gehorchst und trotzdem zu Charly rennst, keine Sorge, ich liebe dich trotzdem?!

SOHN: Nee! So natürlich nich. Ich mein ja nich so 'n bißchen Gehorchen mit Schularbeiten und so. Ich meine so ganz wichtige Sachen. Wie bei Anja zum Beispiel.

VATER: Wer ist Anja?

SOHN: Na, die aus meiner Klasse, die so toll Schlittschuh läuft. Hab ich dir doch schon erzählt.

VATER: Ach ja, ich weiß. Und was ist nun mit ihr?

SOHN: Die will das nich mehr. Diese Schinderei immerzu. Die kann echt keine Eisbahn mehr sehn, sagt sie!

VATER: Dann muß sie's eben lassen.

SOHN: Sie traut sich aber nich. Weil ihre Mutter so tut, als ob sie dann am liebsten gar kein Kind gekriegt hätte!

VATER: Das ist ja schon wieder eine maßlose Übertreibung ...

SOHN: Gar nich. Du müßtest mal sehn, wie die Mutter Anja anguckt, wenn die sagt, sie ist heute zu schlapp zum Laufen. Dann rechnet sie ihr gleich vor, wieviel die Trainerstunden kosten!

VATER: Abgesagte Stunden sind ja auch immer recht ärgerlich. Und trotzdem wird auch diese Mutter nicht aufhören, ihr Kind zu lieben, selbst wenn es in Zukunft auf dem Fußballfeld herumtrampeln sollte, anstatt zierlich über das Eis zu schweben!

SOHN: Glaub ich nich.

VATER: Dann kann ich dir auch nicht helfen.

SOHN: Anja glaubt das aber auch nich. Und diese ganzen Turnmädchen glauben das bestimmt erst recht nich.

VATER: Welche Turnmädchen?

SOHN: Na, die sich da an den Barren und Balken rumquälen müssen. Mit doppeltem Salto und alles – damit sie bloß 'n Preis kriegen!

VATER: Na, zugegeben, das ist schon ein äußerst hartes Training. Aber andererseits kann ja niemand diese Kinder zwingen.

SOHN: Klar kann man die zwingen! Wenn die immer gesagt kriegen, daß sie bloß keinen enttäuschen sollen! Und daß sie keiner mehr liebt, wenn sie nich weitermachen?

VATER: Nun sei nicht schon wieder so dramatisch, mein Gott!

SOHN: Das ist aber dramatisch! Charlys Schwester sagt, das is wie im Raubtierkäfig. So mit Zuckerbrot und Peitsche!

VATER: Also: erst mal fressen Raubtiere keinen Zucker, zweitens wird beim Sport nicht gepeitscht und drittens haben Kinder im Gegensatz zu Tieren einen Mund! Genügt dir das?

SOHN: Wenn sie sich nich trauen, nützt ihnen der Mund doch nichts. – Also echt, Papa, glaubst du, irgendein Kind würde von allein sechzehn Stunden lang durch so einen blöden Kanal schwimmen?! Das wollen doch bloß die Erwachsenen!

VATER: Läßt du mal langsam ein bißchen Luft ab?

SOHN: Charlys Schwester sagt, das läuft alles bloß über Liebesentzug!

Der Vater stöhnt laut.

Und wenn man auf dieser Schiene erst mal ist, sagt sie, dann geht das immer so weiter.

VATER: Wie weiter?

SOHN: Dann macht man vielleicht 'n Beruf, den man gar nich will – und heiratet 'n Typ, den man gar nich will, und ist nett zu Leuten, die man nich leiden kann ... all so was. Weil man eben denkt, daß man sich Liebe verdienen muß. Sagt Charlys Schwester.

VATER: Und ich sage dir, daß das alles blühender Unsinn ist. Und ich wiederhole noch mal: Die Natur hat es mit Vorbedacht so eingerichtet, daß Eltern ihre Kinder bis ins Grab lieben – auch wenn sie sie ständig enttäuschen!

SOHN: Und warum sind die Eltern enttäuscht?

VATER: Sie sind dann enttäuscht, wenn die Kinder sich nicht so entwickeln und verhalten, wie sie gehofft haben.

SOHN: Und warum hoffen die Eltern immerzu was?

VATER: Weil der Mensch ohne Hoffnung nicht leben kann, deswegen.

SOHN: Und warum warten sie nich einfach ab, was die Kinder so machen?

VATER: Weil das keine Basis für eine wie immer geartete Erziehung wäre!

SOHN: Hm. – Aber Kinder erziehen an ihren Eltern nie rum.

VATER: Das hätte auch noch gefehlt! Eltern sind für gewöhnlich erwachsene und fertige Menschen. An denen hat keiner mehr rumzuerziehen.

SOHN: Macht ja auch keiner.

Pause.

Papa? – Papa ich muß dir was sagen ...

VATER: Was denn? Hast du was angestellt??

SOHN: Nö. Ich hab mich bloß abgemeldet ...

VATER: Wo abgemeldet?

SOHN: Beim Geigenunterricht.

VATER: Das ist doch ... eine unglaubliche Eigenmächtig-
keit! Wozu, glaubst du, habe ich dir ... Und du warst
doch völlig einverstanden, Geige spielen zu lernen! Und
ins Schulorchester zu gehen!
SOHN: War ich ja auch. Aber Papa, es klingt so gräßlich!
VATER: Was? Geigespielen klingt gräßlich?
SOHN: Wie ich spiele, das klingt so gräßlich! Nicht zum
Aushalten, echt!
VATER: Dann übe gefälligst so lange, bis es besser klingt!
SOHN: Das kann ich mir eben nicht vorstellen, daß das
mal besser klingt.

Schweigen.

Bist du jetzt sauer auf mich, Papa?
VATER: Ja, was erwartest du denn? Sag doch mal bitte
selbst, was ich jetzt mit dir machen soll! Wie?
SOHN: Dasselbe, was ich mit dir mache ...
VATER: Was soll das heißen?
SOHN: Du kannst ja auch nich Geige spielen – und ich
liebe dich trotzdem!

Verantwortungs-Los

SOHN: Papa, Charly hat gesagt, sein Vater hat gesagt, da steigt ja keiner mehr durch! – Durch diese Verantwortung.

VATER: Auf gut deutsch: Charlys Vater versteht mal wieder irgendwas nicht. Und was ist es diesmal?

SOHN: Er versteht nicht, was die immer alle von Verantwortung tönen.

VATER: Das liegt vermutlich daran, daß Charlys Vater keine Verantwortung zu tragen hat. Beruflich. Oder hat er vielleicht Leute, die unter ihm arbeiten?

SOHN: Weiß ich nich. Doch, ich glaub, ein paar Lehrlinge.

VATER: Na ja – an der Verantwortung hat er ja nicht schwer zu tragen ...

SOHN: Mehr kann er sicher nich bezahlen!

VATER *lacht*: Aber er muß doch die Lehrlinge nicht bezahlen!

SOHN: Aber die Verantwortung. Findet er.

VATER: Was findet er?

SOHN: Er findet, daß jeder nur so viel Verantwortung haben darf, wie er bezahlen kann.

VATER: Hört sich großartig an – aber leider läßt sich Verantwortung nun mal nicht in Geld berechnen. Das wäre ja ... als ob ... man die Temperatur des Badewassers mit dem Zollstock messen wollte!

SOHN: So blöd ist doch keiner.

VATER: Eben. Jeder sieht auf den ersten Blick, daß das nicht geht. Nur Charlys Vater sieht es nicht.

SOHN: Der will doch überhaupt kein Badewasser messen!

VATER: Das war ja auch nur ein Beispiel und sollte deutlich machen, daß Verantwortung sich nicht in Mark und Pfennig ausdrücken läßt.

SOHN: Aber wenn einer zum Beispiel die Verantwortung für ... für eine Brücke hat?

VATER: Das wäre dann der Statiker. Der die Stabilität berechnen muß.

SOHN: Und wenn die Brücke einkracht? Dann muß er sie bezahlen.

VATER: Das wird er wohl kaum können. Daher wird er in einer Versicherung sein.

SOHN: Die ganz schlimmen Sachen kann man aber gar nich versichern.

VATER: Welche «ganz schlimmen» Sachen?

SOHN: Wenn einer zum Beispiel sagt, daß ein Krieg losgehen soll. Kann doch kein Mensch bezahlen, was dann alles passiert!

VATER: Nein, das kann in der Tat niemand bezahlen. Und das wird daher auch von niemandem erwartet. Alles, was man von einem Menschen erwarten kann, der so schwerwiegende Entscheidungen trifft ist, daß er sich nach bestem Wissen und Gewissen entscheidet.

SOHN: Nach wessen Gewissen?

VATER: Nach seinem Gewissen natürlich.

SOHN: Und wenn er gar keins hat? Charlys Vater sagt, die Leute, die Kriege anfangen, die haben kein Gewissen.

VATER: Das kann man so nicht sagen. Da gibt es solche und solche Beispiele in der Geschichte. Aber natürlich übernimmt ein Mensch, der über Krieg und Frieden entscheidet, eine fast übermenschliche Verantwortung.

SOHN: Du meinst, er übernimmt sich?

VATER: Das meine ich nicht! Ich meine, so ein Mensch ist

277

... oder wird ... auf geradezu unzumutbare Weise bela-
stet.

SOHN: Und wenn dann alles schiefgeht?

VATER: Dann ist das sehr tragisch, und der Verantwortliche muß es – wie ich schon sagte – mit seinem Gewissen
abmachen.

SOHN: Das nützt doch keinem mehr was.

VATER: Von Nützen oder Nichtnützen ist ja auch gar nicht
die Rede.

SOHN: Wovon denn?

VATER: Von ... Sichstellen, Sichbekennen!

SOHN: Wozu bekennen?

VATER: Zu der Verantwortung! Die da getragen wurde ...

SOHN: Charlys Vater sagt, die überheben sich alle mit der
Verantwortung. Weil sie die gar nich tragen k ö n n e n!

VATER: Charlys Vater kann eben nur in kleinbürgerlichen
Dimensionen denken! Die ... die übergeordneten Kate-
gorien, in denen sich große Verantwortung abspielt, die
sind einem Menschen wie ihm verschlossen!

SOHN: Aber er denkt doch nur, die mit der Verantwortung, die sollen lieber vorher besser überlegen, was sie
machen.

VATER: Das tun sie auch! Jeder, der wichtige Entscheidungen zu treffen hat, überlegt vorher – lange und gründlich!

SOHN: Aber manche übernehmen die Verantwortung
auch erst hinterher! Sagt Charlys Vater. Wenn schon alles gelaufen ist.

VATER: Das, mein Lieber, ist vor allem die üble Praktik bei
Terroranschlägen! Da geht dann irgendwo eine Bombe
hoch – und nachher meldet sich eine dubiose Organisa-
tion und «übernimmt die Verantwortung»! Das ist natürlich eine Farce!

SOHN: Findest du also auch, daß so eine Hinterher-Verantwortung blöde ist.

VATER: Nicht grundsätzlich natürlich. Bei normalen Vorgängen – sagen wir, bei Betriebsunfällen, wenn etwas explodiert oder ein Brand ausgebrochen ist –, da wird ein Verantwortlicher sich schon stellen müssen. Auch hinterher.

SOHN: Und was macht er dann? Wenn er sich hingestellt hat?

VATER: Im Zweifelsfall wird er persönliche Konsequenzen ziehen.

SOHN: Was denn für welche?

VATER: Er wird, zum Beispiel, von seinem Posten zurücktreten.

SOHN: Weiter nichts?

VATER: Na, erlaube mal, das ist doch wohl ein schwerwiegender Beitrag zur Klärung der Verhältnisse! Jeder weiß dann, wo die Verantwortung liegt. Oder lag.

SOHN: Nun «liegt» sie auch noch! Wo das sowieso schon so komisch ist!

VATER: Was ist komisch?

SOHN: Mit der Verantwortung ist alles so komisch. Weil die immer einer «übernimmt». Und wenn man was «übernimmt» – dann kann man es doch vorher gar nich gehabt haben. Und wenn man es vorher nich gehabt hat, dann ...

VATER: Nun laß bitte diese Wortspielereien, ja? Das ist ja mehr als albern.

SOHN: Aber warum sagt einer denn, daß er die Verantwortung übernimmt, wenn er sie sowieso schon hat?

VATER: Weil es manchmal gar nicht so klar ist, wo die Verantwortung lag. Und dann muß es eben noch mal deutlich gesagt werden.

SOHN: Hm. – Und wenn man es deutlich sagt, dann ist es die volle Verantwortung, oder?

VATER *stöhnt*: Mit der vollen Verantwortung ist die alleinige Verantwortung gemeint. Manchmal gibt es ja auch mehrere Verantwortliche.

SOHN: Charlys Vater sagt, die volle Verantwortung ist meistens besonders leer. Ein leeres Gerede, sagt er.

VATER: Wenn hier einer «leeres Gerede» von sich gibt, dann ist es einzig und allein Charlys Vater selbst! Leer und – verantwortungslos!

SOHN: Wieso braucht er denn 'ne Verantwortung, wenn er bloß was sagt?

VATER: Weil man mit falschem Reden genausoviel anrichten kann wie mit falschem Handeln! Deswegen! Und wenn Charlys Vater dir laufend irgendeinen Stuß erzählt, dann handelt er sehr wohl verantwortungslos! Dir gegenüber nämlich!

SOHN: Das macht mir aber nichts.

VATER: Das kannst du gar nicht beurteilen, ob dir das was «macht»! So, und jetzt wechseln wir das Thema – und ich frage dich etwas ganz anderes!

SOHN: Was denn?

VATER: Was ist denn eigentlich aus der Mathe-Arbeit geworden, die ihr vorige Woche geschrieben habt?

SOHN: Och, die ...

VATER: Also, was ist damit?

SOHN: Die ist ... na ja, ich hab sie verhauen.

VATER: Verhauen? Völlig?

SOHN: Total. War alles falsch.

VATER: So. Das ist ja wunderbar! Und was hast du dazu zu sagen?

SOHN: Was soll ich schon sagen? Ich übernehme natürlich die volle Verantwortung!

Die Großzügigen und die anderen

SOHN: Papa, Charly hat gesagt, sein Vater hat gesagt, arme Leute sind viel großzügiger! – Was guckst du denn so?

VATER: Ich warte.

SOHN: Worauf denn?

VATER: Darauf, daß du deinen Satz zu Ende redest.

SOHN: Der ist doch zu Ende. «Arme Leute sind großzügiger.» Fertig.

VATER: Durchaus nicht fertig. Großzügiger kann man nämlich nur sein «als»! Als jemand anderes. Also? Arme Leute sind großzügiger als wer?

SOHN: Als reiche natürlich. Ich dachte, das kannst du dir denken.

VATER: Ich habe es nun mal gern, wenn du deine Sätze zu Ende bringst. Auch wenn ich mir schon denken kann, was für ein Unsinn dabei herauskommen wird.

SOHN: Wieso denn schon wieder Unsinn?

VATER: Erstens wird es kaum einen Forschungsauftrag zur Klärung dieser brennenden Frage gegeben haben, und zweitens sind «arme Leute», die ihr bißchen Geld nicht zusammenhalten können, vielleicht gar nicht großzügig, sondern leichtfertig und verschwenderisch! Und vielleicht haben sie überhaupt nur deshalb kein Geld, weil sie nicht damit umgehen können!

SOHN: Jetzt verdrehst du schon wieder alles!

VATER: Keineswegs. Ich denke nur nicht so einseitig wie Charlys Vater. Im übrigen haben es arme Leute auch sehr viel leichter, für großzügig gehalten zu werden.

281

SOHN: Wieso denn?

VATER: Weil sie schon durch relativ bescheidene Gesten großzügig wirken können. Nehmen wir an, jemand teilt das berühmte letzte Stück Brot mit einem andern – dann wird Charlys Vater sagen: dieser Mensch hat die Hälfte seines Vermögens verschenkt!

SOHN: Ist doch auch so!

VATER: Ja, nur daß dieses halbe Vermögen immer noch nichts weiter ist als ein Stück Brot! Und das kann man schnell wiederbeschaffen!

SOHN: Wenn man kein Geld hat, neues zu kaufen?

VATER: Diese paar Pfennige bekommt man immer irgendwoher. Und wenn alle Stricke reißen, kann man ein Brot sogar ungestraft stehlen! Das fällt dann unter «Mundraub».

SOHN: Also – es hat doch überhaupt kein Mensch von Brot geredet, Papa! Charlys Vater hat nur gesagt, Leute, die wenig Geld haben, von denen kriegt man eher was – für 'n guten Zweck oder so – als von Leuten mit viel Geld.

VATER: Auch das stimmt nicht. Was daran allenfalls wahr ist, ist die Tatsache, daß Menschen, die von der Hand in den Mund leben, gewöhnlich auch kein Verhältnis zum Geld haben.

SOHN: Kein Verhältnis?

VATER: Das soll heißen, sie leiden nicht darunter, wenig oder kein Geld zu haben; insofern geben sie es auch leichter her.

SOHN: Aber die reichen Leute könnten doch noch viel leichter Geld hergeben – wo sie doch gar nicht leiden müssen deswegen!

VATER: Mein Lieber, die sogenannten «reichen» Leute, die haben ja meistens nur deshalb Geld, weil sie es zusammenzuhalten verstehen. Wenn sie damit nach allen

282

Seiten herumschmeißen würden, dann wären sie nicht mehr lange reich bzw. wären es nie geworden.

SOHN: Davon wird doch aber ein reicher Mensch nicht gleich wieder arm, wenn er für irgendwas Wichtiges mal 'n Hunderter rausrückt.

VATER: Was heißt denn «'n Hunderter»?! Was hast du eigentlich für einen Begriff von Geld, sag mal?

SOHN: Wenn jemand 6000 oder so verdient, dann kann der doch ruhig 'n Hunderter …

VATER: Ob er das kann oder nicht, das kann er wohl nur selber beurteilen. Und sonst keiner! Das ist ja eben dieses … dieses oberflächliche Denken. Jemand, der 6000 Mark verdient, der hat vielleicht für – was weiß ich – 4000 Mark monatlich Verpflichtungen. Und da muß er mit dem Rest sehr sparsam umgehen!

SOHN: Was denn für Verpflichtungen?

VATER: Nun, vielleicht hat er ein Haus abzuzahlen, oder er spart für eine größere Anschaffung …

SOHN: Du meinst, er gibt alles für sich selber aus.

VATER: Ich meine gar nichts. Ich stelle die Dinge nur richtig.

SOHN: Charlys Vater sagt aber auch: die meisten reichen Leute machen bloß immer alles für sich selber. Und sonst sind sie geizig.

VATER: Ein Mensch ist noch lange nicht «geizig», bloß weil er sein Geld nicht für die Zwecke herausgibt, die Charlys Vater gern unterstützt sehen möchte!

SOHN: Jedenfalls war Charlys Vater neulich bei so 'ner Veranstaltung, und da haben Leute Musik gemacht und vorgelesen und so was. Und hinterher war 'ne Sammlung und da hat er mal genau aufgepaßt.

VATER: Ach! Hat er allen Leuten ins Portemonnaie geguckt, ja? Eine feine Art hat der Herr!

SOHN: Er ist ja selber mit dem Sammelkarton rumgegangen, da konnte er das doch sowieso sehen! Und er sagt, die mit den dicken Gehältern, die haben viel weniger gegeben als die andern.

VATER: Vielleicht hat ihnen die Musik nicht gefallen ...

SOHN: Ach! – Charlys Vater sagt, die armen Leute wissen eben, wie das ist, wenn man kein Geld hat, und deswegen geben sie eher was. Und die reichen Leute ...

VATER: Hör doch bloß mal auf mit dem dämlichen «Arme-Leute-reiche-Leute»-Gerede. Die meisten Menschen sind weder das eine noch das andere; bei uns jedenfalls. Und viele der sogenannten «reichen» Leute haben ja auch mal klein angefangen und wissen sehr genau, wie das ist, wenn man kein Geld hat!

SOHN: Und warum sind sie dann trotzdem so knickerig?

VATER: Weil sie vielleicht auch die Erfahrung gemacht haben, daß man sich aus eigener Kraft aus der Armut herausarbeiten kann!

SOHN: Du meinst, die armen Leute könnten alle reich sein, wenn sie sich ein bißchen mehr anstregen würden?

VATER: Für sehr viele trifft das zu, durchaus! Viele möchten nämlich bloß mehr Geld haben, aber sie sind nicht bereit, den entsprechenden Einsatz zu leisten. Hart zu arbeiten, sparsam zu sein ...

SOHN: Knickerig zu sein ...

VATER: Also ... wir m ü s s e n uns nicht unterhalten!

SOHN: Schon gut. Aber wenn alle Menschen nun sparsam wären – wären dann alle reich?

VATER: Natürlich nicht. Das kann man nicht verallgemeinern. Es ... gibt schon Menschen, die, von ihrer ganzen Situation her, wenig Chancen haben ...

SOHN: Die Frau Lehmann, die Mama immer mal hilft – glaubst du, die hätte 'ne Chance, reich zu sein?

VATER: Kaum. Sie hat ja früh ihren Mann verloren und keinen richtigen Beruf erlernt, und mußte vier Kinder durchbringen.

SOHN: Is ja toll, wie du dir das gemerkt hast, Papa!

VATER: Ja, ich hab mich damals erkundigt. Schließlich ist sie oft genug allein in der Wohnung. Aber jemand, der vier Kinder zu ordentlichen Menschen erzogen hat, auf dessen Redlichkeit kann man sich schon verlassen.

SOHN: Hast du denn gedacht, die klaut?

VATER: Ich habe gar nichts gedacht, ich habe mich nur erkundigt.

SOHN: Die bringt nämlich immer noch was mit, wenn sie kommt. Gummibärchen oder Lakritze, die schenkt mir immer was!

VATER: Das ist mir aber gar nicht recht.

SOHN: Mama hat auch schon gesagt, sie soll das lassen, aber Frau Lehmann sagt, es macht ihr Freude.

VATER *brummig*: Hm ...

SOHN: Und Charlys Vater sagt auch, man hat viel mehr Freude im Leben, wenn man großzügig ist! Und er versteht überhaupt nicht, wie man viel Geld haben und bloß drauf sitzen kann!
Und keinem 'ne Freude machen.

VATER: Soll er mal erst viel Geld haben, und dann reden wir noch mal darüber.

SOHN: Weißt du übrigens, was Mama festgestellt hat? Das alte Buch, das mir Frau Lehmann geschenkt hat, das mit den Tierbildern drin – das ist ganz wertvoll!

VATER: Das hat Frau Lehmann aber doch nicht gekauft, oder?

SOHN: Nein, das hat ihr gehört. Aber sie hätte es verkaufen können! Mama sagt, für das Geld, das sie dafür kriegen kann, muß sie bei uns zwei Tage arbeiten.

VATER: Dann hättet ihr das Buch zurückgeben sollen, damit sie es verkaufen kann!

SOHN: Wollten wir ja. Aber Frau Lehmann hat gesagt, sie will, daß ich es habe. Das freut sie.

VATER: Na schön. Dann einigen wir uns eben darauf, daß Frau Lehmann großzügig ist. Zufrieden?

SOHN: Großzügiger.

VATER: Natürlich. Großzügiger als alle reichen Leute der Welt ...

SOHN: Nee. Bloß als du.

VATER: Sei nicht schon wieder unverschämt!

SOHN: Aber du wolltest doch nicht, daß Mama Frau Lehmann zum Geburtstag eine Strickjacke kauft; eine ganz schicke. Bloß so blöde Seife und Eau de Cologne.

VATER: Ich habe über einen Bekannten eine sehr anspruchsvolle Geschenkpackung besorgt! Hat sie sich darüber vielleicht nicht gefreut?

SOHN: Schon. Aber nicht so doll wie über die Strickjacke.

VATER: Was denn? Habt ihr etwa außerdem noch die Strickjacke gekauft?

SOHN: Ja, von meinem Sparschwein und Mamas Taschengeld.

VATER: Das ist doch nicht zu fassen! Da macht ihr der Putzfrau ein derart übertriebenes Geschenk??

SOHN: Arme Leute sind eben großzügiger, Papa – sag ich doch die ganze Zeit!

Keine Zeit für Freundlichkeit

Vater und Sohn im Auto.

SOHN: Papa, Charly hat gesagt, sein Vater hat gesagt, das kommt alles vom Autofahren, daß wir keine Kommikation mehr haben!

Vater hört gar nicht zu, redet vor sich hin: O Gott, alter Mann mit Hut ... da können wir uns wieder auf was gefaßt machen!

SOHN: Weil der 'n Hut aufhat?

VATER: Ja! Das sind sogenannte «Erfahrungswerte» ...

SOHN: Was kann man denn von einem Hut erfahren??

VATER: Nicht v o n, ü b e r einen Hut kann man allerlei erfahren. Ältere Herren, die einen großen Wagen fahren und einen Hut aufhaben, blockieren für gewöhnlich den ganzen Straßenverkehr, weil sie keinen zu überholen wagen. Weil sie Angst vor Lastwagen haben und weil sie ums Verrecken nicht mehr als fünfzig fahren! Bitte, du siehst es ja! Kein Vorbeikommen! Und nicht mal rechts fahren kann der! *Er hupt.* So, jetzt geht's vielleicht ... *Leise*: Idiot!

SOHN: Mann, das war aber knapp!!

VATER: Das ist es ja! Diese Typen ärgern einen so lange, bis man schließlich ...

SOHN: ... sein Leben riskiert!

VATER *fährt betont und rügend fort*: ... bis man schließlich nicht mehr ganz so vorsichtig fährt wie normalerweise!

SOHN: Aber der will dich doch bestimmt gar nicht ärgern!

VATER: Er tut es aber. Und das ist das Entscheidende.

SOHN: Das ist eben genau das, was Charlys Vater meint!

VATER: Was?

SOHN: Daß es mit dem Auto überhaupt keine Kommikation gibt!

VATER: Kommunikation meinst du wohl.

SOHN: Hat das denn was mit Kommune zu tun?

VATER: Natürlich nicht. Das heißt ... der Wortstamm ist schon der gleiche, aber in einem Fall ist er in einen positiven Begriff eingeflossen und im anderen Fall in einen negativen! Was ist denn da schon wieder los?!

SOHN: Gar nichts. Bloß 'ne Wegverengung. Die rechte Spur fällt da vorne aus ...

VATER: Na ja – wenigstens sind wir auf der linken ...

SOHN: Aber man muß die doch zwischenlassen von rechts.

VATER: Das ist mir bekannt. Man wird sie schon zwischenlassen. Ja, ist denn das zu glauben?! Da ist doch dieser Typ schon wieder!

SOHN: Tatsache! Dann ist der aber gar nicht so langsam gefahren, nich?

VATER: Vielleicht hat ihn einer geschoben ... Und jetzt will der auch noch vor mir rüberdrängeln!

SOHN: Laß ihn doch zwischen, Papa, der ist jetzt dran!

Der Vater hupt.

VATER: Das fehlte noch, damit ich ihn dann noch mal überholen muß ...

Er hupt noch mal.

So ... das hätten wir.

SOHN: Wenn du mit dem zusammen in der U-Bahn sitzen würdest, wärst du bestimmt nicht so sauer auf ihn!

VATER: Wer weiß.
Vielleicht würde er da in meine Zeitung schielen oder ein törichtes Gespräch mit mir anfangen.

SOHN: Wieso denn töricht?

VATER: Was denn sonst? Was hat man sich denn in der U-Bahn schon zu sagen?

SOHN: Wenn man sich was zu sagen h a t, kann man sich das auch in der U-Bahn sagen.

VATER: In der U-Bahn h a t man sich aber nichts zu sagen. Außer vielleicht: «Würden Sie mich bitte durchlassen» oder «Verzeihung, Sie stehen auf meinem Fuß.»

SOHN: Ich finde, man kann sich überall mit anderen Leuten unterhalten. Bloß mit dem Auto geht das nicht!

VATER: Das eben ist einer der unschätzbaren Vorteile des Auffahrens, daß einen keiner dumm anquatschen kann! Und jetzt halte du auch mal ein bißchen den Mund, ich muß mich konzentrieren; die fahren heut wieder alle wie die Neandertaler!

SOHN: Bitte.

Der Sohn stellt das Radio an.
Ein Rocksänger ist zu hören.

VATER: Und dieser Rock-Pop-Punk-Schreier hält bitte auch den Mund, ja?!

SOHN: Mann! Nichts darf man! Nicht reden, nicht Musik machen. Kann ich mich ja gleich in 'n Eisschrank setzen!

VATER: Sehr witzig. – Sei froh, daß ich dich mitnehme zu deinem komischen Pfadfindertreffen. Sonst könntest du eine Stunde im Bus sitzen.

SOHN: Macht mir doch nichts aus ...

289

VATER *hört gar nicht hin*: Sag mal, verfolgt der uns? Da ist der Kerl doch s c h o n wieder??

SOHN: Du siehst ja schon Gespenster, Papa! Das war doch kein Ford!

VATER: Ja, stimmt. War nur das gleiche Grün.

SOHN: Weißt du, was komisch wäre, Papa?

VATER: Nein.

SOHN: Wenn dieser Hut-Mann plötzlich bei einer Party von Webers oder Kellermanns auftauchen würde! Und dann wär das vielleicht ein ganz berühmter Arzt oder so was und du würdest ihn ganz toll finden!

VATER *bockig*: Deswegen würde er immer noch miserabel Auto fahren.

SOHN: Aber es kann doch einer ein netter Mensch sein mit ganz duften Ansichten – auch wenn er miserabel Auto fährt.

VATER: Natürlich, ja.

SOHN: Aber die Autofahrer denken n i e, daß einer nett sein kann, der schlecht Auto fährt!

VATER: Das ist ja auch das einzige, was sie von einem anderen Autofahrer wissen: wie er Auto fährt. Seine Ansichten über den Weltfrieden oder die Rassenfrage kann er einem durch die Fensterscheiben ja nicht mitteilen ...

SOHN *eifrig*: Vielleicht sollten alle Autofahrer mal 'ne richtige Zeichensprache lernen, damit sie sich bei Rot ein bißchen unterhalten können!

VATER: Was die Autofahrer als Zeichensprache brauchen, das haben sie sich schon selber angeeignet.

SOHN: Vogel zeigen ist aber verboten!

VATER: Ich rede nicht von «Vogel zeigen». Es gibt ja auch eine Geste, mit der man dem anderen andeutet, daß man ihm die Vorfahrt einräumt ... Ist da schon wieder 'ne Wegverengung?

SOHN: Die ist doch schon lange. Diesmal wird es links enger.

VATER: Dabei soll man nun Benzin sparen! Wenn man alle hundert Meter bremsen muß!

SOHN: Am meisten Benzin spart man, wenn man U-Bahn fährt.

VATER: Danke für den Ratschlag; aber ich muß auch Nerven sparen! Falls du das begreifst!

SOHN: Nee, eigentlich nicht. Weil du in der U-Bahn doch gar nichts zu tun brauchst. Du müßtest mal da fahren, Papa, wo die ganzen Ausländer wohnen! Das macht echt Spaß! Die machen nämlich jede Menge Kommi ... Kommunikation beim Fahren!

VATER: Das kann ich mir denken. Ein Segen, daß man sie wenigstens nicht versteht.

SOHN: Aber da könnt man doch 'ne Menge lernen! Wie die leben und was die so für Probleme haben und alles ...

VATER: Danke, kein Bedarf. Meine eigenen Probleme genügen mir.

SOHN: Mit seinen eigenen Problemen kocht man bloß im eigenen Saft, sagt Charlys Vater.

VATER: Dann bestelle ihm, daß mir mein eigener Saft immer noch besser schmeckt als der von anderen!

SOHN: Das klingt aber eklig! Das bestell ich ihm nicht.

VATER: Dann läßt du's eben bleiben.

SOHN: Aber wenn du mehr Kommunikation machen ...

VATER: Nun hör doch bloß auf mit dieser Leier! Für solche Zufalls-und Straßen-«Kommunikationen» habe ich absolut keine Zeit! ... Hallo! Was soll denn diese Unverschämtheit?! Seit wann fädeln sich zwei Autos hintereinander ein! Wo – gibt es – denn – so – was –

SOHN *schnell*: Der kann doch nicht anders, Papa! Der schleppt doch einen ab!! Papa!!

291

Der Vater kann nicht mehr bremsen; mittlerer Auffahr-unfall.

VATER: Verdammte Sauerei!! Das hat mir noch gefehlt ...
Bleib sitzen! Ich muß sehen ... ich muß hier irgendwo
ranfahren ... dreh mal das Fenster runter ...
Nach draußen: Ja ja!! Schon gut, ich fahre nicht weg, ich
steig gleich aus!!
SOHN *lakonisch*: Jetzt haste aber jede Menge Zeit für
Kommunikation, was Papa?!

Ein trauriges Kapitel

SOHN: Papa, Charly hat gesagt, seine Schwester hat gesagt ...

VATER *spöttisch*: Na, endlich hört man mal wieder was von ihr! Ich war direkt schon beunruhigt!

SOHN: Du wirst gleich noch mehr beunruhigt sein!

VATER: Nicht möglich ...

SOHN: Doch. Charlys Schwester hat nämlich gesagt: am besten geht's den Kindern bei uns, wenn sie gar nicht da sind.

VATER: Würdest du das bitte wiederholen – und wenn's geht, langsam und deutlich.

SOHN: Also schön. Charlys Schwester sagt, bei uns geht's den Kindern am besten, wenn sie gar nicht da ... wenn sie n o c h gar nicht da sind!

VATER: Zu deutsch: wenn sie noch nicht geboren sind.

SOHN: Genau. Sie sagt, solange ein Kind noch ein Embyo ist ...

VATER: Embrrryo, wenn schon ...

SOHN: Solange es noch im Bauch ist jedenfalls, wird es wie ein rohes Ei behandelt. Keiner darf ihm was tun.

VATER: Dagegen ist ja wohl auch nichts einzuwenden, oder?!

SOHN: Nicht direkt, bloß, Charlys Schwester meint: e r s t wird ein Riesentheater gemacht, damit sich bloß keiner an dem kleinen Klümpchen vergreift ...

VATER *unterbricht wütend*: Was ist das schon wieder für eine Ausdrucksweise!

SOHN: Ist ja schon gut, sag ich es eben anders ... daß sich bloß keiner an dem Embrrryo vergreift, und wenn es dann da ist, kümmert sich kein Mensch mehr.

VATER: Kümmert sich kein Mensch mehr?? Daß ich nicht lache! Von früh bis spät kümmert sich jemand um so ein Kind. Sonst würde es ja keine drei Tage am Leben bleiben! Überleg dir bitte mal, wie oft deine Mutter und ich uns um dich gekümmert haben, bis du so alt geworden bist, wie du heute bist. Gar nicht auszurechnen ist das, astronomische Zahlen kämen dabei heraus!

SOHN: Ja klar, wenn die Eltern in Ordnung sind, dann kümmern sie sich. Aber bei Charly um die Ecke, da hat mal 'ne Familie gewohnt: die haben die Kinder dauernd eingesperrt, weil sie keine Lust hatten, sich um sie zu kümmern. Und wenn die Kinder geheult haben, haben sie sie verprügelt. Denen hat keiner geholfen!

VATER: Denen wird schon jemand geholfen haben. Offenbar wohnen sie doch nicht mehr dort.

SOHN: Nee.

VATER: Na also. Da wird sich das Jugendamt schon eingeschaltet haben. Schließlich haben wir die entsprechenden Gesetze. Wenn Eltern der Erziehung ihrer Kinder nicht gewachsen sind, dann wird ihnen das Sorgerecht entzogen und die Kinder kommen zu Pflegeltern oder ins Heim.

SOHN: Ist das vielleicht schön?!

VATER: Schön ist das natürlich nicht; aber immerhin wird etwas getan. Und gottlob außerdem sind das ja Ausnahmefälle.

SOHN: Das denkst du! Solche Ausnahmefälle sind das gar nicht. Charlys Schwester hat mir gesagt, was sie in der Zeitung gelesen hat. Und das hab ich mir genau gemerkt: sechshundert Kinder, Papa, werden bei uns jedes Jahr umgebracht von den eigenen Eltern. Und mißhandelt werden viele, viele tausend!

VATER: Das hört sich natürlich böse an. Falls diese Zahlen stimmen.

SOHN: Die stimmen. Wenn du mir nicht glaubst, kann Charlys Schwester ...

VATER: Ich glaub dir's ja ...

SOHN: Und dann stand da auch noch, daß in Wirklichkeit noch viel mehr passiert. Bloß das merkt keiner. Und wenn einer was merkt – daß da Kinder schreien und so –, dann macht er auch nichts weiter ...

VATER: Na, nun sieh mich doch bitte nicht so vorwurfs-voll an! Ich finde das genauso schrecklich wie du, aber was soll man dagegen tun! Eltern haben nun mal Macht über ihre Kinder. Und sie können letztlich mit ihnen ma-chen, was sie wollen – so traurig das auch klingen mag.

SOHN: Vorher können sie mit ihnen aber nicht machen, was sie wollen!

VATER: Wann vorher?

SOHN: Na, bevor sie da sind. Charlys Schwester sagt, die meisten Eltern, die ihre Kinder totprügeln, wollten sie gar nicht haben. Aber sie mußten. Weil der Staat un-heimlich auf die Kinder aufpaßt, die noch nicht da sind!

VATER: Ja, du lieber Gott, man kann doch vor der Geburt eines Kindes noch nicht wissen, welches es mal gut ha-ben wird und welches nicht!

SOHN: Da hast du recht.
Wissen kann man das nicht. Aber denken kann man sich's ...

VATER: Wie sollte man ...

SOHN: Ist doch logisch. Wenn einer kein Kind haben will, kann man sich schon denken, daß er's nicht gut behan-deln wird ...

VATER: Das ist noch keinesfalls gesagt. Menschen können sich sehr verändern, wenn das Kind erst einmal da ist. *Energisch*: Außerdem geht es hier nicht um Wahrscheinlichkeitsrechnung, sondern um moralische Grundsatzentscheidungen!

SOHN: Was ist denn dabei moralisch, wenn's dem Kind nachher schlechtgeht?

VATER: Den meisten Kindern geht es ja nicht schlecht! Den meisten Kindern geht es gut! Und die meisten Menschen verhalten sich selbstverständlich anständig den Kindern gegenüber!

SOHN: Find ich nicht. Ich finde, die meisten Menschen schimpfen bloß rum mit den Kindern ...

VATER: Vielleicht sollten sich ja auch die Kinder gelegentlich etwas erfreulicher benehmen!

SOHN: Das nützt doch gar nichts. Weil die Leute die Kinder ja gar nicht kennen, die sie nicht leiden können.

VATER: Was ist das schon wieder?! Das versteht ja kein Mensch!

SOHN: Hast du doch selber erzählt: Von eurem Büroboten oder wer das war. Der hatte schon beinah 'ne prima Wohnung, und dann hat der Besitzer gehört, daß da vier Kinder sind, und dann hat er sie denen nicht gegeben. Und der kannte die Kinder doch gar nicht!

VATER: Wahrscheinlich hatte er mit anderen Kindern schon schlechte Erfahrungen gemacht. Mit Kindern, die vielleicht den ganzen Tag im Treppenhaus herumgetobt haben ...

SOHN: Wo sollen sie denn auch toben? Spielplätze gibt's nicht viel, und auf der Straße ist es zu gefährlich.

VATER: Allerdings ist es auf der Straße gefährlich! Und da haben Kinder auch gar nichts zu suchen!

SOHN: Aber sie müssen doch wenigstens r ü b e r über die

Straße, wenn sie wohin wollen. Und dann werden sie überfahren.

VATER: Nun hör mal auf zu phantasieren, ja? Als ob bei uns sämtliche Kinder überfahren würden, sobald sie einen Fuß auf den Fahrdamm setzen!

SOHN: «Sämtliche» natürlich nicht. – Aber ganz schön viele! Das hat Charlys Schwester ausgeschnitten. Wart mal ... *Sucht den Zettel.* Sie hat nämlich gesagt, das soll ich dir mal zeigen ...

VATER: Was soll i c h denn damit?

SOHN: Weiß ich nicht. Vielleicht findet sie, daß du immer so schnell fährst ...

VATER: Das ist doch eine Unverschämtheit! Was geht es diese Göre an, wie ich fahre, und wie will sie das überhaupt beurteilen?!

SOHN: Sie ist doch mal mitgefahren, als du mich von Charly abgeholt hast ...

VATER: Du kannst ihr bestellen, daß es das erste und letzte Mal war, daß sie in meinem Auto gesessen hat!

SOHN: Nun sei doch nicht gleich beleidigt. Sie hat ja bloß gesagt, daß sie ganz verkrampft gewesen ist, weil ... hier ist der Zettel!

VATER *wütend*: Behalte deine Weisheit für dich!

SOHN *nimmt keine Notiz davon, liest*: «In einem Jahr sind fast 70 000 Kinder im Straßenverkehr verunglückt. 23 627 wurden schwer verletzt und 1354 starben.» 1354 sind tot, Papa ...

VATER: Mein Gott, Junge, es wäre besser, du würdest dich mit solch traurigen Dingen nicht beschäftigen. Was soll man denn dagegen tun? Kinder haben sich zu allen Zeiten in Gefahr gebracht. Und früher sind noch viel mehr Kinder gestorben als heute.

SOHN: Woran denn?

VATER: An Krankheiten hauptsächlich. Da gab es ja noch nicht all die Medikamente, die wir heute haben.

SOHN: Dafür haben wir heute die Autos ...

VATER: Jetzt hör aber auf! Einem Auto kann man wohl besser aus dem Weg gehen als einem Bazillus, oder?

SOHN: Wenn das Auto aber rast? Neulich hat mich auch beinahe eins erwischt! Auf dem Zebrastreifen. Das hat einfach nicht gehalten.

VATER: Hab ich dir nicht immer wieder gesagt, daß du dich auf die Zebrastreifen nicht verlassen darfst?? Wozu rede ich mir eigentlich den Mund fußlig??

SOHN: Du glaubst also auch, daß die Autofahrer sich einen Dreck um die Kinder scheren, wie?

VATER: Kinder sind einfach weniger gut zu sehen als Erwachsene ...

SOHN: Charly sagt, seine Schwester sagt, das ist alles eine Charakterfrage, und Leute mit 'nem miesen Charakter – rücksichtslos und brutal und so –, die dürften gar nicht Auto fahren!

VATER: Und wie, bitte, willst du die aussortieren, die mit dem «miesen Charakter»? Hat sie dir das auch gesagt?? Also verschone mich bitte mit solch hirnverbranntem Gerede!

SOHN: Also kann man gar nichts machen.

VATER: Man kann nur immer und immer wieder die Kinder zur Vorsicht ermahnen.

SOHN: Charlys Schwester sagt, Kinder können sich nicht immerzu vorsehen. Dafür sind es eben Kinder.

VATER: Natürlich müssen sich die Autofahrer auch vorsehen.

SOHN: Und ganz langsam fahren, nicht?

VATER: Das ist keine Lösung. Unnötiges Langsamfahren macht nur nervös.

SOHN: Na schön – werden die Kinder eben weiter totge-
fahren.

VATER *seufzend*: Was soll ich denn dazu nun noch
sagen ...

SOHN: Ich sag ja auch bloß ... wenn man die Kinder nicht
beschützen kann, wenn sie da sind, braucht man sie auch
nicht zu beschützen, wenn sie noch nicht da sind.

VATER: Das ist doch total unlogisch. *Versucht, ruhig und
überzeugend zu sein*: Es hat leider immer Unglücksfälle
gegeben auf dieser Welt und es wird leider auch immer
Kinder geben, die nicht am Leben bleiben. Um so mehr
muß man dafür sorgen, daß genug Kinder geboren werden.

SOHN: Du meinst, als Reserve?

VATER: Dieser Ausdruck ist in dem Zusammenhang wohl
nicht ganz passend. – Und jetzt ist endgültig Schluß mit
diesem traurigen Kapitel.

SOHN: Jaja.

Pause.

VATER: Was starrst du denn so vor dich hin plötzlich? Ist
dir nicht gut?

SOHN: Ich hab mir bloß was überlegt ...

VATER: Was denn?

SOHN: Ich hab überlegt ... ob ich vielleicht auch nur so ein
Reservekind bin ...

Mamas Turnstunde

SOHN: Papa! Charly hat gesagt, sein Vater hat gesagt, Gefühle müssen raus!

VATER: Nun komm du erst mal rein, und häng deine Jacke auf und mach die Tür hinter dir zu.

SOHN: Ja doch, ist doch nicht so wichtig ...

VATER: Für mich schon. Mich stört es nämlich, wenn du alle Türen aufreißt und deine Siebensachen in der Gegend herumstreust. Falls meine Gefühle in diesem Zusammenhang gefragt sein sollten.

SOHN: Klar. Alle Gefühle sind wichtig. Weil man ohne Gefühl ja gar kein Mensch ist!

VATER: Ausgezeichnet beobachtet. Aber daß man Gefühle hat – welcher Art auch immer –, sagt noch nichts darüber aus, wie man mit ihnen verfährt.

SOHN *unvermindert eifrig*: Charly sagt, sein Vater sagt, wer seine Gefühle verdrängt, kriegt Magengeschwüre oder 'ne Macke!

VATER: So? Das würde ich genau umgekehrt sehen: Wenn jeder seine Gefühle hemmungslos äußern würde – dann wäre die Welt ein einziges Irrenhaus! Man stelle sich nur mal das Geschrei überall vor!

SOHN *vorwurfsvoll*: Papa, du denkst gleich wieder an Wut oder so was!

VATER: Und woran denkst du, wenn man fragen darf?

SOHN: Na, an alle Gefühle eben! Wenn man beleidigt ist oder wenn man Angst hat ... oder wenn man jemand toll findet!

VATER: Also sein gesamtes Innenleben soll man ausbreiten wie Gemüse auf dem Marktstand! Ich will dir mal was sagen: Ein erwachsener und reifer Mensch, der hat gelernt, mit seinen Gefühlen allein fertig zu werden. Mit seinen Enttäuschungen ebenso wie mit seinen Ängsten oder ... was da sonst noch so sein mag.

SOHN: Charly sagt aber, seine Gefühle muß man irgendwann auch loswerden!

VATER: Das sind alles so Schlagworte! Vielleicht gehe ich morgen früh zu meiner Sekretärin und erkläre ihr, daß ich sie «toll» finde, wie?? So ein Blödsinn!

SOHN: Findest du deine Sekretärin denn toll?

VATER: Natürlich nicht. Sie ist eine ausgezeichnete Kraft, ohne die ich gar nicht auskommen würde.

SOHN: Hast du ihr das schon mal gesagt?

VATER: Nicht, daß ich wüßte ...

SOHN: Aber wenn du nie so was sagst – vielleicht kriegt sie dann Komplexe?

VATER stöhnt: Warum sollte sie wohl??

SOHN: Charly sagt, seine Schwester sagt, viele Frauen haben Komplexe. Weil die Männer immer so tun, als ob sie die Größten sind. Und weil sie immer alles bestimmen!

VATER: Na, ausgerechnet! Charlys Vater bestimmt doch garantiert, was in seiner Familie zu passieren hat!

SOHN: Weiß ich nicht. Jedenfalls reden sie immer über alles.

VATER: So. Und worüber zum Beispiel?

SOHN: Na ja ... neulich haben sie darüber geredet, daß Charlys Schwester glaubt, daß Charly das Lieblingskind ist.

VATER: Das hat sie sich ja bestimmt nur eingebildet.

SOHN: Hat sie auch. Aber das war eben so ein Gefühl, nicht? Nun geht's ihr schon wieder besser.

301

VATER: Das freut mich. Aber solche Probleme können sich bei uns ja nicht ergeben.

SOHN: Warum nicht?

VATER: Weil du keine Geschwister hast.

SOHN: Na ja – aber ich denk manchmal auch was ...

VATER: Und das wäre?

SOHN: Ich denk manchmal, daß du vielleicht lieber ein Mädchen gehabt hättest ...

VATER *betroffen*: Na hör mal, wie kommst du denn auf den Unfug??

SOHN: Weil du zu Mädchen immer so nett bist, und weil du mit mir immer soviel herummeckerst ...

VATER: Meine Güte, mit allen Kindern wird ein bißchen ... «gemeckert» – das ergibt sich eben so aus der Erziehung ... Aber wenn es dich beruhigt: ich hab mir einen Jungen gewünscht, und ich war sehr froh, daß du auch ein Junge geworden bist. Klar?

SOHN: Hmm.

VATER: Damit haben wir nun hoffentlich die Gefahr abgewendet, daß es in unserer Familie zu Magengeschwüren oder «Macken» kommt.

SOHN: Ich weiß nicht ...

VATER: Was weißt du nicht?

SOHN: Ich meine bloß ... ich glaub, Mama wird ihre Gefühle auch nicht richtig los!

VATER: Nun fang mal nicht an zu phantasieren, mein Junge. Welche Gefühle sollte Mama wohl nicht «loswerden»?

SOHN: Kann ich nicht so sagen, aber weil sie sich doch immer nach dir richten muß ... jeden Tag pünktlich kochen und so – und dann lädst du auch immer den ganzen Besuch ein ...

VATER: Kann Mama etwa nicht einladen, wen sie will?!

SOHN: Du kannst ihre Freundinnen doch nicht leiden ...

VATER: Dafür habe ich auch meine guten Gründe!

SOHN: Und verreisen tun wir auch immer dahin, wo du willst!

VATER: Wo Mama hinfahren möchte, da vertrage ich allerdings das Klima nicht!

SOHN: ... und arbeiten soll sie auch nicht!

VATER: Ja, verdammt noch mal, das ist doch ein Vorzug und keine Strafe! Soll sie doch froh sein, daß sie nicht arbeiten muß! Andere Frauen wären glücklich, wenn sie in solcher Geborgenheit leben könnten! Na ja, darüber werde ich mit Mama mal reden ... im Augenblick ist sie ja wohl in ihrem Gymnastikkurs?

SOHN: Ja, bei der Gruppendynamik.

VATER: Bei was?

SOHN: Gruppendynamik – oder so ähnlich ...

VATER: Ich denke, sie ist turnen?

SOHN: Da wird ja auch geturnt. So gehüpft nach Musik. Und dann schreien alle, so laut sie können!

VATER: Was machen die??

SOHN: Schreien und sich auf dem Boden herumwälzen ...

VATER *leise*: Das sag doch noch mal ...

SOHN: Na ja, so herumtoben eben; wegen der Verklemmungen ...

VATER: Das gibt's doch gar nicht ... Und wieso weißt du das alles?!

SOHN: Das haben wir doch neulich im Fernsehen gesehen! Weißt du nicht mehr?

VATER: Nein, das weiß ich nicht mehr! Da hab ich nämlich nur e i n e n Blick drauf geworfen, und das hat mir gelangt!

SOHN: Und dann ist auch noch so ein Prospekt gekommen ...

303

VATER: So, ein Prospekt. – – Und Mama?

SOHN: Sie wollt das mal probieren – nur so zum Spaß!

VATER: Schreien und Herumwälzen. – So. Und was passiert da sonst noch so?

SOHN: Gar nichts weiter. Zum Schluß sind alle ganz geschafft und dann umarmen sie sich und halten sich ganz fest ...

VATER: Danke, das langt. Weißt du vielleicht auch, wo das stattfindet?

SOHN: Willst du da auch mitmachen?

VATER: Dämliche Frage!! Hab ich das vielleicht nötig?

SOHN: Weiß ich nicht. Aber schreien kannst du natürlich schon ...

Dichtung und Wahrheit

SOHN: Papa, Charly hat gesagt, seine Schwester hat gesagt, mit den Gedichten kommen sie jetzt echt zu spät!

VATER: Mit welchen Gedichten?

SOHN: Mit denen, die wir jetzt wieder lernen sollen. Wir sollen doch jetzt wieder mehr Gedichte lernen in der Schule.

VATER: Das ist auch sehr erfreulich, daß darauf wieder mehr Wert gelegt wird. Gedichte, die man auswendig kennt, sind eine große Bereicherung für das ganze Leben.

SOHN: Wieso?

VATER: Weil man sie sich überall und in jeder Situation ins Gedächtnis zurückrufen kann.

SOHN: Wenn man das will, kann man sie ja noch mal lesen.

VATER: Man hat doch nicht jederzeit den entsprechenden Gedichtband dabei! Das ist ja gerade der entscheidende Unterschied: Was man auswendig kann, kann einem niemand wegnehmen!

SOHN: Aber was drinsteht in dem Auswendiggelernten.

VATER: Was ist damit?

SOHN: Das können sie einem wegnehmen.

VATER: Eben nicht, ich erklär es dir doch gerade!

SOHN: Eben doch! Haben sie doch schon gemacht!

VATER: Wer hat was gemacht??

SOHN: Die Politiker haben gemacht, daß die Gedichte nicht mehr stimmen ...

VATER *dazwischen*: Was??

305

SOHN: ... und Charlys Schwester sagt, so 'n Frust speichert sie doch nicht in ihrem Gehirncomputer!

VATER: Kannst du jetzt bitte mal Klartext reden, ja??

SOHN: In Gedichten, da steht doch immer so was wie: «liebliche Auen» oder «rauschende Wälder» – und wenn man dann die Nachrichten hört oder Zeitung liest ...

VATER: ... Aber das ist doch ein ganz und gar törichter Ansatz, an ein Gedicht heranzugehen! Die Schönheit eines Gedichts ergibt sich ja nicht nur aus dem Inhalt, sondern vor allem aus der Form. Nicht was, sondern wie etwas gesagt wird, macht das Gedicht aus. Ein Gedicht ist doch kein Tatsachenbericht!

SOHN: Aber wenn einem die ganzen Tatsachen dabei einfallen? Charlys Schwester sagt, wenn da was von «kristallklaren Fluten» steht, dann muß sie gleich an die Ölklumpen denken, in die sie immer reingetreten ist. Am Meer.

VATER: Da war sie eben an einer besonders ungünstigen Stelle ...

SOHN: Und bei «liebliche Auen», da fällt ihr bloß dieser schwachsinnige Kanal ein, der die ganzen Auen kaputtgemacht hat!

VATER: Falls sie den Rhein-Main-Donau-Kanal meint – der muß nun eben fertiggebaut werden. Und im übrigen kannst du ihr mal bestellen: Wer sucht, der wird auch finden! Und es gibt noch überall unberührte schöne Natur zu finden.

SOHN: Wo denn?

VATER: Überall gibt es kleine Oasen ... Und warum in die Ferne schweifen? Auch in unserem Garten – zum Beispiel.

SOHN: «Unberührte Natur»? Da fummelst du doch jeden Tag dran rum.

306

VATER: Manches lasse ich auch wachsen, wie es will.

SOHN: Aber wenn Frau Weber uns vorliest ... wie war das noch? «Wie herrlich leuchtet uns die Natur!» – dann denkt doch keiner an unsern Garten.

VATER: Natürlich nicht!

SOHN: Und in einem andern Gedicht steht was von «Düften, die durchs Land ziehen», und da ...

VATER: ... Halt mal, ich sag's dir gleich genau. Anfangen tut das anders ... hmmm ... ah ja! «Frühling läßt sein blaues Band wieder flattern durch die Lüfte, süße, wohlbekannte Düfte streifen ahnungsvoll das Land.» Mörike! Gelernt ist gelernt.

SOHN: Charlys Schwester sagt, wenn sie was von «Düften» hört, dann denkt sie gleich an das Chemiewerk, wo sie immer den Dreck rübergeweht kriegen.

VATER: An Charlys Schwester ist eben jede Art von Poesie verschwendet, das hätte ich dir vorher sagen können!

SOHN: Frau Weber hat aber auch das Buch zugeklappt und wollte nicht mehr weiterlesen.

VATER: Weil die Klasse mal wieder laut und undiszipliniert war, wie?

SOHN: Nee, weil sich alle totgelacht haben.

VATER: Und worüber??

SOHN: Über auch so 'n Gedicht. Da kam drin vor ... warte mal ... ja, jetzt weiß ich: «Die Welt wird schöner mit jedem Tag, man weiß nicht, was noch werden wird ...»

VATER: «Mag!» Werden m a g! Uhland hat schließlich gereimt!

SOHN: Und dann kam auch noch was von der «Wende» – und da war's ganz aus!

VATER: Meinst du etwa die Schlußzeile? «Nun muß sich alles, alles wenden»?

SOHN: Genau, ja.

VATER: Also – wenn ihr alle noch derart unreif und kindisch seid – dann sind solche Gedichte natürlich verschwendet.

SOHN: Wieso denn unreif? Wir sind bloß aufmerksam!

VATER: Aufmerksam! Vorlaut seid ihr, weiter gar nichts.

SOHN: Wir dürfen aber immer sagen, was wir wissen!

VATER: Na schön, aber was wißt ihr denn schon?

SOHN: Jedenfalls bei so einem Gedicht, wo ein Bauer ganz fröhlich auf seinem Acker rummacht, da ...

VATER: Nein, diese Sprache ...

SOHN: ... da hat Olaf gleich erzählt, daß die gar nicht mehr wissen, wo sie den ganzen vergifteten Boden hinschaffen sollen.

VATER: Da läßt sich diese Frau Weber also ständig dazwischenreden in ihrem Unterricht, ja?!

SOHN: Das ist doch nicht Dazwischenreden, das i s t doch der Unterricht.

VATER: So, na ja, was soll man dazu sagen. Im übrigen sollte es eurer Lehrerin doch wohl möglich sein, Gedichte für euch herauszusuchen, die euern kindischen Widerspruch nicht in dieser Weise herausfordern! Es gibt schließlich unzählige Gedichte, die euch gefallen würden. Zum Beispiel Balladen.

SOHN: Balladen?

VATER: Ja. Das sind Gedichte, die ganze Geschichten erzählen. Zum Beispiel – was kann ich denn da noch auswendig? ... «Es war ein König in Thule, gar treu bis an das Grab, dem sterbend seine Buhle ...» Na ja, das paßt auch nicht so recht ...

SOHN: Frau Weber will uns nächstes Mal Gedichte von einem vorlesen, der hieß ganz komisch ... Pingelmatz oder so.

VATER *schlägt die Augen gen Himmel*: Ringelnatz.

SOHN: Aha. Und die können wir dann auch lernen, wenn wir wollen.

VATER: Na ja – besser als gar nichts.

Aber daß eure Generation, und auch die von Charlys Schwester – daß ihr so gar keinen Sinn mehr habt für die klassischen Verse unserer großen Dichter – das ist schon ein Jammer!

SOHN: Wir h a b e n doch Sinn! Charlys Schwester sagt, sie würde liebend gern alle diese Gedichte lernen. Besonders das mit: «O Täler weit, o Höhen, o schöner grüner Wald.»

VATER: Ach, nun auf einmal doch??

SOHN: Klar! Aber erst, wenn sie die Gedichte auch aufsagen kann, ohne daß allen die Tränen kommen!

Gesagt und nicht getan ...

SOHN: Papa, Charly hat gesagt, sein Vater hat gesagt, er kann das in einem Satz sagen, wie die Welt noch zu retten ist!

VATER: Ist es denn die Möglichkeit ...? Da füllen diese langatmigen Schwätzer von Professoren und Sachverständigen ganze Bücher mit ihren Vorschlägen, und keiner ahnt, daß unser Existenzproblem längst gelöst ist! Kann man den Satz vielleicht mal hören?

SOHN: Klar. Aber du mußt auch richtig mitdenken, Papa!

VATER: Natürlich. Ich bin ganz Kopf.

SOHN *langsam und betont*: Also: Charly sagt, sein Vater sagt, es brauchten bloß alle wirklich das zu tun, wovon sie immer reden.

Pause.

VATER: Das war's schon?
Genial.

SOHN: Du mußt bloß ein bißchen überlegen, Papa, dann merkst du gleich, daß er ganz recht hat!

VATER: Kannst du nicht mal anfangen mit dem Überlegen? Ich wollte eigentlich erst Kaffee trinken.

SOHN: Na, zum Beispiel die ganzen Parteien. Was die vor den Wahlen alles sagen!

VATER: Ziemlich viel, ja.

SOHN: Und alle sind sie dann ganz nett zu den Bürgerinitiativen und versprechen, daß sie für saubere Luft und sauberes Wasser sorgen werden ... und dann passiert überhaupt nichts!

VATER: Es passiert schon etwas; auch wenn leider versäumt wird, Charlys Vater umgehend von allen Beschlüssen zu unterrichten!

SOHN: Meinst du die Gesetze?

VATER: Ich meine gar nichts Bestimmtes.

SOHN: Gesetze machen sie nämlich manchmal. Aber die nützen gar nichts. Charlys Vater sagt, es gibt ein Gesetz, daß die Fabriken ihren Dreck nicht einfach ins Wasser laufen lassen dürfen, sondern daß sie große Filter bauen müssen.

VATER: Das werden sie ja dann auch tun.

SOHN: Eben nicht. Guck dir doch mal den Rhein an! Und wenn sie erwischt werden, dann zahlen sie einfach die Strafe. Das ist billiger als Filter zu bauen!

VATER: Also nun hör mal, mein Junge: Diese Gespräche über Politik und Wirtschaft, die sind für euch entschieden ein paar Nummern zu groß. Beschränke du dich lieber auf Dinge, die du selbst beurteilen kannst, ja?

SOHN: Bitte, dann red ich eben von den Leuten, die hier so wohnen. Die sind doch garantiert auch alle gegen Umweltverschmutzung und so was. Meinst du nicht?

VATER: Es ist anzunehmen. Ich kenne zwar nicht alle, aber im Durchschnitt sind das sicher ganz vernünftige Menschen.

SOHN: Ja, und was machen sie??

VATER: Was machen sie denn? Ich bemerke an ihnen nichts, was zu beanstanden wäre.

SOHN: Wenn man hinguckt, dann machen sie ja auch nichts. Dann putzen sie nur die Fenster und fegen den Weg und fummeln an ihren Blumen – damit bloß alle denken, sie sind anständige Leute!

311

VATER: Na, na, nun mal langsam. Sollen sie vielleicht alles verkommen lassen?

SOHN: Sag ich ja gar nicht. Aber wenn sie denken, daß man es nicht sieht, dann feuern sie ihren Dreck in die Gegend!

VATER: Wenn du vielleicht die Bierbüchsen und Plasiktüten und die ganzen Ferkeleien meinst – die schmeißen uns doch irgendwelche Penner hier hin! Um die sollte sich die Polizei mal etwas kümmern!

SOHN: Kannst der Polizei ja mal Bescheid sagen – aber wundere dich nicht, wenn sie dann Herrn Lüdtke erwischen!

VATER: Herrn Dr. Lüdtke? Was soll das heißen?

SOHN: Der hat neulich die ganzen Zigarettenstummel aus seinem Autoaschenbecher ganz schnell hinter die Hecken gekippt! Abends!

VATER: Das kann ich mir überhaupt nicht vorstellen.

SOHN: Wenn ich es doch selbst gesehen habe!!

VATER: Das ist natürlich sehr merkwürdig.

SOHN: Und die Frau Weber, die du so toll findest ...

VATER: Was finde ich?? Du phantasierst wohl ...

SOHN: Du sagst doch immer, wie schick sie aussieht und wie fabelhaft sie ihre Kinder in Schuß hat.

VATER: Ist schon gut, ja? Und was hat sie nun verbrochen?

SOHN: Die Reste aus den Farbeimern hat sie einfach in den Gulli geschüttet! Die haben doch gerade renoviert. Alles ganz schick.

VATER: Vielleicht war das nur einfache Leimfarbe, das löst sich auf, das ist weiter kein Unglück.

SOHN: Nee, das war so Farbe, wie wir sie auch haben. Und den Sprenger, den läßt sie auch den ganzen Sommer laufen, auch mittags, wo doch alles gleich wieder verdunstet!

VATER: Tja, das haben leider noch nicht alle Menschen mitbekommen, daß man auch Wasser nicht mehr verschwenden darf.

SOHN: Bei uns wird auch Wasser verschwendet.

VATER: Wobei denn bitte? Um deinen Wasserverbrauch beim Waschen kann es sich jedenfalls nicht handeln.

SOHN: Nee, ich bin sparsam.
Aber deine Lieblingshemden, die muß Mama immer zwischendurch waschen, wenn sie die Waschmaschine noch gar nicht voll hat. Weil du sonst rumjammerst.

VATER: Erstens jammre ich nicht, sondern bitte höchstens darum, und zweitens kann man ein Hemd ja vielleicht auch mal mit der Hand waschen, oder? Darauf könnte man sich ja überhaupt mal besinnen, daß Geräte nicht benutzt werden müssen! Zum Beispiel dein Plattenspieler!

SOHN: Der braucht bloß ganz wenig Strom. Viel weniger als die elektrische Heizung, die du dauernd anmachst! Sogar nachts im Schlafzimmer.

VATER: Das Haus kühlt nachts sehr ab, und ich bin empfindlich. Herrgott, du hast mir doch nicht vorzuschreiben, bei welcher Temperatur Mama und ich schlafen!

SOHN: Mama ist das viel zu warm. Sie wollte dir doch schon ein Angorahemd kaufen. So wie Oma eins hat.

VATER: Würdest du jetzt bitte das Thema wechseln ...

Pause.

SOHN: Unser Auto ist auch zu groß.

VATER *mit drohendem Unterton*: Und auch das ist meine Sache.

SOHN: Charly sagt, sein Vater sagt, wenn man schon die Luft verpestet, dann soll man wenigstens immer noch jemanden mitnehmen.

VATER: Jetzt reicht's aber langsam! Bin ich ein Transportunternehmer oder bin ich noch ein Privatmensch?! Wer hat mich denn mitgenommen, als ich noch kein Auto hatte?

SOHN: Die waren damals eben auch schon so egoistisch!

VATER: Das kann doch auch kein Mensch erwarten, daß der eine arbeitet und spart und sich einen Wagen kauft, für den er Steuern und Benzin bezahlen muß – und der andere wackelt nur mit dem Daumen und sagt, wo er hingefahren werden möchte! Das ist doch absurd!

SOHN: Es geht ja gar nicht bloß um die Anhalter.

VATER: Um wen denn sonst?

SOHN: Charlys Vater sagt, in seinem Betrieb gibt es Leute, die wohnen in derselben Straße und haben dieselbe Arbeitszeit, und die fahren jeden Tag in zwei Autos hintereinander her. Die könnten sich doch abwechselnd mitnehmen!

VATER: Das könnten sie vielleicht tun, ja. Würdest du Mama bitte mal fragen, ob wir jetzt nicht Kaffee trinken können?

SOHN: Ja, gleich. Papa? Ich hab mal mit Anja geredet. Die wohnt doch gleich um die Ecke, nicht?

VATER: Ja und?

SOHN: Na ja, und ihr Vater, der arbeitet ganz in der Nähe von deinem Büro. Ihr könntet doch auch immer zusammen fahren.

VATER: Nun mach mal einen Punkt, ja? Das ist doch wirklich fürchterlich! Sobald zwei Kinder die Köpfe zusammenstecken, kommt irgendein Unfug dabei raus!

SOHN: Wieso denn? Ihr könntet doch sehr gut morgens immer ...

VATER: Schluß jetzt damit. Ich mach mich doch nicht von einem fremden Menschen abhängig.

SOHN: Der wär doch nicht mehr fremd, wenn du jeden Morgen mit ihm ...

VATER: Hörst du jetzt bitte auf!

SOHN: Ich hab eben gedacht, du bist ehrlich für Umweltschutz.

VATER: Das bin ich auch! Aber schließlich hat alles seine Grenzen!

SOHN *enttäuscht*: Du wartest eben auch bloß drauf, daß die a n d e r e n machen, wovon du redest.

VATER: Ich warte vor allem darauf, daß du jetzt den Mund hältst. Das ist nämlich auch Energieverschwendung, dein uferloses Weiterreden, wenn ich schon dreimal nein gesagt habe!

SOHN: Die Energie kostet ja nichts.

VATER: Allerdings kostet die was. Meine Nerven nämlich. Und jetzt brauch ich einen Cognac – wenn's schon keinen Kaffee gibt. Hol mal die Flasche bitte. Und ein Glas.

SOHN: Ich wollt bloß noch was fragen ...

VATER *tiefer Seufzer*: Möchtest du vielleicht noch schnell das Leben nach dem Tode erklärt haben – oder die Entstehung der Welt?

SOHN: Nö. Ich möcht bloß wissen – wo ist eigentlich der Gepäckträger von unserem alten Auto geblieben, den wir nicht in den Müllkasten gekriegt haben?

Wenn Charlys Vater alt ist

SOHN: Papa, Charly hat gesagt, sein Vater hat gesagt, er weiß jetzt, was er macht, wenn er alt ist!

VATER: Das freut mich für ihn! Aber es interessiert mich nicht so brennend ...

SOHN: Warum denn nicht?

VATER: Warum sollte es?

SOHN: Weil ... na, ich dachte, du kannst das vielleicht auch so machen, wenn du alt bist.

VATER: Danke vielmals für deine vorausschauende Fürsorge! Aber ich habe noch nicht die Absicht, mich mit den Problemen meines Alters zu befassen. Und mit den Altersproblemen von Charlys Vater schon gar nicht!

SOHN: Der hat ja dann keine Probleme mehr. Weil er ja gerade herausgefunden hat, was er dann alles Tolles machen kann!

VATER *lacht*: Was «Tolles» auch noch?! Hoffentlich macht ihm sein Rheumatismus dann keinen Strich durch die Rechnung.

SOHN: Wieso denn Rheumatismus?

VATER: Meinetwegen auch die Kreislaufstörungen oder der Leberschaden, was weiß ich ...

SOHN: Wieso soll er denn überhaupt so was haben?

VATER: Gewöhnlich werden die Menschen im Alter nicht gesünder. Wenn ich jedenfalls die Absicht hätte, etwas Tolles zu machen, würde ich damit nicht warten.

SOHN: Aber dazu muß er ja gerade alt sein – zu dem, was er machen will ...

VATER: Will er den Weihnachtsmann ohne Maske spielen oder was?

SOHN: Also, Papa ...

VATER: Was soll denn der ganze Unfug? Das heißt – wenn er vielleicht einen Club der Hundertjährigen gründen will, dann muß er natürlich warten, bis er hundert ist!

SOHN: Also willst du nun richtig zuhören oder nicht?

VATER: Lieber nicht.

SOHN: Also, Charlys Vater sagt, wenn man alt ist, hat man ganz andere Möglichkeiten, weil man mehr riskieren kann.

VATER: Was will er denn riskieren – außer einer großen Lippe?

SOHN *unbeirrt*: Er sagt, die ganz Jungen und die ganz Alten, die können am meisten riskieren. Aber die Alten noch mehr. Weil er noch nie gehört hat, daß sie 'nem alten Mann die Rente weggenommen haben, weil er demonstriert hat oder so was!

VATER: Demonstrieren will er? Gegen was in aller Welt will er denn demonstrieren, als ... als Tattergreis?!

SOHN: Wieso denn Tattergreis? Denkst du vielleicht, alle alten Leute sind ...

VATER *dazwischen*: Ja, schon gut, nehm ich zurück. Also, wogegen möchte Charlys Vater – rüstig und im Vollbesitz seiner geistigen Kräfte! –, wogegen will er demonstrieren, wenn er alt ist?

SOHN: Das kann er doch jetzt noch nicht wissen! Aber er sagt, die Welt ist nie in Ordnung, und man braucht ganz dringend Leute, die sich was trauen!

VATER: Danke bestens! Die Leute trauen sich gerade schon genug! Die trauen sich, Steine zu schmeißen, die trauen sich, Banken zu überfallen, die trauen sich ...

317

SOHN *dazwischen*: Aber Charlys Vater meint doch die Leute, die sich was Gutes trauen! So was will er machen.

VATER: Dann soll er zur Heilsarmee gehen. Die trauen sich in die übelsten Spelunken rein und die trauen sich – wenn's drauf ankommt – sogar, ihre Lieder auf einem Pop-Festival zum besten zu geben!

SOHN: Charlys Vater wird sich schon selber was ausdenken.

VATER: Warten wir's ab. Erinnere mich bitte in dreißig Jahren daran – falls ich dann noch lebe –, daß ich mir ansehe, was Charlys Vater sich Tolles traut!

SOHN: Vielleicht ist er dann sogar im Fernsehen.

VATER: Ich werde darauf achten. Wenn ich dann vielleicht eine Demonstration junger Mütter für bessere Kindergärten sehe und es humpelt ihnen ein alter Mann voraus – dann weiß ich gleich, daß das Charlys Vater ist!

SOHN: Das ist gar nicht gesagt! Vielleicht haben das bis dahin viel mehr alte Leute begriffen.

VATER: Was?

SOHN: Da sie 'ne Menge machen können. Du hast neulich auch gesagt, daß du keinen Atommüll vor der Nase haben möchtest.

VATER: Ja und? Was hat das damit zu tun?

SOHN: Als die Umweltleute mit 'ner Liste rumgegangen sind, da hast du nicht unterschrieben.

VATER: Das kann ich auch nicht als Beamter. Ich kann mich nicht gegen etwas stellen, was der Staat beschlossen hat. Auch wenn mir das persönlich nicht gefällt.

SOHN: Aber wenn du alt wärst, könntest du das ruhig, nich?

VATER: Wenn ich alt wäre, würde mich das vielleicht gar nicht mehr interessieren.

SOHN: Wieso denn nich?

VATER: Was soll ich mich denn noch aufregen, wenn ich sowieso bald sterbe?

SOHN: Ach! Und wegen mir würdest du dich nicht aufregen? Und wegen meiner Kinder?

VATER: Wegen dir hab ich mich bis dahin garantiert genug aufgeregt, und wegen deiner Kinder kannst du dich bitte selber aufregen.

SOHN: Aber das kann ich dann vielleicht gar nicht. Weil ich ja noch nicht alt bin und weil ich vielleicht auch Ärger kriege dann ...

VATER: Also ich schlage vor, wir warten das alles in aller Ruhe ab, ja? Und bis dahin laß mich gefälligst in Frieden.

SOHN: Ich mach doch gar nichts. – Papa? Wenn lauter alte Leute so ein leeres Haus besetzt hätten, hätte die Polizei gar nichts gemacht, nich?

VATER: Wenn etwas unrechtmäßig ist, dann muß die Polizei gegen alte Leute genauso vorgehen wie gegen junge. Alter schützt vor Strafe nicht!

SOHN: Aber gehauen hätten sie die nich, oder?

VATER: Aber weggetragen hätten sie sie! Und glaubst du vielleicht, irgendein alter Mensch wird sich solchen fragwürdigen Abenteuern aussetzen?

Kleine Pause.

SOHN: Aber das würde toll wirken, nich? Wenn sie lauter Omas und Opas wegschleppen müßten! Charlys Vater sagt, da würden die Leute echt nachdenken!

VATER: Vermutlich würden sie darüber nachdenken, ob sie die Alten nicht besser in ein Heim einweisen lassen!

SOHN: Die sind ja vielleicht sowieso schon im Heim. Deswegen können sie trotzdem für irgendwas demonstrieren.

VATER: Das habe ich noch niemals gehört.

SOHN: Wirste aber gleich.

VATER: Was werd ich gleich?

SOHN: So was hören. Opa will nämlich auch demonstrieren – morgen.

VATER: Was will Opa?!

SOHN: De-mon-strie-ren. Er und noch zehn andere Männer und Frauen aus seinem Heim.

VATER: Da steht einem doch wirklich der Verstand still. Und wogegen bitte will er demonstrieren?

SOHN: Paß auf. Da sind doch diese Baracken gegenüber von dem Heim, nich?

VATER: Ja, ich weiß, wo früher mal der Sportclub drin war. Und was ist mit denen?

SOHN: Da haben sich Jugendliche ein Freizeitheim draus gemacht. Durften sie auch. Und da haben die ewig geschuftet, und nun ist alles ganz toll. Mit Tischtennis- und Schachzimmer, und mit 'ner Disco, und sogar 'ne Tischlerwerkstatt haben sie da, wo sie Möbel bauen können.

VATER: Ja und?

SOHN: Nun soll das plötzlich alles weg, weil da 'n Parkhaus hin soll.

VATER: Parkhäuser werden ja auch dringend gebraucht. Schließlich kann man Autos nicht übereinanderstapeln auf den Straßen!

SOHN: Aber wenn die alles schon so schön gemacht haben?

VATER: Da wird man schon irgendeinen Ausgleich schaffen. Das wird alles schon bedacht worden sein. Und auf keinen Fall brauchen sich die alten Leute da reinzuhängen. Donnerwetter noch mal!

SOHN: Die fanden das aber echt gut mit dem Freizeitheim! Da hatten sie immer was zu gucken.

VATER: Und zu hören, vermutlich! Das dürfte doch wohl ein Mordskrach gewesen sein.

SOHN: Hat Opa nichts von gesagt. Aber er ist manchmal rübergegangen zum Tischtennisspielen – oder bloß so, und ein paar andere auch. Da hatten die gar nichts gegen, die Jugendlichen.

VATER: Also, was auch immer da war oder sein soll – das kommt überhaupt nicht in Frage, daß Opa da mitdemonstriert!

SOHN: Kannst du doch nicht verbieten. Kinder können doch ihren Eltern nichts verbieten.

VATER: Halt du dich da gefälligst raus! Ich bin kein Kind, und es geht auch um meine Interessen!

SOHN: Wieso denn?

VATER: Wenn sie womöglich Opas Personalien aufnehmen ... schließlich heiße ich genauso!

SOHN: Aber du bist es doch nicht. Kann dir doch gar nichts passieren.

VATER: Ich weiß wirklich nicht mehr, was ich denken soll ...

SOHN: Also, ich würd mich freuen, wenn ich du wäre ...

VATER: Auch noch freuen? Worüber denn bitte?

SOHN: Na, daß du 'nen Vater hast, der sich was traut!

Was wir uns leisten sollten

SOHN: Papa, Charly hat geagt, sein Vater hat gesagt, die meisten Leute überlegen gar nicht richtig, was sie sich leisten können ...

VATER: Da hat er ausnahmsweise völlig recht. Ich möchte nicht wissen, wie viele Menschen sich jedes Jahr unglücklich machen, weil sie sich mit Anschaffungen und Krediten übernehmen.

SOHN: Nee, so doch nicht! Charlys Vater sagt, die meisten Menschen könnten sich viel mehr leisten, als sie denken!

VATER: Das gilt doch höchstens für ein paar alte Leute, die an ihre Sparbücher nicht rangehen, aber ...

SOHN *dazwischen*: Er meint: Wer sich was leisten kann, der sollte sich viel mehr leisten!

VATER: Ach! Da hat er wohl eine einsame Theorie entwickkelt, wie man durch Geldverschwendung unsere Wirtschaft sanieren kann, was?!

SOHN: Aber es geht doch gar nicht um Geld! Immer du mit deinem Geld!

VATER: Ohne Geld kann sich ja wohl kein Mensch etwas leisten!

SOHN: Doch.

VATER: Ja, Frechheiten vielleicht! Frechheiten kann man sich allerdings auch ohne Geld leisten! Aber das wird ja wohl nicht der Sinn der Rede gewesen sein, hoffe ich!

SOHN: Nee, direkt Frechheit nich. Mehr so Wahrheiten.

VATER *lacht*: Die Wahrheit sollte sich allerdings jeder leisten. Mein Gott, so ein umständliches, wichtiges Gerede wieder. Warum sagt er nicht einfach: Ein aufrechter Mensch spricht immer die Wahrheit. Aus. Punktum!

SOHN: Das sagt er nicht, weil man Ärger kriegen kann mit der Wahrheit.

VATER: Man muß den Leuten ja nicht gleich mit der Wahrheit ins Gesicht springen! Das ist natürlich auch eine Frage des Takts.

SOHN: Charlys Vater sagt, das ist eine Frage von Macht. Oder Beziehungen und so was ...

VATER: Herrgott noch mal! Muß er denn bei jedem Thema auf seiner Klassenkämpfermasche rumreiten?!

SOHN: Aber er ...

VATER *dazwischen*: Paß auf, das ist doch ganz einfach: Wenn ich – sagen wir mal – Tante Hilde klarmachen will, daß sie mit der neuen Frisur viel älter aussieht, dann werde ich diese Wahrheit natürlich höflich verpacken. Und dann nimmt mir Tante Hilde das auch nicht übel.

SOHN: Und wenn sie es dir trotzdem übelnehmen würde? Wär das schlimm für dich?

VATER: Ich würde es aushalten!

SOHN: Deswegen kannste dir das auch leisten mit der Wahrheit.

VATER: Ich kann mir in jedem Fall die Wahrheit leisten.

SOHN: Na schön. Aber mit Tante Hilde – das war sowieso ein schlechtes Beispiel. Weil die ja nichts Gemeines macht ... aber in unserer Klasse, da haben wir gerade ein ganz gutes Beispiel!

VATER: Na, wie günstig.

SOHN: Wir haben doch jetzt 'nen neuen Turnlehrer, nich?

VATER: Ja, ich weiß, der Herr Schuster. Mit dem hatte ich neulich nach der Elternversammlung ein längeres, sehr erfreuliches Gespräch.

SOHN: Glaubst du, der findet dich gut?

323

VATER *lacht*: Warum nicht? Das könnte schon sein! Aber wieso denn? Was ist denn los?

SOHN: Ach – der Schuster ist immer so gemein zu dem dicken Werner. Scheucht ihn dauernd rum und meckert ihn an!

VATER: Je nun, der dicke Werner hat es wahrscheinlich besonders nötig, sich mal ein bißchen anzustrengen.

SOHN: Der strengt sich ja schon an wie verrückt! Aber das nutzt alles nichts. Der Schuster macht jedesmal wieder seine blöden Sprüche! – Gestern hat er beinah geheult, der Werner ...

VATER: Dann sollen seine Eltern das mal klären ...

SOHN: Der hat bloß 'ne Mutter, und die is dauernd krank ...

VATER: Dann müßt ihr mal mit Herrn Schuster reden. Höflich und sachlich natürlich.

SOHN: Traut sich ja keiner. Weil der einen immer gleich was Schweres turnen läßt. Und dann kann man das nicht, und dann knallt er einem 'ne Fünf hin! Und dann bleibt man noch sitzen wegen Turnen!

VATER: Hm ... wenn das so ist – dann misch du dich bitte auch nicht ein.

SOHN: Bei mir nützt das sowieso nichts. Das müßte der Olaf machen, weil der der Liebling vom Schuster ist!

Vater: Und warum das?

SOHN: Der kann Riesenwelle!

VATER: Na, toll. Dann soll der mal den Mund aufmachen.

SOHN: Der will aber nicht!

VATER: Tja ... so was muß jeder selbst entscheiden ...

SOHN: Charlys Vater sagt aber, wer es sich leisten kann, der muß auch was machen!

VATER: Von müssen kann da schon mal überhaupt nicht die Rede sein!

324

SOHN: Wenn er aber der einzige ist, dem nichts passieren kann? In der Nebenklasse, da hatte der Schuster auch so 'n Sündenbock. Und da hat der Klassensprecher mit ihm geredet. Das hat gleich geholfen!

VATER: Dann schickt doch auch euren Klassensprecher. Wer ist denn das?

SOHN: Der dicke Werner ...

VATER: Das ist natürlich Pech.

SOHN: Außerdem – der aus der Nebenklasse, der hat gar nicht deswegen mit Schuster geredet, weil er der Klassensprecher ist!

Vater: Ach so, der ist auch echt Spitze.

SOHN: Nee, gar nich. Aber sein Vater ist der Schwager ... nee, der Bruder von der Frau vom Schulrat.

VATER: Na wunderbar! Vetternwirtschaft, wie sie im Buche steht! Und das findet Charlys Vater auch in Ordnung?!

SOHN: Klar! Wenn man jemand retten kann!

VATER: Nun mach's nicht schon wieder so dramatisch!

Kleine Pause.

SOHN: Papa? Charly sagt, sein Vater sagt, damals bei Hitler, da hat's auch Leute gegeben, denen wäre gar nichts passiert, wenn sie ihre Meinung gesagt hätten.

VATER: Hinterher kann man das leicht sagen.

SOHN: Er sagt, der König von Dänemark, der hat einfach nicht gemacht, was Hitler gesagt hat; das mit den gelben Sternen für die Juden zum Beispiel.

VATER: Ja nun, ein König kann sich schon mal was leisten ...

SOHN: Und irgendein Liebling auch, nicht!? Und ein Papst auch, oder? Und ein General, der kann doch auch ...

VATER *dazwischen*: Kannst du vielleicht einmal bei deinen eigenen Angelegenheiten bleiben, bitte?!

SOHN: Ja, doch. – Papa? Kannst du nicht mal mit Herrn Schuster reden? Der Werner schwänzt jetzt nämlich schon die Schule, und …

VATER: Ich? Wieso denn ich?

SOHN: Wenn der dich doch gut findet, der Schuster?

VATER: Das ist doch kein Grund, mich um Dinge zu kümmern, die mich nichts angehen!

SOHN: Wenn ich das nun wäre – und nicht der dicke Werner?

VATER: Dann würde es mich natürlich etwas angehen!

Pause.

SOHN: Charlys Vater sagt, so machen es alle – und dann ist es zu spät …

VATER: Was faselt er da? Was machen alle?

SOHN: Abwarten, bis sie selber dran sind!

Wir und die anderen ...

SOHN: Papa, Charly hat gesagt, sein Vater hat gesagt, er gewinnt n i e ein Fußball-Spiel!

VATER: Nie? Wie traurig. Aber ich höre zum erstenmal, daß er überhaupt Fußball spielt.

SOHN: Er spielt ja gar nicht.

VATER: Er spielt nicht? Ja, mein Gott, wenn er nicht spielt, kann er natürlich nicht gewinnen!

SOHN: Kann er auch nicht. Das sagt er ja.

VATER: Das braucht er nicht zu sagen, das versteht sich wohl von selbst! – Demnächst wird er sich noch darüber beschweren, daß er nicht im Stabhochsprung gewinnt!

SOHN: Immer noch besser, als wenn er sagt, er h a t gewonnen.

VATER: Ja sicher, jede Dämlichkeit läßt sich noch steigern! *Leise*: Ist doch nicht zu fassen ...

SOHN: Diese Dämlichkeit machen aber alle.

VATER: Was??

SOHN: Alle, die vorm Fernseher hocken und Fußball angucken, die sagen nachher ganz stolz: «W i r haben gewonnen!»

VATER: F a l l s wir gewonnen haben; das mußt du schon dazusagen. Aber w e n n wir gewonnen haben ...

SOHN: ... jetzt sagst du ja auch «wir», Papa!

VATER: Warum auch nicht? Ich sage «wir», weil man sich natürlich mit der deutschen Mannschaft identifiziert.

SOHN: Klar. Aber dann kann man doch sagen: «Toll, die deutsche Mannschaft hat gewonnen.»

327

VATER: Kann man, macht man aber nicht. «Wir» ist erstens kürzer, und zweitens zeigt es eben die ... Verbundenheit.

SOHN: Das ist dieses «Wir-Gefühl», nich?

VATER: Es ist das Gefühl der Zusammengehörigkeit. Dafür müßte nun gerade Charlys Vater großes Verständnis haben!

SOHN: Wieso?

VATER: Er ist doch in der Gewerkschaft. Und die lebt schließlich von ihrem immer wieder beschworenen Zusammengehörigkeitsgefühl!

SOHN: Und da bilden die sich was drauf ein?

VATER: Wenn sie mal wieder ihre Forderungen durchgesetzt haben, bestimmt!

SOHN: Aber dann haben auch alle zusammengehalten, oder?

VATER: Das haben sie dann wohl.

SOHN: Aber beim Fußball – da kann man doch gar nichts machen, damit die Deutschen ein Tor schießen!

VATER: Nein, man kann ihnen nur die Daumen drücken.

SOHN: Da haben die aber nichts von.

VATER: Nein doch!

SOHN: Und warum sagen die Leute dann «wir haben gewonnen», wenn sie gar nichts machen können?

VATER: Weil – also, du kannst einen wirklich schaffen! – Weil ... man als Deutscher eben doch indirekt an einem Sieg der deutschen Mannschaft beteiligt ist. Bis eine Spitzenmannschaft zusammengestellt ist, kostet das eine Menge Geld, und wenn sich niemand für Fußball interessieren würde und keiner würde Eintritt bezahlen fürs Zugucken – dann gäb's auch keine deutsche Mannschaft.

SOHN: Du meinst, da hat jeder was mit zu tun.

328

VATER: Genau. So ist es.

SOHN: Das denkt Charlys Vater auch.

VATER: Das denkt er eben nicht! Offensichtlich!

SOHN: Doch, denkt er.

VATER *langsam platzt ihm der Kragen*: Du erzählst mir doch die ganze Zeit, daß er d a g e g e n ist, wenn jemand «wir» sagt!

SOHN: Ja! Weil die Leute immer nur «wir» sagen, wenn es was zum Angeben ist. So mit: «Wir sind wieder wer!» oder: «Wir sind die Größten!»

VATER: Unsinn. Man kann sich durchaus auch mit Niederlagen identifizieren.

SOHN: Charlys Vater sagt aber, er hat noch nie gehört, daß jemand sagt: «Heute haben wir ganz beschissen gespielt!»

VATER *laut und ärgerlich*: Das ist auch nicht zu wünschen, daß er so etwas zu hören bekommt!

SOHN: Wegen «beschissen»?

VATER: Mußt du noch eins draufgeben, ja?!

SOHN: Ich hab doch nur gefrag! *Der Vater atmet tief durch* Charlys Vater meint jedenfalls, wenn's was Gutes ist, dann sagen alle «wir», und wenn's was Schlechtes ist, hat keiner was damit zu tun!

VATER: Ja, was will er denn? Soll man sich vielleicht mit den Fußballrowdys identifizieren? Erwartet er, daß ich sage: «W i r haben beim letzten Spiel die halbe Tribüne auseinandergenommen»? Oder was?

SOHN: So 'n Blödsinn will er garantiert nicht.

VATER: Na also.

SOHN: Aber er will, daß jeder auch sagt: Wir haben schreckliche Sachen gemacht in der Hitler-Zeit.

VATER: Nun das schon wieder ... Es genügt ja wohl, wenn man sagt: Es sind schlimme Dinge passiert, damals ...

SOHN: «Passiert» klingt aber immer wie «aus Versehen».
Als dir neulich der Kakao übergekocht ist, da hast du ge-
schrien, Mama soll schnell kommen, es ist was passiert!

VATER: War ja auch was passiert!
Es passieren eben solche und solche Dinge. Es passiert,
daß man sich bekleckert, und es passiert, daß ... ein Zug
entgleist!

SOHN: Macht man aber beides nicht mit Absicht.

VATER: Normalerweise nicht, nein.

SOHN: Aber bei Hitler haben sie doch alles mit Absicht gemacht, das ganze Schreckliche ...

VATER: Ja. Aber nicht jeder einzelne Deutsche.

SOHN: Jeder einzelne Deutsche schießt ja auch kein Fuß-
balltor.

VATER: Hör jetzt endlich auf, Dinge zu vergleichen, die
man nicht vergleichen kann!

SOHN: Charlys Vater sagt aber, das kann man sich nicht
aussuchen.

VATER: Was?

SOHN: Wann man Deutscher sein will und wann nicht!

VATER: «Deutscher» ist man immer. Das ist wohl klar.
Aber mal wird man eben stolz auf sein Land sein, und
mal ... weniger.

SOHN: Charlys Vater sagt, die Deutschen picken sich immer nur die Rosinen aus dem Kuchen!

VATER: Ach was!

SOHN: Doch. Du machst das auch mit dem Rauspicken.

VATER: Ich picke??

SOHN: Ja. Du suchst dir immer was Gutes raus beim Wir-
Sagen.

VATER: Wann sage ich denn überhaupt schon mal «Wir»?

SOHN: Gestern zum Beispiel. Gestern hast du zu Mama
gesagt: «W i r haben die besten Gesetze der Welt.»

VATER: Dazu steh ich auch!

SOHN: Kannste ja. Aber dann mußt du auch sagen: Wir haben bei Hitler ...

Der Vater unterbricht und gerät zusehends außer sich.

VATER: ... Gar nichts muß ich sagen! Ich sage immer noch genau das, was ich will! Und in dem einen Fall werde ich mich mit meinem Land identifizieren und in dem anderen Fall eben nicht! Ich entscheide das jeweils ganz individuell!

SOHN: Indi ... vi ... duell?

VATER: Ja! Für mich ganz persönlich. Als einzelner!

SOHN: Als einzelner?

VATER: Jawohl!!!

SOHN: Aber Papa – so wie du machen es doch die meisten ...

Nachahmung nicht empfehlenswert

SOHN: Papa, Charly hat gesagt, sein Vater hat gesagt, die könnten sich mal ein besseres Benehmen zulegen – die im Fernsehen!

VATER *leichtes Stöhnen*: Nur darf ich erst mal wieder raten, wen er mit dieser Bemerkung wohl meint, oder?

SOHN: Au ja, mach mal! Du hast doch gerade nichts zu tun!

VATER: Das sehe ich etwas anders. Aber, na schön. Also ... die Ansager kann er nicht meinen, deren Benehmen ist über jeden Zweifel erhaben.

SOHN: Stimmt.

VATER: Die Moderatoren ... geben zwar oft genug haarsträubende Dinge von sich, aber schlechtes Benehmen im landläufigen Sinne kann man ihnen auch nicht nachsagen.

SOHN: Nee.

VATER: Weiter ... Die Politiker ...

SOHN: ... geben zwar auch haarsträubende Dinge von sich ...

VATER: Würdest du mich bitte meine Sätze allein formulieren lassen, ja? Politiker können sich schon in ihrem normalen Alltag kein schlechtes Benehmen leisten, geschweige denn bei einem Fernsehauftritt!

SOHN: Außer, sie sind im Bundestag oder so ...

VATER: Da gibt es zwar hitzige Debatten, aber kein im üblichen Sinne «schlechtes Benehmen»!

SOHN: Also Papa! Wenn ich mal 'ne Wut habe und rum-

332

schimpfe, dann sagst du sofort, ich soll mich anständig benehmen!

VATER: Du mußt das gute Benehmen ja auch lernen!

SOHN: Und wenn ich's gelernt habe, kann ich's wieder vergessen?

VATER: Diese Frage ist nicht aktuell, du hast es noch nicht gelernt! Und jetzt beenden wir das Ratespielchen: Wer benimmt sich denn nun schlecht im Fernsehen?

SOHN: Die Schauspieler!

VATER: Das ist ja wohl ein Witz! Wenn ein Schauspieler einen Ganoven darstellt, dann kann er sich wohl kaum benehmen wie ... der Bundespräsident!

SOHN: Aber Charlys Vater meint doch gerade die Rollen, wo die Schauspieler ganz nette Leute spielen. So richtige Sympati ... Sympathisanten.

VATER: Sympathieträger!

SOHN: Oder so, ja.

VATER: Nicht «oder so». Es heißt Sympathieträger – in diesem Fall.

SOHN: Na schön. Jedenfalls geben die dauernd ganz schlechte Beispiele mit Benehmen. Und die Zuschauer machen das dann nach.

VATER: Ob jemand das nachmacht, wollen wir mal dahingestellt sein lassen; aber worin geben die Schauspieler denn nun so schlechte Beispiele?

SOHN: Na erst mal wird im Fernsehen unheimlich gesoffen! Kaum ist einer richtig in der Tür drin, wird er schon gefragt, ob er 'n Drink will!

VATER: Kommt immer drauf an, in welchem Milieu der Film spielt. Im Arbeiterhaushalt gibt es keinen «Drink». Bei den oberen Zehntausend schon ...

SOHN: Aber von denen gucken sich die Leute doch gerade das Benehmen ab, oder? Von den feinen Leuten.

VATER: Ach was! Aber gut – getrunken wird in den Fernsehspielen in der Tat reichlich.

SOHN: Und meistens sagen sie dann, sie wollen den Whisky «pur», ohne alles. Weil das männlich klingt!

VATER: Ja, ja, schon recht ... aber nun geht's ja in den Fernsehgeschichten auch immer um ungeheure Probleme, und alle stecken immer in gewaltigen Konflikten ...

SOHN: Du meinst, im richtigen Leben gibt's keine Probleme?

VATER: Doch natürlich, auch. Aber nicht so konzentriert wie in den Fernsehspielen, in denen dann mit Alkohol nachgeholfen wird.

SOHN: Charlys Vater sagt, wir haben Millionen Alkoholiker! Und die müssen sich das unbedingt abgewöhnen!

VATER: Ja, das müssen sie wohl ...

SOHN: Und wenn die nun dauernd im Fernsehen mitkriegen, daß ohne Alkohol nichts läuft? Keine Unterhaltung und gar nichts?

VATER: Also schön, legen wir es den Regisseuren ans Herz: Weniger Alkohol, mehr Pfefferminztee. Zufrieden?

SOHN: Und rauchen tun sie auch alle wie die Weltmeister. Bevor überhaupt irgendwas losgeht: Erst mal eine Zigarette!

VATER: Es hilft den Schauspielern wahrscheinlich, wenn sie ihren Seelenzustand durch die Art, wie sie rauchen, ausdrücken können – und nicht nur Grimassen schneiden müssen ...

SOHN: Grimassen schneiden ... wenn das ein Schauspieler hört!

VATER: Hört ja keiner. Im übrigen würde ich alles, was du angeführt hast, unter «schlechte Angewohnheit» verbuchen, und nicht unter «schlechtes Benehmen».

SOHN: Aber auf jeden Fall ist es 'n schlechtes Beispiel!

VATER: Je nachdem ... ja ...

SOHN: Und das schlechte Benehmen kommt auch noch: Die Männer im Fernsehen schmeißen nämlich immer alles in die Gegend!

VATER: Blicke vor allem, was?

SOHN: Also Papa ...

VATER: Oder denkst du an Sahnetorten?

SOHN: Nee. Das macht doch sowieso keiner nach. Viel zu teuer, die Torten. Und komisch is es auch nich.

VATER: Du sagst es. Also, was wird in die Gegend geschmissen??

SOHN: Briefe oder Zettel! Immer wenn einer 'ne wichtige Nachricht gelesen hat, dann zerreißt er sie ganz «cool» – und schmeißt die Schnipsel in die Landschaft!

VATER: Meine Güte – wo ist Charlys Vater, der große Weltverbesserer, gelandet?! Bei Papierschnipseln!

SOHN: Weil das alles so Matscho-Allüren sind, sagt er, und die werden als erstes nachgemacht.

VATER: Von mir nicht!

SOHN: Und die Zigarettenkippen fliegen auch immer in die Gegend! Und wenn einer 'n ganz toller Typ is, dann schmeißt er die Zigarette gleich nach'm ersten Zug weg!

VATER: Ja, ja, alles nicht sehr erfreulich, aber da gibt es wirklich Schlimmeres im Fernsehen!

SOHN: Klar, die vielen Morde.

VATER: Über die werden wir aber heute nicht reden – das haben wir schon zur Genüge getan.

SOHN: Will ich ja gar nicht. Aber jetzt kommt noch 'n echter Hammer mit schlechtem Beispiel im Fernsehen!

VATER: Wenn wir's dann hinter uns haben ...

SOHN: Wie die alle Auto fahren! Die dürften alle keinen Führerschein mehr haben, sagt Charlys Vater.

VATER: Da denkt er vermutlich an diese ewigen Verfolgungsjagden?

SOHN: Ja, hauptsächlich erst mal ...

VATER: Bei denen pflegt sich der Einzug des Führerscheins zu erübrigen, weil diese Raserei immer gräßlich endet!

SOHN: Nö, die Guten bleiben meistens übrig.

VATER: Sonst wär's ja auch noch trauriger!

SOHN: Aber die sind vorher genauso bescheuert gefahren, und zum Schluß sind sie die Helden! Dabei haben sie beinahe Leute überfahren und andere Autos zerkracht!

VATER: Aber das bleibt letztendlich doch alles Kintopp!

SOHN: Charlys Vater sagt, wenn diese Sympathie ...?

VATER: ... träger ...

SOHN: ... wenn die das vormachen, dann törnt das unheimlich an! Und wenn so 'n Autofreak sich nach dem Fernsehen in seinen Schlitten setzt – dann düst der auch gleich ab wie James Bond!

VATER: Also bitte, dann soll Charlys Vater doch eine Eingabe machen beim Innenminister und auf beispielhaftes Verhalten aller Film- und Fernsehhelden dringen!

SOHN: Meinst du, das würde was nützen?

VATER: Nein.

SOHN: Dann wird alles immer schlimmer.

VATER: Wieso denn nun gleich schlimmer?

SOHN: Wegen der Vielfalt. Weil die uns doch immer mehr Programme reinknallen. Und dann gibt es auch immer mehr schlechte Beispiele.

VATER: Unsinn. Mehr Programme bedeuten doch nicht automatisch mehr «schlechte Beispiele»!

SOHN: Wetten, daß??